INDIVIDUALISMO X COLETIVISMO

A QUESTÃO DO SER SOCIAL

INDIVIDUALISMO *X* COLETIVISMO

A QUESTÃO DO SER SOCIAL

ALBERTO OLIVA

70

INDIVIDUALISMO *X* COLETIVISMO
A QUESTÃO DO SER SOCIAL

Autor: Alberto Oliva

Diretor da Almedina Brasil: Rodrigo Mentz
Editor: Marco Pace
Editor de Desenvolvimento: Rafael Lima
Assistentes Editoriais: Larissa Nogueira e Letícia Gabriella Batista
Estagiária de Produção: Laura Roberti
Revisão: Sol Coelho e Gabriel Branco

Diagramação: Almedina
Design de Capa: Roberta Bassanetto

ISBN: 9786554271011
Junho, 2023

Dados Internacionais de Catalogação na Publicação (CIP)
(Câmara Brasileira do Livro, SP, Brasil)

Oliva, Alberto
Individualismo *x* coletivismo : a questão do ser social / Alberto Oliva. – 3. ed. – São Paulo Edições 70, 2023.

ISBN 978-65-5427-101-1

1. Ciências sociais 2. Coletivismo 3. Filosofia
4. Individualismo 5. Política 6. Ser (Filosofia)
I. Título.

23-150246 CDD-141.4

Índices para catálogo sistemático:

1. Individualismo : Ética : Filosofia 141.4

Henrique Ribeiro Soares – Bibliotecário – CRB-8/9314

Este livro segue as regras do novo Acordo Ortográfico da Língua Portuguesa (1990).

Editora: Almedina Brasil
Rua José Maria Lisboa, 860, Conj. 131 e 132, Jardim Paulista | 01423-001 São Paulo | Brasil
www.almedina.com.br

Para Angela, Milena e Nino por me mostrarem que as linhas que escrevemos são caminhos que os tantos e variados modos de existir podem trilhar.

APRESENTAÇÃO

Na qualidade de pesquisador do CNPq, propus nos anos 1980 um projeto que se dedicaria ao exame crítico do substrato substancialista da querela entre individualismo e coletivismo na tradição do pensamento social ocidental. Este livro é uma retomada bastante modificada e ampliada do livro *Conhecimento e Liberdade* que, publicado pela EDIPUCRS, teve duas edições esgotadas. Minha expectativa é a de que esta nova versão seja lida como uma proposta de elucidar os pilares ontológicos, epistemológicos, éticos e políticos sobre os quais se assentam as visões holistas, derivadamente coletivistas, e individualistas de ser humano e de ordem social.

É grande a importância de tal temática em virtude de vivermos em um país em que a crítica ao individualismo tende a confundi-lo com o mais deletério egoísmo, e não com o princípio ético de que o homem deve ser sempre considerado um fim em si mesmo. Quando não se faz a distinção entre o individualismo da "lei de Gérson" e o individualismo "libertário" que emerge a partir do Renascimento, tende-se a deixar de lado que a *intelligentsia* brasileira tem predominantemente abraçado variantes de visões de mundo coletivistas que, em muitos e ilustres casos, chegam às raias da *animização* dos coletivos. O fato é que alguns de nossos mais graves problemas sociais decorrem justamente de desrespeitos ao indivíduo em sua singularidade histórica e existencial.

SUMÁRIO

INTRODUÇÃO

DAS PARTES DESTE LIVRO

É facilmente documentável a enorme influência das metodologias holistas e das ideologias coletivistas sobre o pensamento social brasileiro desenvolvido principalmente no século passado. A moldura do modo holista de pensar tem balizado fortemente a visão de mundo adotada pela maioria de nossos políticos e intelectuais. Não por acaso, são ativos e aguerridos os grupos políticos que abraçam pressupostos coletivistas derivados de uma "metafísica holista". O próprio "senso comum brasileiro" mostra propensão a representar a "realidade social" como se coletivos tivessem uma vida independente da dos indivíduos.

O objetivo principal deste livro é submeter a cerradas críticas as formas de holismo que acabam desembocando em concepções da vida associativa personificadoras dos coletivos. Tencionamos demonstrar como a concessão de vida própria ao social, considerado independente e colocado acima dos indivíduos, costuma resvalar para a atribuição de finalidades próprias aos coletivos pretensamente superiores às acalentadas pelos agentes em sua singularidade existencial. Uma de nossas metas é mostrar que, na maioria das vezes, as ontologias adotadas pelas variantes de holismo não recebem o necessário respaldo de teorias com demonstrada capacidade de explicar aquilo a que atribuem existência (social).

A tese aqui defendida é a de que tem prevalecido a tendência a *substancializar* a dimensão social em alguma entidade supraindividual como forma de defender a singularidade de um tipo de investigação como o sociológico. A pretensão de conferir ao "ser social" vida própria tende a tratá-lo como uma espécie de substância. A justificação da substancialização decorreria de a vida social gerar *fatos* e eventos que não têm como ser encontrados no plano da vida atomizada dos indivíduos. Afora isso, a existência de uma dimensão *social* determinante do que pensam e fazem os indivíduos serviria de fundamento para legitimar um tipo de modelo de ordem social em que a totalidade persegue finalidades — as relativas ao *Bem Comum* — eticamente superiores aos interesses particulares dos indivíduos.

Apesar de nossas principais críticas recaírem sobre o holismo, e seus derivados ideológicos coletivistas, não deixaremos também de rechaçar o individualismo que "naturaliza" os indivíduos, encarando-os como redutíveis a seus comportamentos externamente acompanháveis. A atribuição de existência a coletivos com vida própria, poder de determinação causal, desígnios próprios e ascendência ético-normativa sobre os indivíduos será dissecada como uma problemática que envolve a dimensão ontológica, a epistemológica, a ética e a política. Cabe, no entanto, reconhecer que também incide em substancialização o individualismo para o qual o único tipo respeitável de estudo da vida social é o que se confina à observação do indivíduo com o intuito de evitar a construção de teorias especulativistas destinadas a dissecar *coletivos* portadores de identidade nebulosa. O observacionalismo e o nominalismo abraçados por variantes de individualismo destacam a existência tangível, passível de descrição e acompanhamento empírico, em detrimento da compreensão de mecanismos como o da significatividade e o da intencionalidade da ação humana, inacessíveis à observação direta tanto quanto o Todo, ou os '*todos*', postulado por teorias metafísicas.

Na primeira parte, o objetivo será mostrar que a ontologia é caudatária da epistemologia. Isso quer dizer que o inventário que as teorias fazem da realidade natural ou social não tem como se limitar a retratar o que se oferece à observação. Inexiste ontologia que se justifique em si e por si mesma, principalmente quando está em questão o modo adequado de retratar o "ser social". As ontologias adotadas pelas ciências se reportam a diferentes domínios do real com o objetivo de dar conta do que existe no que demarcam como seus respectivos objetos de estudo. A opção por uma ontologia envolve adotar determinado ponto de vista com base no qual alguns tipos de ocorrência e evento são destacados. Mesmo ciências fronteiriças como a sociologia e a psicologia se distinguem por dar atenção separada a segmentos da realidade que, no fundo, estão sempre interrelacionados. As diversas Escolas presentes nas disciplinas sociais abraçam pontos de vista diferentes sobre o mesmo domínio de fatos. Em se tratando de ontologia social, o desafio consiste em construir teorias aptas a apreender e explicar de que modo as ações individuais dão origem a interações a partir das quais emergem padrões comportamentais coletivos resultantes da atuação de mecanismos de reprodução portadores de uma dinâmica em parte própria.

A justificação de um mapeamento ontológico — de tipo individualista ou holista — não depende de se poder *ver* aquilo a que se atribui existência. Em ciência, as escolhas ontológicas não têm como ser apresentadas como resultado do simples registro do que se pode observar. O que se afirma que existe, como existe, contraindo tal ou qual tipo de relação, não se baseia em atividade puramente constatativa. O fundamental é contar com uma teoria que se mostre capaz de prover embasadas explicações para o tipo de levantamento ontológico feito dos fatos e eventos sociais.

A adoção de uma reconstrução ontológica da realidade carente de respaldo em uma teoria capaz de exibir poder explicativo sobre o que acolhe como existente está condenada a ficar confinada à descrição do que se oferece à observação ou a elaborar especulações sobre o que imagina existir. Quando está em questão a busca de conhecimento, as atribuições de existência não se legitimam por intermédio de operações observacionais que se limitam a localizar o que existe como *dado*. O empreendimento científico é compatível com a postulação da existência de entidades inobserváveis desde que a teoria desenvolvida se mostre capaz de atestadamente explicá-las.

Na segunda parte, sustentaremos que o enfoque científico é sempre seletivo em razão de operar recortes no fluxo potencialmente infinito da experiência. A necessidade de delimitar rigidamente um campo de investigação torna difícil conferir valor cognitivo às teorias que ambicionam dissecar e explicar coletivos, classes ou o Todo. Apenas '*todos*' entendidos como combinações setorialmente articuladas de propriedades podem em tese dar origem a investigações capazes de satisfazer a importantes requisitos metodológicos propostos pelas mais respeitadas filosofias da ciência. Nessa parte do trabalho, abordaremos também a questão relativa a se é possível traduzir, sem perda de conteúdo, proposições cujos sujeitos são termos coletivos para enunciados com sujeitos que se referem a indivíduos.

Na terceira parte, será avaliado o rechaço de Popper ao veredicto de que as proposições metafísicas carecem de sentido. Popper invoca a história da ciência como fonte de evidências capaz de revelar os modos com que algumas importantes teorias científicas se originaram de especulações metafísicas. A tese defendida é a de que as ciências sociais minam a sustentabilidade da posição popperiana em virtude de inexistirem casos emblemáticos de conteúdos metafísicos reprocessados de modo a propiciar sua conversão em teorias amplamente reconhecidas como testáveis pelas várias *Escolas de pensamento* que se aninham nas diversas disciplinas sociais.

Em outra fase de sua obra, Popper intentou aprofundar o resgate da metafísica defendendo sua importância e indispensabilidade para a ciência em razão de as questões metafísicas se fazerem sempre presentes até mesmo na pesquisa empírica. A despeito de continuar a ser encarada como formada por teorias insuscetíveis de teste, a metafísica passa a ser vista como constituída de teses passíveis de discussão racional. Caso esteja presente na ciência e seja passível de crítica, a metafísica desponta ainda mais importante. Quando a partir dos anos 1950 se reporta ao que passa a chamar de *programas metafísicos de pesquisa,* Popper elenca casos emblemáticos pertencentes às ciências naturais, em especial à física, de conversão da metafísica em ciência.

Nenhum dos exemplos foi tirado das ciências sociais. Em que pese Popper tê-la considerada o único exemplo de *programa metafísico de pesquisa* fora das ciências naturais, a psicanálise não sofreu transformações que a tenham convertido em uma teoria científica formada por proposições testáveis. Sendo assim, a tese de que programas metafísicos de pesquisa se transmutam em autêntica ciência se aplica mais uma vez exclusivamente às ciências naturais. Esse quadro permite problematizar se nas disciplinas sociais os programas metafísicos de pesquisa — a exemplo do holista e do individualista — conservarão indefinidamente esse estatuto. Se a metafísica é criticável, como pensa Popper, justifica-se colocar em dúvida se também o é a metafísica que penetra maciçamente nas disciplinas sociais. O debate entre holistas e individualistas nos leva a advogar que a metafísica nesses casos serve para conferir identidade às diferentes correntes de pensamento. Essa peculiaridade ajuda a entender por que o que é intraduzível para uma linguagem empírica, impermeável à crítica, se mantém metafísico nas disciplinas sociais.

Na quarta parte, colocaremos em debate as consequências éticas e políticas do holismo que personifica o social, salientando que sem a existência de teorias com efetiva capacidade explicativa acaba-se recaindo em programas ideológicos coletivistas de reconstrução da ordem social. Rechaçaremos a modalidade de holismo que, ao conceber os coletivos como superentidades ou superagências, acaba propondo a subordinação do agir individual às finalidades atribuídas aos coletivos e reputadas superiores às buscadas pelos diferentes agentes.

Colocar em discussão a presença do holismo/coletivismo nos modos de representação da realidade social prevalecentes na tradição da cultura ibérica torna necessário avaliar sua fundamentação epistemológica e ontológica e suas consequências éticas e políticas. O malogro do "socialismo real" tornou patente o processo pelo qual se destrói a liberdade em nome da edificação de uma ordem social estribada nos pilares ideológicos fornecidos por uma versão dogmática e autoritária de coletivismo. Diante da atual tendência a conferir protagonismo social aos coletivos, é oportuno desencadear um debate em torno dos fundamentos das posições holistas predominantemente endossadas por destacados estudiosos da realidade social brasileira sem deixar de também avaliar criticamente as posições individualistas.

CAPÍTULO 1

PROLEGÔMENOS A UMA METAFÍSICA SOCIAL SEM FUTURO

1. Teorias sociais: entre a filosofia e a ciência

Weber (2012, p. 133) ressaltou que "algumas ciências estão fadadas a permanecer eternamente jovens em virtude de constantemente se defrontarem, a exemplo das disciplinas *históricas*, com novas questões suscitadas pelo fluxo em contínuo avanço da cultura". O quadro de "imaturidade" das *moral sciences*, como as chamou J. S. Mill, é em boa parte devido à singularidade de lidarem com fatos muito dependentes de variações contextuais sobre os quais as pessoas envolvidas criam interpretações e atribuem sentidos. Esse tipo de complexidade tem levado os pesquisadores a construírem conceitos impregnados de pressupostos filosóficos de difícil tradução empírica. Dos *Founding Fathers*, Weber foi o que mais aprofundou a discussão das dificuldades filosóficas e metodológicas especiais com que se defrontam as *Geisteswissenschaften* (ciências do espírito), diferenciáveis das ciências naturais por lidarem com fatos que se oferecem pré-interpretados à observação do estudioso.

A pouca atenção dispensada à filosofia das ciências sociais no Brasil, e na América do Sul em geral, é fruto da tendência a desconsiderar as peculiaridades epistemológicas e ontológicas com que se depara o estudo dos fatos sociais. A atribuição de papel determinante aos fatores econômicos sobre o curso dos fatos políticos e psicossociais tem se revelado fundamental à assunção de uma postura crítica, pouco envolvida com questões filosóficas, diante da realidade social atacada como geradora de injustiças derivadas das pronunciadas desigualdades entre as classes.

Entre os pais fundadores, o substrato filosófico não tinha como ser ocultado por mais que lidassem com ele de modos bem diferentes. O materialismo histórico de Marx nunca deixou de reconhecer a dívida para com a dialética de Hegel, mas reprovou em termos cognitivos e sociais a esmagadora maioria das outras linhagens filosóficas. A concepção indutivista de ciência de Durkheim é caudatária do empirismo de Bacon e Mill apesar de apresentada como encarnação da cientificidade. Reconhecendo seu débito com o neokantismo, Weber lida aberta e assumidamente com as questões filosóficas que dele herdou. Sem esses substratos filosóficos, os pais fundadores não teriam como formular e fundamentar suas teorias *da maneira* que o fizeram. Os pais fundadores das ciências sociais reconheceram suas proveniências filosóficas a despeito de Marx e Durkheim terem adotado uma postura inamistosa para com a filosofia em geral que os conduziu a negligenciar os desafios conceituais especiais, prenhes de impregnação filosófica, suscitados pelo estudo da sociabilidade. Os pesquisadores sociais continuadores dos pioneiros se mantiveram envolvidos com questões epistemológicas por mais que, na maioria dos casos, deixassem de explicitar e problematizar os pressupostos metafísicos, principalmente ontológicos, adotados para construir teorias holistas/coletivistas ou individualistas da vida social.

Em que pese toda a filosofia contrabandeada em obras substantivas como *Le Suicide* e *Les Formes Élémentaires de La Vie Religieuse*, Durkheim defende o expurgo de todo e qualquer ingrediente filosófico da pesquisa que aspire a ser científica. Condena qualquer resquício de filosofia na sociologia ao defini-la, como antes fizera Comte, como *ciência de observação*. Mais do que como expressão de sua preferência pela epistemologia empirista, o indutivismo é proposto por Durkheim como equivalendo à codificação dos procedimentos metodológicos utilizados pelas consagradas ciências naturais. Os defensores históricos do naturalismo, da visão de que as disciplinas sociais devem decalcar a metodologia das ciências naturais para conquistarem cientificidade, tenderam a negligenciar quão extensas têm se mostrado as divergências entre os que se arvoraram a identificar os traços distintivos da física tida por ciência modelar.

Abraçando uma estrita e estreita concepção indutivista de ciência, Durkheim (1949, p. 126) reage aos questionamentos de Hume de forma dogmática quando advoga que o princípio da causalidade é indispensável porque a ciência não tem como ser praticada sem ele: "só os filósofos puseram em dúvida a inteligibilidade da relação causal; para o cientista não suscita qualquer questão, já que é suposta pelo próprio método científico". Encarando a indução como uma espécie de inevitabilidade metodológica, Durkheim (1953, p. 95) adota uma visão depreciativa do papel da dedução na ciência ao apregoar que "durante o período em que a ciência social foi cultivada como uma arte, os escritores sociais usaram principalmente a dedução".

Justamente no período em que, no Brasil, se inicia o processo de formação da *sociologia* com aspiração a ser *científica*, Fernandes (1972, p. 68) faz coro com Durkheim: "[o progresso empírico-indutivo da sociologia] depende de nossa habilidade em procurar reunir 'fatos precisos'; sem estes nenhuma ciência positiva é possível". Iniciados por Sexto Empírico e aprofundados por Hume, os questionamentos à indução, à pretensão de justificá-la racionalmente, são solenemente ignorados por Fernandes (1976b, p. 350): "não compartilhamos do pessimismo com que se tende a avaliar as possibilidades dessa técnica de investigação [a indução], reflexo tardio de preconceitos [...] contra os procedimentos de investigação sociológica empírico-indutiva". Eminente membro da pioneira *Escola Paulista de Sociologia*, Fernandes (1976a, p. 34) endossa a animosidade cognitiva de Durkheim para com a filosofia proclamando que "a principal característica do desenvolvimento da sociologia, na última metade do século XIX, está na tendência a substituir os hábitos filosóficos de trabalho intelectual por procedimentos de caráter científico".

Levando-se em conta o que os sociólogos supracitados pensam da indução, dedução e causalidade, concordamos com Bottomore (1972, p. 79) quando observa que "a sociologia suscita, em proporções maiores que as outras ciências, problemas filosóficos [...] grande parte das fraquezas da teoria sociológica se deve à ingenuidade filosófica". A existência de *Escolas* nas disciplinas sociais raramente é percebida como consequência de as diferentes molduras metafísicas adotadas proporem caminhos epistemológicos e inventários ontológicos conflitantes para teorizar sobre os fatos sociais.

Antes de Durkheim, Comte, com sua *Lei dos Três Estados*, tirou da filosofia qualquer papel cognitivo relevante. A filosofia em geral, normalmente confundida com a metafísica, é desqualificada como especulação infrutífera, como "pré-científica". Isso quer dizer que constitui uma maneira de explicar o mundo que se tornou obsoleta e cognitivamente nula. A ciência inaugura uma etapa do desenvolvimento intelectual da humanidade que coloca as ideias filosóficas em uma espécie de *Museu do Pensamento*. Para o positivismo, o método é um só, o que faz com que as disciplinas sociais precisem fazer uso dos procedimentos derivados das práticas bem-sucedidas das ciências naturais. Só assim as disciplinas sociais lograrão cortar o cordão umbilical com a filosofia. Sendo esse o caso, inexistem boas razões para dispensar tratamento filosófico às questões conceituais especiais suscitadas pelas disciplinas sociais:

> Tome-se Augusto Comte como referência. Suas indagações correspondiam a questões que não poderiam ser formuladas e respondidas no âmbito do conhecimento do senso comum ou da Filosofia Pré-científica. O que é a ordem? Como ela se constitui? Como ela se mantém? Como ela se transforma? Em outras palavras, com o aparecimento da Sociologia não só se amplia o sistema das ciências, como se descobrem meios intelectuais plenamente adequados às necessidades de desenvolvimento criador ou construtivo dos modos secularizados de perceber e de explicar o mundo. (Fernandes, 1976a, p. 279)

À luz desse tipo de avaliação, as disciplinas sociais precisam se libertar do jugo especulativista da filosofia para conquistarem a cientificidade. Nada há na construção de suas teorias que gere problemas que as levem a lançar mão de conceitos e categorias com irredutível substrato filosófico. Introduzir alguma modalidade de análise filosófica no seio de uma ciência social acarreta afastamento dos cânones da pesquisa empírica. Mesmo porque, como enfatiza Fernandes (1972, p. 62), "a sociologia nasceu de uma transformação recente do próprio ponto de vista filosófico", de tal maneira que "o esforço feito pelos autores modernos para libertar a sociologia de hábitos de pensamento que não são inerentes ao método científico ainda não chegou ao seu fim". Mostrando, à maneira de Durkheim, seu envolvimento com uma retórica empirista generalista, Florestan arremata: "ora, o respeito aos fatos só pode nascer do trato direto contínuo e cotidiano dos fatos". É controverso o diagnóstico não só de que a filosofia não passa de um fantasma cognitivo a assombrar as disciplinas sociais como também o de que os filósofos continuam se intrometendo no estudo dos fatos sociais induzindo alguns pesquisadores a se envolverem desnecessariamente com intrincadas questões epistemológicas e ontológicas:

> As ciências humanas é que utilizam as categorias filosóficas e as submetem a seus objetivos. Realizam grande consumo de filosofia sem que a iniciativa pareça provir da filosofia. *Aparentemente,* não se trata de uma intervenção crítica da filosofia nos problemas ideológicos das ciências humanas, mas, ao contrário, de uma *exploração* por parte das ciências humanas de certas categorias filosóficas ou de certas filosofias [...] Essas categorias filosóficas e essas filosofias assim "exploradas" pelas ciências humanas são por essas ciências praticamente utilizadas como *substitutivo ideológico* da base teórica de que carecem. (Althusser, 1967, p. 38)

A enorme influência de Marx ajuda a entender o descaso pela filosofia exibido pelas ciências sociais produzidas na América do Sul. Até porque o marxismo jamais valorizou a filosofia em geral, apenas aquelas que o anteciparam ou que se mostraram fundamentais para a edificação dos alicerces sobre os quais repousa o materialismo histórico. As alteridades foram costumeiramente desqualificadas como idealistas e burguesas. Todas as correntes do pensamento, à exceção das consideradas pioneiras da *filosofia da práxis*, são depreciadas em bloco por Marx na famosa XI *Tese sobre Feuerbach*: "todos os filósofos se limitaram a interpretar o mundo, trata-se agora de transformá-lo". Mesmo tendo natureza filosófica, tal tese acarreta o desapreço genérico pela filosofia e por sua história. Levando às últimas consequências a visão de Marx, Althusser (1973, p. 46) — bastante influente nos anos 1970 no Brasil — prega que "a filosofia representa a luta de classes do povo na teoria". Por essa óptica, tudo se resume a adotar a teoria que se coloca do lado do proletariado contra todas as outras, que se deixam arrastar por uma ou outra versão do idealismo colocado historicamente a serviço da dominação. As teorias que se voltam para a análise conceitual ou para a fundamentação epistêmica são vistas como inócuas ao projeto de radical transformação da sociedade classista.

O influxo do marxismo sobre a história das ciências sociais na América do Sul acarretou o encolhimento do espaço dedicado à reflexão sobre os *fundamentos* epistemológicos e ontológicos — não apenas político-econômicos — da pesquisa social historicamente polarizada entre individualistas e coletivistas. Nem mesmo o *Methodenstreit*, a querela do método, que se arrasta ao longo da história das disciplinas sociais, recebeu a merecida e aprofundada discussão por parte dos sociólogos e economistas latino-americanos. Pouco problematizado, o substrato filosófico das polêmicas *metodológicas* pode ser emblematicamente apreendido acompanhando-se três grandes debates ocorridos ao longo do século passado: 1) A refrega entre o materialismo leninista e o empirocriticismo de Mach e seus seguidores; 2) A controvérsia entre membros da *Escola de Frankfurt* e a filosofia *"positivista"* da ciência representada por Popper e seguidores — veiculada na obra *Der Positivismusstreit in der deustschen Soziologie* — em torno do método adequado às disciplinas sociais; 3) O embate entre popperianos e kuhnianos no *Colloquium in the Philosophy of Science*, ocorrido em 1965 no Bedford College (Londres), veiculado na obra, organizada por Lakatos & Musgrave, *Criticism and the Growth of Knowledge.* Registre-se que essas polêmicas epistemológicas contemporâneas têm como precursor o *Methodenstreit* no século XIX entre Carl Menger, fundador da Escola Austríaca, e Gustav von Schmoller, expoente da Escola Histórica. Todos esses debates evidenciam ser injustificável a defesa do expurgo genérico do componente filosófico da pesquisa social em nome da aplicação de um genérico método científico.

A forte influência do marxismo na América do Sul tem feito prevalecer a visão de que os problemas sociais momentosos exigem soluções revolucionárias, que tornam de secundária importância a atenção aos desafios conceituais especiais, muitos com substrato filosófico, com que se defrontam as disciplinas sociais. Contra o reformismo setorial, herdou-se de Marx a confiança irrestrita no valor explicativo e no poder *crítico* da teoria revolucionária. A priorização da transformação das sociedades subdesenvolvidas, marcadas por profundas assimetrias sociais, tornaria perda de tempo devotar atenção a algumas das questões da filosofia tradicional.

A grande penetração do positivismo, principalmente no Brasil, e do marxismo na América do Sul em geral, ajuda a entender por que os conceitos filosóficos tacitamente presentes nas ciências humanas e sociais deixam de ser devidamente problematizados. Apesar de assumir o *background* filosófico da dialética de Hegel e de dar a impressão de que valoriza o tratamento filosófico das questões sociais e econômicas, Marx rechaça as alteridades fazendo recair sobre elas não só a acusação de falsidade como também a de que são política e economicamente instrumentalizadas pela burguesia no processo da luta de classes. Toda filosofia que se afasta das premissas do materialismo histórico é depreciada como especulativa, idealista. A filosofia que deixa de se alinhar ao proletariado, que não se realiza revolucionariamente na história, é acusada de operar em prol da preservação do *status quo.* Entre os teóricos que se empenharam em livrar as disciplinas sociais dos "desvios" filosóficos, Fernandes (1976a, p. 35) destaca Marx:

> Coube aos autores que limitaram o campo de suas investigações (como Marx, Le Play, Sumner Maine, Espinas, Durkheim, Tarde, Tonnies, Simmel, Summer, etc.) ou que se preocuparam com a especificidade de suas construções teóricas (como Glumpowicz, Ratzenhofer, Ward, Small, Giddings, etc.) a tarefa de expurgar a sociologia dos resíduos filosóficos mais prejudiciais ao espírito científico.

Diante da proliferação de pontos de vista, o pesquisador social tem procurado afastar as alteridades apontando-lhes defeitos sem atinar para os ingredientes filosóficos que contribuem para diferenciar as teorias sociais. Acusadas de cumprir função ideológica, as alteridades deixam de ter relevância para o intercâmbio crítico. O reducionismo — para o qual há um tipo de fator determinante, por exemplo, o econômico, com base no qual são explicados os outros tipos de fatos da vida associativa — é uma forma improfícua de combater a proliferação de teorias que assola as disciplinas sociais. Prevalecendo o reducionismo, torna-se desnecessário dar atenção a outras teorias, a outros domínios da pesquisa, em virtude de supostamente se debruçarem sobre epifenômenos, sobre fenômenos derivados de outros. Encarando os fatores extraeconômicos como variáveis dependentes, o reducionismo coloca em plano secundário a elaboração de explicações mistas resultantes de enfoques interdisciplinares. Em nome da busca da cientificidade, o reducionista desqualifica como "filosófica" a visão de que uma teoria identifica apenas os fatos que a trama de sua rede permite reter. Como sublinha Bunge (2004, p. 51-2), "é inegável que as ciências estão fragmentadas; essa fragmentação desponta praticamente notória no campo dos estudos sociais; isso é deplorável porque se espera que todas essas disciplinas estudem os fatos sociais, e é provável que cada fato social apresente muitos aspectos que uma ciência isolada não consegue abarcar".

Sob o influxo do materialismo histórico, a filosofia na pluralidade de suas correntes é vista como um desvio da revolução e sob a influência do positivismo como afastamento da ciência. Se até o início do século passado, os problemas sociais vinham sendo tratados por meio do ensaísmo, de impressões reunidas sem sistematização, sem o recurso a uma metodologia confiável, o marxismo e o positivismo propõem formas pretensamente seguras e confiáveis de explicar o que se passa na sociedade. O pressuposto é o de que os graves problemas políticos, econômicos e sociais só podem ser devidamente tratados por meio do emprego de determinadas técnicas de pesquisa, as providas pela ciência tal qual caracterizada pelo positivismo, ou por meio de uma terapia revolucionária derivada do diagnóstico de Marx das "enfermidades sociais". Sendo assim, inexiste papel importante, ainda que coadjuvante, a ser desempenhado pela filosofia no interior das ciências sociais. Positivismo e marxismo têm contribuído bastante para tornar desnecessária a filosofia das ciências sociais dedicada a identificar e a problematizar os pressupostos epistemológicos e ontológicos adotados na construção das teorias sociais. A filosofia em geral é denunciada para que seja possível acusar de perniciosa a filosofia que supre categorias e conceitos à obra alheia, mas não a que alimenta a própria obra:

> Até a década dos trinta, de modo predominante, o pensamento brasileiro como um todo está comprometido com correntes nas quais prevalecem preocupações filosóficas, morais, jurídicas ou programáticas. É o que se verifica com as correntes mais em evidência até então, nas quais sobressaem o catolicismo, evolucionismo, positivismo, liberalismo, corporativismo. Não há dúvida de que nessas incluíam-se também preocupações sociológicas. Mas a tônica era dada por formas de pensar relativamente pouco comprometidas com a consistência lógica da análise científica, com as exigências metodológicas da pesquisa de campo ou reconstrução histórica. (Ianni, 1989, p. 86)

O diminuto envolvimento com questões filosóficas é bem exemplificado pela *teoria da dependência* cujo embasamento explicativo se localiza precipuamente no campo da economia. Trata-se de uma teoria sociológica, economicamente derivada, cujo substrato filosófico jamais é devidamente problematizado. Seus pressupostos nunca foram debatidos, sua ontologia centrada nas sociedades encaradas como totalidades foi assumida como uma espécie de acesso à dimensão essencial da realidade só apreensível pelo pensamento crítico. A ideia de que uma sociedade sob o colonialismo econômico possui apenas uma consciência alienada deriva, no ponto de partida, do famoso esquema de Hegel sobre a relação Senhor-Escravo e da reformulação operada por Marx ao estabelecer a interdependência ontológica, economicamente determinada, entre proletariado-burguesia. Com isso, a consciência de classe alienada precisa ser complementada pela conquista da consciência nacional traduzível na percepção da sociedade que, se enxergando subordinada econômica e politicamente aos centros de decisão dos países hegemônicos, busca sua libertação. Ao sair do plano individual, a relação original de dominação deixa de se desenrolar entre Senhor e Escravo e vai para a arena social na qual subsistem formas petrificadas de interação entre a classe exploradora e a explorada e, no fim do percurso, chega ao plano global como uma relação entre nações em que umas são dependentes de outras.

Acriticamente endossada, essa ontologia holista promove o deslocamento da centralidade, originalmente dada às classes sociais, para o plano das nações, em que umas poucas são apresentadas como ocupando o centro do poder mundial e as demais são localizadas na periferia do poder econômico e político. Curiosamente, seu grande sucesso se deveu mais a razões "filosóficas" que às suas conquistas explicativas empiricamente embasadas. Por fim, cabe ressaltar que as *novas* formas de realizar pesquisa social também pouco ou nenhum destaque dão à dimensão filosófico-conceitual dos problemas abordados. Constroem modalidades de teoria que enquadram os problemas da vida social em molduras que previamente demarcam o tipo de tratamento — em que prevalece o imperativo político tido por correto — a ser adotado.

CAPÍTULO 2

O INVENTÁRIO DO MOBILIÁRIO DO MUNDO SOCIAL: EXISTÊNCIA REAL OU FICCIONAL

Devemos parte de nós à Sociedade, mas a melhor parte a nós mesmos.

(Montaigne, 1952, p. 386)

Na antologia que organizaram sobre o debate entre individualismo e holismo, Zahle & Collin (2014, p. 1) o encararam "como uma velha disputa — mas ainda vibrante — no interior da filosofia das ciências sociais e das próprias ciências sociais". No elucidativo escorço histórico que elaboraram são identificadas três fases, todas caracterizadas por vívidas discussões. A primeira ocorre na virada do século XIX com as contribuições significativas, entre outros, de Durkheim e Weber; a segunda fase transcorre por volta da década de 1950, na qual é feita a defesa enfática do individualismo metodológico por Hayek e Popper, com J. W. N. Watkins aguçando o debate. Finalmente, a terceira e última se estende da década de 1980 até hoje, com contribuições pioneiras dadas por teóricos como Bhaskar, Boudon, Coleman, Elster, Garfinkel, Little, Kincaid e Pettit. Como ensina Kincaid (2002, p. 294), "o debate individualismo-holismo remonta às origens das ciências sociais. A partir da década de 1950, tornou-se uma questão viva não só para os cientistas sociais bem como para os filósofos".

1. A atribuição de vida própria aos coletivos, ou classes, e ao Todo

Se caracterizada, à maneira de Haack (1978, p. 43), como "a parte da metafísica que se ocupa da questão relativa a que tipos de coisa existem", a ontologia assume importância crucial para as ciências sociais. É notório o fato de que sociólogos, psicólogos, economistas, historiadores e politólogos há séculos divergem abertamente a respeito de como devem ser identificados e hierarquizados os entes que povoam o mundo social. As teorias sociais estão infestadas de termos como coesão, integração, função, estrutura, anomia, inconsciente, subdeterminação, alienação, elasticidade de demanda cujos referentes são de difícil localização em termos de coordenadas espaço-temporais. Tem se mostrado controverso determinar em torno de que tipo de ente — indivíduos ou coletivos — deve gravitar o estudo dos "fatos sociais". Nunca se deixou de discutir se a pesquisa deve ir das partes para o Todo, ou ao contrário, se há um ente intermediário, o grupo, a ser priorizado. Subsiste a questão de se existem entidades sociais com vida própria – a exemplo de como se costuma falar do Estado — ou se seu advento e preservação se devem às crenças e ações dos indivíduos que as compõem.

É comum argumentar-se, como sublinha Popper (1976, p. 17), que "a sociologia — como todas as ciências 'biológicas', ou seja, como todas as ciências que lidam com objetos vivos — não deveria proceder de uma maneira atomista, mas sim 'holista'". É comum se alegar que os objetos da sociologia — os grupos sociais — nunca devem ser considerados meros agregados de pessoas. Seriam sempre mais que a a simples soma dos seus membros e mais que a mera soma das relações puramente interpessoais. Por mais defensável que uma posição genérica como essa pareça, tem se mostrado difícil transformá-la em caminho para se conquistar a cientificidade. A pura e simples adoção de uma ontologia que confira primazia a todos e coletivos tem ficado longe de se converter em teorias testáveis. Algo semelhante se pode dizer da escolha apriorista de uma ontologia para a qual os fatos sociais são sempre redutíveis a fatos localizáveis na esfera das decisões e ações dos indivíduos. Da maneira como são assumidos por individualistas e holistas/coletivistas, os compromissos ontológicos tendem a gerar teorias pouco permeáveis a efetivos controles empíricos.

Na busca de explicações gerais, não se está a priori impedido de adotar uma ontologia com base na qual a vida social seja estudada dando protagonismo às classes sociais, a seus modos de interação e interdependência, e à investigação de funcionalidades sistêmicas. Tampouco é obrigatório descartar a priori a construção de explicações centradas na análise das escolhas e ações contextualizadas dos indivíduos. Sendo injustificável um "veto ontológico" a priori tanto ao holismo quanto ao individualismo, cumpre dar destaque à avaliação da proficiência das metodologias que utilizam.

Defendemos que o debate entre individualismo e holismo/coletivismo tem exibido poucos avanços porque seus participantes se envolvem, ainda que tacitamente, com o pressuposto de que "a ciência é um empreendimento epistemológico que emana — como sustenta Dilworth (2006, p. 241) — de princípios ontológicos e metafísicos particulares, de tal maneira que determinar se um empreendimento é científico depende dos princípios ontológicos que pressupõe". Sendo excludentes os compromissos ontológicos assumidos, as teorias se tornam incomensuráveis:

> Na sociologia, como na filosofia, as acusações contra a hipóstase de conceitos são crônicas, para não dizer endêmicas. Hegel é acusado de hipóstase por Marx, Marx por Weber e Simmel, Durkheim e Weber por Parsons, Parsons por Habermas, e Habermas por Honneth e Luhmann [...]. Sem dúvida, essas difamações seriais podem ser explicadas pela colisão entre os diferentes discursos ontológicos da filosofia e da sociologia em combinação com a falta de consenso sobre o estatuto ontológico de seus referentes empíricos. Estando em questão o conflito entre os discursos ontológicos, é importante reconhecer que a ontologia teórica que opera nas ciências sociais e a ontologia implícita na crítica filosófica dos conceitos teóricos das ciências sociais são incomensuráveis. (Vandenberghe, 2009, p. 11)

Promover estudo comparativo entre os enfoques centrados nos indivíduos e os baseados na concessão de vida autônoma a coletivos, ou a totalidades, permite comprovar que há fossos intransponíveis entre os diferentes estilos de teoria produzidos pelas ciências sociais. Ainda hoje se discute que tipo de teoria está mais apto a granjear o estatuto de cientificidade: o que dá primazia ao estudo de fenômenos localizados no plano individual ou o que privilegia fatores que pertencem a uma esfera de realidade vista como supraindividual.

Nesta primeira parte, abordaremos a questão concernente ao que as teorias podem, em busca de cognitividade, supor existente no Mundo das ações e relações sociais. É fundamental discutir com que noção de *existência* deve preferencialmente operar o cientista social para que sua teoria possa aspirar à condição de científica. A preocupação em se tornarem empíricas não obriga as teorias sociais a lidarem exclusivamente com o que tem existência tangível e observável. Nada justifica desqualificar uma teoria porque se reporta a coletivos, grupos ou classes cuja existência não tem como ser diretamente estabelecida pela via observacional. Em tese, pode acalentar pretensões científicas a teoria que se reporta a coletivos como entes com existência própria. Cabe, no entanto, reconhecer o quanto é complicado tratar coletivos como sujeitos lógicos de enunciados que se pretendem empíricos.

As disputas ontológicas que um dia grassaram no terreno especulativo da filosofia social se transferiram, com nova roupagem, para as várias disciplinas sociais. As querelas ontológicas podem, em parte, ser responsabilizadas pelas constantes e ramificadas polêmicas travadas por sociólogos, psicólogos, economistas, antropólogos e politólogos. Algumas das mais importantes divergências entre as Escolas que se aninham nas ciências sociais são creditáveis aos diferentes tipos de ontologia abraçados. Cumpre reconhecer o quanto é difícil enfrentar a questão relativa ao tipo de *existência* que se pode justificadamente conferir a muitos dos sujeitos gramaticais dos enunciados típicos das ciências sociais. Difícil definir o tipo de existência que se justifica atribuir a uma entidade como classe social quando concebida como uma espécie de "superindivíduo" com capacidade de agência própria.

A tentativa de dotar de vida própria às entidades ditas sociais tem tendido a incidir na hipóstase que acaba por conceder aos *coletivos* existência, identidade e funcionalidade independentes de seus membros. Jay (1984, p. 12-3) destaca que o "termo, 'totalidade', teve um lugar especial no léxico de todos os marxistas ocidentais". Nietzsche os teria classificado "cavaleiros da totalidade" em virtude de "se arrogarem a missão teleológica de falar pelo todo".

Está longe de ser equacionável a questão referente ao tipo de tessitura explicativa que precisam ter as teorias sociais para que possam promover a adequada transição do mundo dos *concreta* — dos modos visíveis de manifestação da sociabilidade -- para o domínio das construções, dos *illata*, apresentadas como estruturas, funções e processos sociais. É tarefa complicada estabelecer pontes explicativas entre "coisas" observacionalmente identificáveis e entes resultantes de construção teórica. Em muitos casos, justifica-se atribuir vida própria ao constructo com o objetivo de avaliar se é uma ficção interpretativa útil. A ciência lida tanto com entes abstratos como relações, qualidades, números quanto com coisas que ostentam coordenadas espaço-temporais localizáveis. O dificultoso é tornar viável a travessia epistemológica do dado para o que se pode dele inferir, uma vez que cabe evitar tanto o estéril fatualismo quanto o teorismo vazio.

É evidente que uma resposta puramente descritivista à questão "O que *de fato* há no mundo da vida social?" se limitaria a inventariar, de modo "naturalizado", o impressionante conjunto das ocorrências visíveis e tangíveis que constituem o campo das ações e interações humanas. Ocorre, porém, que o trabalho de explicação não tem como ser reduzido à descrição da miríade de (inter)ações que se apresentam na exterioridade do palco da vida social. O pesquisador social que tentar fazer uso do *método do espectador* em busca de estrita objetividade terá de se manter distante do universo dos sentidos (subjetivos) que as pessoas atribuem às ações para se confinar ao *comportamento manifesto* dos indivíduos.

Já a visão reconstrutivista se empenha em mostrar que o vasto domínio de ocorrências localizáveis no domínio da *existência social* vai muito além de tudo que podemos perceptualmente registrar. O desafio, nesse caso, é identificar o método que permita explicar, de maneira adequada, o que ultrapassa o visível, o dado. Isto porque a procura da via metodológica compatível com as peculiaridades dos "objetos sociais" tem historicamente gerado caudalosas controvérsias. Alguns autores têm recorrido aos modelos de compreensão vicária devotada a estabelecer a interação empática entre o pesquisador e seu "objeto" de estudo. Outros têm apostado no uso do método dialético com base no qual a ciência teria a missão "positiva" (a *pars construens*) de apreender essências e a "negativa" (a *pars destruens*) de denunciar as teorias alternativas e o senso comum como prisioneiros de especiosas aparências e de racionalizações ideológicas.

Independentemente de a opção recair sobre ontologias individualistas ou holistas, os fatos da sociabilidade só são adequadamente mapeados quando se logra contar com teorias que se comprovem capazes de explicar seus traços distintivos. Por essa razão, toda a discussão ontológica precisa, para não se tornar infecunda, ser atrelada à problemática epistemológica do que se pode considerar *explicação adequada* dos fenômenos pesquisados. Quando se endossa o pressuposto empirista ingênuo de que os fatos falam por si mesmos reduz-se a explicação a simples generalizações cuidadosamente alcançadas a partir do rigoroso acompanhamento dos casos particulares. Nesse caso, o campo ontológico acaba confinado aos limites do que se pode observar de modo direto.

Com propensão a conferir prodigamente existência a quase tudo que pode ser expresso por meio de termos coletivos, as teorias que negligenciam o imediatamente dado o fazem em benefício de procedimentos construtivistas dedicados a desvelar um mundo de essências sobre o qual se exerce pouca controlabilidade empírica. Entre esses extremos têm se desenvolvido pesquisas que, apesar de elaborarem teorias mais testáveis, chegam a resultados que pouco comprovam seu poder explicativo.

Um dos principais objetivos deste livro é o de chamar a atenção para as complexas relações subsistentes entre epistemologia, ontologia e ética nos enfoques individualistas e holistas empenhados em entender a natureza da ação humana em sua relação com processos e estruturas sociais. A oposição entre as visões individualistas e holistas é tão antiga quanto o Pensamento Social. A opção por um tipo de reconstrução — *individualista ou holista* — do *ser social* resulta do tipo de mapeamento ontológico que a teoria adotada faz da realidade. Nesse sentido, compromissos ontológicos devem ser vistos como postulações de existência feitas no âmbito de teorias avaliáveis à luz de crivos epistêmicos dedicados a aferir o poder de explicação alcançado sobre aquilo a que se atribui existência. Como em ciência o que está em questão é *explicar* aquilo a que se confere existência – observável ou inferida —, a justificação dos compromissos ontológicos assumidos depende da confiabilidade dos crivos epistemológicos a que a teoria é submetida.

Quando deixa de se escorar em embasadas explicações, o inventário ontológico acaba por privilegiar determinado tipo de entidade – por exemplo, indivíduos ou coletivos – sem apresentar embasadas razões. É fácil conferir primazia ontológica a indivíduos reduzindo os grupos à simples soma das unidades que os compõem ou dar existência destacada aos coletivos concebendo-os como portadores de um *tipo de ser* irredutível às ações e pensamentos de seus membros. O desafio consiste em construir teorias que se mostrem capazes de fundamentar empiricamente teses individualistas ou holistas cujas raízes estão fincadas no solo de diferentes metafísicas.

Os inventários ontológicos que forjam discursos sobre Processos, entendidos como uma espécie de fluxo de eventos socialmente direcionados, e sobre Estruturas, caracterizadas como "molduras globais" com poder de plasmar condutas individuais, tendem a se vincular aos quadros de referência de uma metafísica para a qual *todos* despontam como realidades que existem em si e por si mesmas. O estabelecimento de uma rígida hierarquia entre os entes e o Ser Social deságua não só na concessão de *mais ser* ao Todo, grupos ou classes, como também na atribuição do poder de *determinar* os *tipos* de ação e interação que se reproduzem de modo padronizado no mundo da vida social:

> A natureza do indivíduo deriva diretamente do ser coletivo, que possui, por si mesmo, uma natureza *sui generis* [...] o quanto o ser social é mais rico, mais complexo, mais durável que o ser individual. A causa determinante de um fato social deve ser buscada entre os fatos sociais antecedentes e não entre os estados da consciência individual. (Durkheim, 1949, p. 122 e p. 109)

Muitos dos problemas epistemológicos das disciplinas sociais decorrem de se optar por uma ontologia vista como se fora a única forma de identificar o que existe, de definir o que cabe tomar por real. É comum adotar-se primeiro uma ontologia social com base em pressuposições metafísicas tácitas – por exemplo, o todo tem vida própria — para depois forjar-se uma teoria que a ela se conforma. O exemplo de Durkheim, nesse aspecto, é eloquente. O que tem mais ser, a *société*, passa a ser também o que tem poder de determinar causalmente quem possui "existência inferior", no caso os indivíduos. As ontologias holistas postulam 'todos' como se equivalessem a uma realidade com vida própria, como se fossem mais que um sistema funcionalmente integrado das partes. O passo seguinte consiste em subordinar o que supostamente tem *menos ser* ao que tem mais. Assim sendo, a explicatividade deixa de ser o requisito fundamental para a concessão justificada de existência e de *mais* existência. Contra a tendência a tornar a explicação caudatária da ontologia abraçada, a tese aqui defendida é a de que, no âmbito da pesquisa científica, só se deve assumir como existente aquilo para o qual se dispõe de uma teoria com potencial de comprovar sua capacidade de explicá-lo.

Conceder *mais ser* a um tipo de entidade batizada de totalidade acaba, em geral, por conferir-lhe poder de determinar causalmente o que são e o que fazem as partes. Em um bom número de teorias sociais, a atribuição ontológica de *mais ser* passa por um processo de tradução epistemológica por meio do qual se converte em poder causal do Todo sobre as partes. Indivíduos são colocados em segundo plano como se fossem marionetes de coletivos, fantoches de classes, quando suas ações são vistas como determinadas pelas posições sociais ocupadas, por sua inserção funcional no Sistema concebido como portador de funcionalidade autárquica. Incapazes de satisfazer aos requisitos da explicatividade, muitas teorias sociais partem da atribuição de superioridade ontológica aos coletivos, classes e todos como forma de legitimar a ascendência política sobre seus membros.

Cabe, ademais, sublinhar que não há como privilegiar um tipo de entidade, no mundo das relações sociais, sem que isso repercuta diretamente sobre o tipo de visão que se tem de homem. Ao darem *mais ser* a indivíduos ou a coletivos, as ontologias individualistas e holistas acabam sendo responsáveis pelo endosso tácito de determinada antropologia filosófica. De forma capital, a concepção de homem tacitamente operante contribui para a opção por um tipo de enfoque individualista ou holista. Isso evidencia que as escolhas ontológicas não podem ser feitas como se fossem o registro de entes apreensíveis por meio do simples exercício do olhar espontâneo e não da observação dirigida por uma teoria. Além de teoricamente conduzido, o inventário do mobiliário do mundo social depende também dos óculos "metafísicos" empregados. Sem falar que a reconstrução epistemológica e ontológica — individualista ou holista — do *ser social* se mostra prenhe de consequências políticas e éticas. Os modelos políticos e de ordem social estão escorados em pressupostos filosóficos que se filiam a concepções individualistas ou coletivistas.

Uma das teses deste livro é a de que a concepção de conhecimento abraçada se revela decisiva na escolha de uma perspectiva individualista ou holista de reconstrução da vida social. O endosso a uma teoria do conhecimento comprometida com os princípios basilares do empirismo metodológico mostra grande afinidade com as premissas fundamentais do individualismo. Posições nominalistas, como a abraçada pioneiramente por Guilherme de Ockham, são a perfeita ilustração de como a redução dos "universais" a *flatus vocis* (mero som) torna o indivíduo a única entidade com vida própria no mundo das relações sociais. Além de irredutível, o indivíduo é visto como um ente que se destaca por sua singularidade:

> O modelo do individualismo absoluto existe e se faz justamente presente em uma tradição anglo-saxônica, que não deixa de ter eco na obra de Locke. Mas é no século XIV, em William d'Ockham, que se deve buscá-lo. (Polin, 1980, p. 132)

A polêmica entre individualistas e holistas se arrasta ao longo dos séculos porque, entre outras razões, é sempre difícil dissecar, gerando resultados explicativos, as complexas relações entre ontologia, epistemologia e ética. A questão relativa ao que cabe *supor existente* não tem como ser desvinculada da que procura determinar como se chega a conhecer. É preciso poder *explicar* o que se supõe existente. A constatação de que algo existe assim e assim, sem a necessidade de se introduzirem termos teóricos sobre inobserváveis, serve, no máximo, como ponto de partida. A atribuição de existência a entidades inobserváveis precisa ser justificada pela comprovação de que a teoria consegue explicar o que são e como atuam. As diferentes versões de holismo tendem a perfilhar gnosiologias muito próximas das teses fundamentais do racionalismo, apriorista e dedutivista, e mais ainda das professadas pelo idealismo ou materialismo dialético. São gnosiologias que mostram propensão a acolher de modo "metafísico" universais afastados daquilo que se pode acompanhar pela via observacional.

O holismo que personifica entes sociais promove, no fundo, a transferência do velho passivismo da teoria do conhecimento para a esfera da constituição e reprodução da ordem social. Ao enfatizar o quanto o comportamento individual é moldado pela sociedade como um todo ou pela classe social, o holismo cria a imagem do *socius* como o ente que absorve os comandos e as diretrizes comportamentos emanados dos coletivos:

> Percepções, emoções, valorações sobre o que é certo ou errado, ideias das causas dos eventos — em suma, os sistemas globais de pensamento

> e sentimento — existem transcendental e independentemente dos indivíduos nos quais aparecem. São o que os sociólogos franceses chamam de *representações coletivas* [...]. A psique de um homem é social, não orgânica. (Gluckman, 1950, p. 75)

Tendo primazia ontológica, poder de causação e ascendência normativa, os *coletivos* definem os *tipos* de conduta que se transmutam nos cursos específicos de ação empreendidos pelos indivíduos. Com isso, a imagem de indivíduo veiculada é a de um receptáculo passivo submetido, na maior parte do tempo, à absorção das formas e dos conteúdos forjados pelos mecanismos presentes nos todos ou coletivos. A dimensão social exerce uma função tão modeladora que chega a determinar não só a forma como também parte do conteúdo do pensamento, além de dar direção às ações típicas dos indivíduos. Acredita-se, assim, que o mundo social existe em si e que a ação individual recebe vários tipos de determinação causal frutos da funcionalidade dos coletivos. Não é o que cada um faz em busca de "adaptações ótimas" à realidade, e sim o que o mundo social, dada sua ascendência ontológica, o leva a ser e fazer.

O holismo repele a tese gnosiológica de que todo conteúdo do conhecimento advém da experiência por entender que vem da sociedade. É a realidade social, por ter *mais ser*, que torna obrigatórios certos *tipos* de conhecimento e de comportamento. Nesse sentido, o indivíduo se ajusta menos aos fatos em si e mais aos óculos providos pela sociedade que o levam a enxergá-los de determinados modos. O social é a dimensão ativa capaz de desencadear e moldar comportamentos. A tese da vida social *sem sujeito* individual ativo tem sido rechaçada pelos autores que advogam que todo processo de criação — invenção e descoberta — só é possível pelo exercício que o indivíduo faz de suas faculdades cognitivo-volitivas:

> Não há lei, teoria científica, assim como sistema filosófico, que não seja conhecido pelo nome de seu inventor. Tudo é, na origem, individual, não somente todos os materiais, mas os planos, detalhados e em conjunto;

> tudo que hoje está presente nos cérebros cultivados, e é ensinado na Escola Elementar, teve início no recôndito de um cérebro solitário. Mas se é evidente que a ciência assim se construiu, não é menos certo que a construção de um dogma, de um corpo de direito, de um governo, de um regime econômico, obedece aos mesmos princípios. (Tarde, 1905, p. 144)

Imiscuídas às escolhas ontológicas aparecem, de modo tácito ou velado, proposições prescritivas que se aventuram a indicar como deveriam se desenrolar as relações entre os homens para que valores como a liberdade, a igualdade e a felicidade pudessem ser plenamente atingidos. Contrapor posições individualistas e holistas promove o entrechoque entre antagônicos ideais de ordem social. Não por acaso, as visões individualistas propendem a estabelecer vínculos com ideais de máxima escolha pessoal, sob a intervenção mínima indispensável dos poderes constituídos, enquanto as holistas costumam se associar à implantação, com pendores dirigistas, do que imaginam ser o funcionamento ideal — justo e perfeito — do Sistema.

O fato é que são gritantes as diferenças entre a defesa de um ideal de ordem social centrada no indivíduo, no valor intocável de sua liberdade, e a visão que faz da coletividade uma entidade capaz de perseguir metas próprias e mais importantes que os interesses pessoais dispersos. No debate individualismo versus holismo estão envolvidas mais que discrepantes reconstruções explicativas do mundo das relações sociais. Há sempre uma discussão concernente à possibilidade de remodelar a sociedade partindo da edificação de novos pilares. De um ponto de vista histórico, as propostas de práxis revolucionária têm predominantemente se associado ao holismo e seus derivados ideológicos coletivistas. Por mais que busquem se respaldar em teorias científicas, as escolhas ontológicas individualistas ou holistas oferecem ingredientes ideológicos fundamentais em defesa de sistemas de convivência centrados no incondicional primado da autodeterminação dos indivíduos ou em apoio a formas de controle ou regulação da vida social considerada legitimável com base em imperativos voltados para a perseguição do bem comum.

Por ter todas essas implicações, o confronto entre individualistas e holistas tem exibido uma arraigada tendência a dar primazia à busca da *substância social*. Quando substancializam seus objetos de estudo, as ciências sociais se envolvem, ainda que tacitamente, com uma metafísica de extração racionalista, bastante próxima da concepção de substância esposada por Descartes (1957, I, 51, p. 118): aquilo que existe de tal modo que não necessita de nenhuma outra coisa para existir; o que, dada a suficiência de sua existência, não precisa do outro para ser. Foi retomada por Spinoza (1952, III, p. 22): o que não depende de qualquer outra coisa para existir, o que existe em si, e por si mesmo é concebido. Diferentemente da postulação cartesiana de duas substâncias — a *res cogitans* e a *res extensa* —, Spinoza sustenta que só Deus é *causa sui*, só ele tem a prerrogativa ontológica de ser portador de uma existência independente. Quando Durkheim caracteriza o fato social como *chose* dá a impressão de estar se reportando implicitamente a uma terceira *res* para além das indicadas por Descartes: a *res socialis*.

Leibniz definia, de forma abrangente, ontologia como *scientia de aliquo et nihilo, ente et non-ente, re et modo rei, substantia et accidente* (ciência do algum e do nenhum, do ente e do não ente, da coisa e dos modos da coisa, substância e acidente). Quando está em causa a busca de conhecimento, os fatos que comporão os objetos de estudo não são redutíveis ao que desponta como observável. A questão referente ao tipo de existência a ser destacado diz respeito não tanto ao que se pode registrar perceptualmente, mas, sobretudo, ao que se pode tomar como uma sequência de ocorrências capaz de ser adequadamente explicada por uma teoria bem construída. Desse modo, não se trata de postular a primazia do "em si mesmo existente" ou de simplesmente observar o que tem poder causal sobre o que. O importante é o que a teoria forjada permite, à luz de seu poder explicativo, supor existente. Quando se incide na atitude que substancializa o ente social se fica preso no emaranhado das estéreis contraposições entre unidades e totalidade:

> É a sociedade anterior ao indivíduo de tal modo que, abstraindo-se o todo social, o indivíduo não existe? Ou deveríamos afirmar, em

> sentido contrário, que só o indivíduo existe e que as organizações sociais, incluindo a própria sociedade, são simples abstrações — 'funções' do comportamento dos indivíduos separados? (Schutz, 1967, p. 4)

Defendemos o ponto de vista de que o inventário ontológico do mundo social — individualista, holista, emergentista — só pode ser defendido no âmbito de teorias específicas avaliáveis por seus méritos e deméritos explicativos. Supor existente isto e não aquilo, dar mais existência a isto do que àquilo, criar nexos de subordinação causal entre entidades ou processos, não depende apenas de se localizar o que existe no real. A adequada justificação dos compromissos ontológicos assumidos só pode ser feita no interior de teorias que se destaquem por sua capacidade explicativa e não por suas preferências filosóficas materialistas, idealistas, empiristas e quejandos.

Está longe de ser fácil justificar a atribuição de natureza substancial a processos, estruturas ou classes que muitas teorias supõem existentes no mundo social. As disciplinas sociais têm ido além da concepção "fraca" de substância entendida como o que permanece o mesmo ao longo do(s) processo(s) de mudança. A atribuição de existência independente, a busca dos fatores determinantes, tem conduzido à adoção de procedimentos de pesquisa que incorrem na substancialização de classes sociais, estruturas econômicas ou processos políticos . Comumente, a postulação de *entidades supraindividuais* envereda por caminhos que desembocam na personificação de coletivos. É também frequente a incidência em hipóstases por meio das quais se atribui realidade a abstrações, ficções ou constructos possuidores apenas de existência conceitual.

Apesar de vaga e genérica, a alegada vinculação ao *ser social* serve para que as teorias possam se apresentar como empíricas evitando a acusação de que carecem de "correspondentes" na realidade. A ação de substancializar a Sociedade como um todo é por muitos autores substituída pela que postula a existência de coletivos encarados como superentidades ou superagências. Fala-se de classe social, de grupos ou coletivos como se sua existência independesse do que são e pensam seus membros. Há casos em que se chega até a substancializar o Processo Histórico investindo-o do poder de gerar sentido e conferir direção aos acontecimentos sociais. Confere-se realidade a Estruturas e Processos como se resultassem de um conjunto de propriedades cuja formação e reprodução independem das decisões e ações situadas na esfera da existência individual. Os mecanismos determinantes da existência pessoal teriam natureza social.

Se o que se supõe existente no mundo das relações sociais depende dos óculos teóricos utilizados, isso torna injustificável no âmbito da atividade científica de pesquisa encarar uma entidade com existência presumida como algo que existe em si mesmo, como uma substância que cabe de início apenas localizar. Isso só seria defensável se o pesquisador se limitasse a *descrever* o que existe à sua volta sem preocupação de criar teorias com poder de explicar os fenômenos que fazem parte de seu objeto de estudo. Cumpre, além disso, ter presente que aquilo que se pode pretender *explicar* – por exemplo, o sentido subjetivo atribuído à ação – nem sempre permite acesso empírico direto.

2. O que tem mais ser, o que determina o que no mundo psicossocial

Alguns estudiosos definem as coisas como substâncias caracterizadas pela continuidade, enquanto os eventos seriam processos que se distinguiriam pela mudança. É complicado propor apreender um evento desvinculando-o do que o veicula. Além do mais, as coisas também passam por inequívocas mudanças. Alguns pensadores defendem que o mundo deve ser compreendido não como um conjunto de coisas prontas e acabadas, mas como um complexo de processos. As ciências sociais têm historicamente refletido essa polarização entre "coisalismo" e "mobilismo". A substancialização do social tem sido a via comumente empreendida para dar a cada uma das ciências sociais "objeto próprio". Para justificar sua constituição, cada ciência tem procurado se apresentar como senhora de um *domínio específico* de *fatos*, constitutivo de uma substância especial, que vai definir seu campo próprio de investigação e problematização:

> Seguindo as antigas tendências atomistas da investigação científica, cada uma dessas entidades foi considerada um campo de investigação separado, tornando-as objeto de disciplinas distintas. O indivíduo foi confiado à psicologia, a sociedade à sociologia e a cultura à antropologia. (Linton, 1945, p. 23)

O procedimento que promove a substancialização costuma supor que a primazia ontológica conferida a este ou àquele *tipo* de entidade é mera consequência de como as coisas são ou estão *na realidade*. É comum as teorias deixarem de reconhecer sua função reconstrutiva quando se apresentam como capazes de explicar os fenômenos selecionados. A identidade ontológica de indivíduos e coletivos é, em boa parte, determinada pelas teorias forjadas em virtude de a ontologia ser caudatária dos tipos de reconstrução que as teorias aplicam à realidade social com vistas a explicá-la. Os modos de ser do Ser social são definidos no âmbito de teorias que abraçam ontologias como a individualista ou a holista.

Há o caso emblemático de dois famosos estudos que, apesar de se devotarem a uma mesma comunidade, chegam a "retratos sociais" inconciliáveis. Debruçados sobre o vilarejo de Tepoztlán, os trabalhos de Redfield e de Lewis parecem discorrer sobre mundos sociais diferentes. A pesquisa realizada por Redfield, de 1926 a 1927, foi seguida, não muito tempo depois, por outra de Lewis com conclusões diametralmente opostas. Os resultados alcançados pela reconstrução de Redfield (1930, pp. 30-50) colocam em destaque os fortes elementos promotores da integração na comunidade. Sem que Tepoztlán tivesse passado por mudanças significativas, *in loco* capturáveis, Lewis (1951, p. 428-9) desenvolve uma pesquisa igualmente importante, de 1943 a 1948, na qual chega a conclusões que se contrapõem às de Redfield: predominam pressões e tensões em Tepoztlán. Onde uma teoria enxerga cooperação, a outra identifica conflito.

Nas ciências sociais, nas quais tanto o ingrediente reconstrutivo quanto o ideológico se fazem muito presentes, a noção de *existência* suscita debates que acabam promovendo o confronto entre teorias que ostentam divergências resultantes da assunção do que Collingwood (1972, p. 34-48) denominou *pressuposições absolutas*. Não há dúvida de que as muitas dificuldades de comparação objetiva entre as propostas explicativas do individualismo e holismo deixam a forte sensação de incomensurabilidade epistêmica, de ausência de *critérios de avaliação compartilhados*, diante da qual só restaria o caminho da escolha axiológico-ideológica.

Ao predomínio da metafísica que substancializa o social podem ser creditados, em larga medida, os exageros holistas que chegam a dar à Sociedade uma dinâmica intrínseca capaz de permitir que acalente até mesmo desígnios próprios. A verdade é que quando se organizam com base em procedimentos substancializadores, as teorias sociais se enredam em uma improfícua naturalização de suas divergências ontológicas. Mostram propensão à estéril esgrima ontológica quando cada vertente tenta "provar" que a entidade a ser privilegiada é a sua, a que encarna o Ser Social. Parecem se contentar com o confronto de entidades — do tipo Sociedade versus indivíduos — perdendo de vista que os procedimentos reconstrutivo-explicativos por intermédio dos quais se confere *existência* a isto e não àquilo, mais a isto que àquilo, não têm como ser legitimados como técnicas neutras capazes de levar a cabo uma espécie de mapeamento natural do mundo.

Parece indiscutível que em ciências sociais, mais que alhures, as escolhas ontológicas são *teoricamente conduzidas* e *plasmadas*. Por sua impregnação teórica, as opções ontológicas se mostram mais ou menos justificáveis em função da capacidade explicativa das teorias forjadas. Não se justifica supor que, através de simples observação, estamos em condições de conferir mais ser a isto do que àquilo. Só no âmbito das teorias se pode justificadamente dar existência a este ou àquele ente, estabelecer hierarquias ontológicas e dependências causais entre, por exemplo, as classes sociais e seus membros, entre a classe dominante e a dominada.

Os mais representativos estudos sobre a sociabilidade podem ser diferenciados pelas maneiras com que respondem à questão relativa a como se dá a intertradução entre os conteúdos mentais processados pelas consciências dos indivíduos e os dispositivos sistêmicos de (re)produção funcional da vida social. Pouco presente nas ciências sociais é a visão que sustenta ser o indivíduo uma realidade que, capaz de existir em si e por si, pode ser apreendida e explicada intrinsecamente. Discorrer sobre a vida social nunca equivale a se reportar às sequências de ações empreendidas por indivíduos movidos por seus interesses e submetidos a processos de interação regulados por normas preservadoras da liberdade negativamente entendida como ausência de coerção (injustificada). A sociedade é mais do que o compósito de unidades, a agregação das propriedades passíveis de acompanhamento nos comportamentos dos indivíduos. A priorização ontológica dos indivíduos é fonte de visões equivocadas e deletérias de sociabilidade:

> A elevada irracionalidade da estranha doutrina que tenta derivar o estado social da utilidade fundamental que o homem dele extrai para a mais perfeita satisfação de suas diversas necessidades individuais. (Comte, 1908, vol. 4, p. 284)

A posição hegemônica estatui que os fenômenos da sociabilidade têm suas causas localizadas em uma dimensão especial, a Sociedade, encarada como totalidade que se reproduz sistemicamente sob a vigência de imperativos funcionais que lhe são próprios. Nesse caso, a conduta típica dos indivíduos apenas exemplifica o que o sistema social os leva a ser ou fazer. Ingram (1976, p. 131) é de opinião que "muitas vezes só através do conceito holista conseguimos saber o que um indivíduo está fazendo: o conceito holista define seu papel social, que *só* é compreensível em termos holistas". Em busca de uma terceira via, Toynbee (1947, p. 209) esposa a tese de que "a sociedade é o 'campo de ação', mas a fonte de toda ação são os indivíduos que a compõem". Não se pode perder de vista o fato importante de que algumas variantes do confronto entre tindividualistas e holistas são subprodutos da luta travada entre ciências como a psicologia e a sociologia pelo monopólio explicativo sobre tipos de fenômeno — psicossociais — que despontam portadores de "identidade nebulosa". À guisa de exemplificação, vale à pena cotejar as duas seguintes posições:

> Comportamento, consciência e vida orgânica pertencem exclusivamente a indivíduos; mas faz, por certo, sentido falar do grupo como um todo na medida em que não o consideramos um organismo ou uma entidade mental [...]. Enquanto a psicologia social estuda o indivíduo no grupo, o sociólogo lida com o grupo como um todo [...]. Os dados psicológicos, tais como reações inatas, tendências habituais e emocionais dos indivíduos, são princípios explicativos nos quais se baseia a sociologia quando se dedica à interpretação da vida dos grupos. (Allport, 1924, p. 10-11)

> Num contexto sociológico podemos encontrar dois tipos de fato: individuais e generalizados. Vale à pena notar que só um subtipo específico de fato individual é usualmente considerado autêntico problema para a sociologia. Normalmente, num contexto sociológico não provemos explicações para fatos tais como "João está agressivo" ou "Maria sucumbiu às exigências do grupo", que se referem a seres humanos individuais ou a atos de indivíduos. Ao contrário, centramos nosso foco em fatos nos quais o objeto se refere a certos todos sociais. Esses todos sociais são tradicionalmente vistos como realidades *sui generis*, entidades emergentes não equivalentes à simples soma de seus elementos. (Sztompka, p. 1974, p. 27)

Os diferentes projetos de pesquisa que têm sido desenvolvidos no estudo dos fenômenos psicossociais raramente se mostram complementares em termos explicativos. As tentativas de desvendar o que faz com que as pessoas pensem, sintam e se comportem de determinados modos comumente incorrem na tentação de encará-las como programadas pelas estruturas sociais e arrastadas pelos processos históricos.

As ciências sociais têm sido permeadas por polêmicas endêmicas porque subsiste um abismo explicativo entre as teorias que destacam enunciados sobre indivíduos e suas ações e as que formulam proposições sobre grupos, coletivos ou classes. Como assinala Kaufmann (1958, p. 158), "por mais de dois mil anos a natureza da relação entre grupos sociais e instituições — especialmente Sociedade e Estado — e os indivíduos que os "formam" tem gerado uma das questões centrais da filosofia social".

Quando desejam dar explicativamente conta do que as pessoas fazem, de como vivenciam seus ambientes e os eventos que neles ocorrem, a sociologia e a psicologia produzem teorias com diminuta capacidade de interação e de intercâmbio crítico. A psicologia procura identificar causas que se situam no domínio das manifestações típicas das condutas individuais, ao passo que a sociologia privilegia os fatos e fatores pertencentes a um domínio supraindividual que engendra e reproduz, por si só, uma funcionalidade com poder de determinação causal sobre os indivíduos:

> Há teorias sociológicas para as quais a sociedade é um conjunto de estruturas impessoais de um tipo ou de outro; há teorias que enfatizam o papel criativo dos indivíduos na construção e preservação de sua sociedade. (Brown, 1979, p. 5)

A tendência a incorrer na substancialização das entidades, exibida pelas versões extremadas do holismo e do individualismo, motiva a proposição de variadas posições intermediárias. Poderíamos genericamente rotulá-las de complementaristas por sua preocupação em evitar que se confira ascendência ontológica e poder causal a uma Entidade sobre outra. Gurvitch (1950, p. 27) advoga que "nem o indivíduo nem a sociedade podem existir um sem o outro [...] o indivíduo é imanente à sociedade, e a sociedade, imanente ao indivíduo. Por existir essa imanência recíproca, encontramos a sociedade nas profundezas do Eu e o Eu nas profundezas do 'Nós' da sociedade". A ambição do complementarista é elucidar a natureza da sociabilidade por meio da identificação dos pontos de interdependência simbólica e material entre os propósitos e os *significados* presentes no agir individual e a incidência de fatores sociais sistêmicos:

> A única experiência que conhecemos é a dos indivíduos. Apenas à luz de suas lutas, interesses, aspirações, esperanças e temores se podem atribuir função e meta à sociedade. Inversamente, apenas porque são partes da sociedade é que os indivíduos são dotados de interesses, aspirações e objetivos. (MacIver & Page, 1949, p. 48)

As tentativas de superar o enorme fosso que se abre entre as posições holistas e individualistas não têm sido bem-sucedidas, uma vez que é pouco elucidativo conferir ao indivíduo o apanágio de ter interesses e ao mesmo tempo declarar que só os tem por ser membro de uma sociedade. Se, de fato, o psicológico é indissociável do social não se justifica a existência de duas ciências estanques. Talvez devesse existir uma só disciplina — a *psicossociologia* — devotada a explicar a interface entre os fenômenos mentais, radicados nos indivíduos, e os padrões de pensamento comunitariamente compartilhados. A busca do "monopólio explicativo" sobre determinado tipo de fato faz com que os pesquisadores tendam a incidir em reducionismo ou, na melhor das hipóteses, em enfoques parciais que se mostram incapazes de dar conta dos fenômenos sociais em sua complexidade:

> Mas qual é precisamente o domínio da teoria sociológica? Deve a teoria social confinar-se à sociedade *per se* ou é o indivíduo o foco de interesse? Ou será a combinação desses elementos a arena propriamente dita? [...] Não é tão fácil, como poderia parecer, alcançar uma teoria que trate adequada e convincentemente tanto da sociedade quanto do indivíduo [...] O problema é que normalmente os empreendimentos teóricos têm explicado um em termos do outro. (Skidmore, 1976. p. 50)

Ao contrário do que se poderia supor, o advento da sociologia deu novo fôlego à velha polarização filosófica entre individualismo e holismo. Até porque a nova ciência não se mostrou capaz de dispensar, como era seu desejo programático, um tratamento estritamente empírico a questões que tinham se mostrado recorrentemente desafiadoras no âmbito da filosofia social. O fato é que a sociologia já nasce tendo de enfrentar a espinhosa problemática do método adequado para o tipo de "objeto" que estava se propondo a estudar. As controvérsias epistemológicas têm-se arrastado, nos últimos dois séculos, em virtude de os fenômenos da vida associativa gerarem dificuldades de abordagem que não têm sido superadas com o emprego do chamado método empírico. As tantas raízes e implicações filosóficas, políticas e éticas do debate entre totalistas e atomistas o tem feito sobreviver ao emprego de técnicas que se autoproclamam seguidoras do método científico. Por mais que se devote respeito aos imperativos basilares do chamado método científico, o substrato metafísico do longevo embate entre individualismo e holismo subsiste. O fato de passarem a existir teorias que atribuem a si mesmas o apanágio da cientificidade tem se mostrado impotente para evitar as ciladas ontológicas em que incorrem as teorias que substancializam entes, estruturas e processos sociais.

Durkheim abraçou programaticamente uma concepção empirista de ciência — centrada no tripé observacionalismo, verificacionismo, indutivismo — sem ter-se sentido desconfortável com o substrato metafísico holista que acompanha suas escolhas ontológicas. Apresentada como empírica, sua obra transgride os princípios estatuídos por sua metodologia quando constrói teorias ousadas, pouco controláveis pelo crivo dos fatos, em busca de explicações para o suicídio ou a religião. Na obra de Durkheim convivem em permanente tensão filosófica a visão holista da sociabilidade e o empirismo metodológico com sua propensão ao nominalismo para o qual os universais – como, por exemplo, Beleza — são *apenas palavras* às quais nada corresponde na realidade.

Quando tomadas por modelo para a busca do autêntico conhecimento, as ciências naturais inibem o franco reconhecimento de que há componentes metafísicos tacitamente operantes no estudo do universo das relações sociais. A longeva contraposição entre o sociocentrismo e o individuocentrismo tem sido submetida a uma reformulação retórica para ser apresentada como parte de contextos problemáticos aos quais se pretende dispensar tratamento de cunho estritamente científico. Ocorre, porém, que o apregoado abandono do substrato filosófico deixa de ocorrer porque fracassa a tentativa de conferir credibilidade científica a uma das teorias sociais em pugna por meio da demonstração de que se respalda mais nos fatos que as alternativas.

O chamado método empírico tem sido invocado para infundir legitimidade explicativa aos estudos sociais que, apesar de procurarem empregar técnicas de pesquisa confiáveis, não têm logrado se livrar dos enraizamentos em solos filosóficos entre os quais é diminuta capacidade de intercâmbio crítico. Se por um lado o poder da ciência é utilizado para desbancar as formas tradicionais de veiculação das posições individualistas e holistas, por outro, a sociologia mostra propensão a permanecer enredada na velha tentação de substancializar os quadros ontológicos totalistas em nome do combate aos enfoques atomistas dos fenômenos da sociabilidade. Contra a filosofia social, a superioridade reivindicada pela sociologia, a de produzir construções teóricas passíveis de justificação empírica, foi caracterizada de modo discrepante pelas diversas Escolas aninhadas nas disciplinas sociais.

Na fase de formação da sociologia, há duas visões rivais que adotam *pressuposições absolutas* excludentes. A Escola Francesa exibe tendência a dar primazia a coletivos, a esposar o paradigma da supersocialização. Comte, De Bonald e, sobretudo, Durkheim, abraçam posições sociocêntricas: o ser, o pensar e o querer dos indivíduos, que se materializam nos propósitos que perseguem em suas ações, são reverberações da *sui generis* realidade social subsistente em si e por si mesma. O comportamento individual responde, no essencial, a necessidades e imperativos cristalizados no processo de reprodução simbólica e material da *Société.*

Como mostrou Lukes (1977, p. 4), a *Société* durkheimiana é uma entidade que realiza desde a transmissão e inculcação de crenças e práticas — tudo que somos e sabemos dela promana — até a imposição de obrigações socialmente prescritas. Sendo a fonte do poder moral, a Sociedade torna possível a perseguição de metas e finalidades por parte dos indivíduos. Vista como abrigando uma "consciência coletiva", a Sociedade precisa possuir capacidade similar, e ampliada, à de 'pensar' e 'agir' dos indivíduos. O ator acaba reduzido a simples executor de normas sociais que determinam sua conduta. Gabriel Tarde flagrantemente destoa dessa linhagem filosófica quando advoga que a sociologia é como uma psicologia em tamanho maior ou quando afirma que "se o indivíduo é deixado de lado, o social nada é".

3. Entre indivíduos autodeterminados e determinantes sociais

A mais influente tradição filosófica britânica — especialmente representada por A. Smith, H. Spencer, J. S. Mill, entre outros — propugna por um individualismo que, aos olhos da maioria dos *Founding Fathers* da sociologia, pareceu descambar para uma espécie de "atomismo egocentrista": os cursos de ação empreendidos pelos indivíduos são fruto do exercício de seu pensamento e de sua vontade em contextos de troca simbólica e material; são determinados por fatores imanentes ao cálculo de seus interesses em situações específicas de interação. O campo ontológico da ação individual é visto como intranscendível em virtude de a novidade da vida social resultar da geração do "efeito agregativo" e da promoção de finalidades que não faziam parte das intenções isoladamente acalentadas pelos indivíduos. Esse modelo, acusado de defender uma espécie de subsocialização da existência humana, se mostra particularmente preocupado em determinar como cada indivíduo faz escolhas calculando relações custo/benefício a fim de otimizar vantagens que, quando reguladas por normas universais de justa conduta, nada acarretam de pernicioso a outrem. Cabe, no entanto, ter presente que o individualismo também foi defendido a partir de pressupostos epistemológicos e ontológicos bem diferentes:

> A sociologia interpretativa trata o indivíduo e singular e sua ação como sua unidade mais básica, seu "átomo". Para a sociologia, tudo o que se

> situa abaixo do limiar do comportamento interpretável em termos de significado e relacionado a "objetos" (internos ou externos) é relevante apenas como o são os fenômenos da natureza, desprovidos de significado, ou seja, apenas como condição ou como orientação subjetiva desse comportamento. À luz desse enfoque, o indivíduo é também o limite superior e o único agente de conduta com significado [...] para a sociologia, conceitos como o de Estado, associação cooperativa, feudalismo e similares designam certas categorias de ação humana conjunta. É tarefa da sociologia reduzir esses conceitos à ação passível de ser "compreendida", ou seja, à ação dos indivíduos participantes. (Weber, 2012, p. 280-1)

Na antiguidade, Sócrates e os estoicos deram contribuições fundamentais à emergência de uma visão de mundo na qual as relações humanas se centram na primazia política e espiritual do indivíduo. No entanto, o pensamento social viveu durante séculos preso à cerrada polarização entre indivíduos e Estado tal qual proposta por Platão e Aristóteles. Os corifeus da Filosofia Grega deram origem a versões seminais de holismo que, nos séculos seguintes, desembocarão na substancialização do social. Mesmo postulando cientificidade, algumas teorias sociais exibem nítida propensão a dar vida própria às Entidades Sociais de uma forma que as transforma nas principais responsáveis pelos modos *típicos* de interação entre os homens. Como destaca Barker, enquanto o pensamento moderno parte dos direitos do indivíduo e concebe o Estado como existindo para garantir as condições de seu desenvolvimento, o pensamento grego parte do direito do Estado a uma existência autogovernada e autossuficiente, e concebe o indivíduo como existindo para promover essa existência. Platão é a grande fonte de inspiração de algumas das mais duras versões do anti-individualismo:

> Certamente, o objetivo de Platão é destruir o individualismo, abolir os "direitos" individuais [...] e negar a liberdade no sentido de "fazer o que se quiser" [...]. Na realidade, o indivíduo é parte de um esquema e membro de um todo. Tal concepção de indivíduo faz parte de uma concepção

> teleológica do mundo. Sendo o mundo inteiro um todo coordenado, um esquema único e não uma massa de unidades, o indivíduo não pode se manter por si mesmo, mas apenas em seu lugar no todo, desempenhando sua parte segundo algum esquema no interior desse todo. (Barker, 1960, p. 267)

É incomum encontrar nas ciências sociais posições teóricas que abracem um holismo metafísico como o de Platão com todas as suas consequências epistemológicas, ontológicas e éticas. Contudo, muitas são as teorias sociais que se disfarçam em pesquisa empírica para adotar a mesma tese da incontrastável predominância do Todo sobre as partes. O fato de a sociologia erguer pretensões de cientificidade não é garantia de que a completa subordinação dos indivíduos aos coletivos possa ser plenamente justificada sem a adoção de uma moldura metafísica. Daí ser fundamental recusar a absolutização de inventários ontológicos que se apresentam como uma espécie de "retrato da realidade". É imperioso relativizá-los ao poder de explicação da teoria com base na qual são feitas as classificações e hierarquizações dos entes que fazem parte do Ser Social. Cabe, além do mais, ter presente que o coletivismo, tal qual se materializou em algumas das mais autoritárias ideologias no século passado, representou uma espécie de tradução política e econômica de alguns dos postulados metafísicos holistas. Pouca diferença faz se esses postulados foram propostos e defendidos como filosóficos ou "científicos".

Caso atentemos para a "evolução" das Sociedades no Ocidente, constataremos o importante fato de que são recentes as condições culturais que favoreceram a ascensão do individualismo. Burckhardt (1945, p. 87) brindou-nos com um trabalho esclarecedor acerca do significado da crescente importância que o indivíduo passou a ostentar no Mundo Ocidental a partir do Renascimento Italiano. Morris (1987, p. 22) identificou em etapas históricas anteriores os elementos embrionários do individualismo. Consoante Burckhardt, foi nas novas Cidades que os seres humanos deixaram de se ver e avaliar em termos de alguma categoria biológica ou social como, por exemplo, raça, povo, partido, família etc., para começaram a se enxergar, a pensar o significado de suas vidas, antes de tudo, como *indivíduos*. A esse desenvolvimento interno do indivíduo corresponde um tipo de distinção externa — a forma moderna da glória. O homem passou a buscar reconhecimento por suas realizações encaradas como resultantes de empreendimentos pessoais. O artista deixou de ser um artesão anônimo para ambicionar granjear fama pela excelência de seu *lavoro* (trabalho) ou de sua *opera* (obra). Há, no entanto, análises empenhadas em mostrar que o indivíduo pode ter sido no passado mais respeitado, em alguns aspectos, que nas modernas sociedades ocidentais nas quais tem vigorado a cultura dos direitos individuais:

> Em algumas sociedades primitivas o indivíduo é mais apreciado e respeitado que em alguns setores da sociedade moderna. Isto porque o indivíduo em uma sociedade dependente da direção imposta pela tradição tem uma relação funcional bem definida com os outros membros do grupo. Se não é eliminado, "faz parte de" — não é um "excedente", como são excedentes os modernos desempregados, nem é dispensável como o são os despreparados da sociedade moderna. Mas em virtude de "fazer parte de", os objetivos de vida que são *seus*, como escolha consciente, parecem moldar seu destino apenas de um modo muito limitado, da mesma forma que só em sentido muito limitado há algum conceito de progresso para o grupo. (Riesman, Glazer & Denney, 1953, p. 26-7)

O fato é que certas sociedades, em determinado momento de sua trajetória evolutiva, se encaminharam para a adoção de uma *Weltanschauung* individualista situada nos antípodas das tradições impregnadas das mundividências "comunitaristas" ou "coletivistas" antes prevalecentes. Ao lado dos estudos históricos, há importantes pesquisas etológicas, biológicas e etnológicas que apontam para a existência de processos que levam, em franco contraste com o que acontece no mundo dos insetos eussociais, à crescente individualização e diferenciação dos homens. Linton (1945, p. 34) observa que "intrinsecamente, os membros de nossa espécie parecem ter um poder de diferenciação e individualização maior do que o encontrado em qualquer outra espécie".

Mauss desenvolve sólida linha de argumentação em apoio à tese de que liberdade e individualidade são categorias que só recentemente foram incorporadas à dinâmica da vida social. Longo foi o caminho trilhado para que deixassem de ser meras construções da reflexão filosófica, para que se tornassem ingredientes fundamentais das *formas de vida* gestadas no ventre da modernidade:

> É ao desenvolvimento da noção de indivíduo, como sujeito do direito, da moral e da religião, que se vincula a noção de liberdade propriamente dita [...] uma das razões pelas quais as noções de individualidade e liberdade demoraram tanto para aparecer é a de que se fazia necessário ocorrer o desenvolvimento das sociedades, e talvez até das nações modernas, para que a noção de liberdade cívica, política, religiosa e econômica impusesse à consciência individual a noção de liberdade pura. (Mauss, 1974, p. 124)

No entanto, a constatação de que as categorias de liberdade e individualidade só lograram alcançar efetividade social há poucos séculos não respalda as teorias reducionistas que as classificam de subproduto ideológico do modo de produção capitalista. Por mais que as condições históricas propiciadoras de seu advento só tenham surgido ao longo dos últimos séculos, não se justifica reduzi-las aos pilares da concepção atomista de sociabilidade supostamente perfilhada pela visão de mundo burguesa. Talvez o mais correto fosse supor que os ingredientes intelectuais do Renascimento e os político-econômicos desencadeadores da Modernidade retiraram os principais óbices à *realização histórica* da ideia de liberdade atrelada ao ideal de que a vida seja pensada e conduzida de modo autônomo pelos indivíduos. Cassirer (1935, p. 28) descreve a filosofia de Nicolau de Cusa de uma maneira que permite considerá-la expressão essencial do individualismo moderno: "todo ser espiritual tem seu centro dentro de si mesmo; sua participação no divino consiste precisamente nesse centro, nessa individualidade indissolúvel".

O conceito filosófico de indivíduo, associado ao de liberdade, é anterior ao surgimento da propalada hegemonia da visão burguesa de mundo. O importante é identificar que condições culturais, psicossociais, fizeram com que o conceito se tornasse realidade no plano das relações sociais. É fato que profundas transformações materiais e simbólicas foram necessárias para que o indivíduo passasse a *se ver* como portador do potencial de ser livre, como uma singularidade existencial capaz de reivindicar direitos básicos irredutivelmente centrados em sua pessoa. Foi longa a caminhada até que a tirania dos costumes e tradições se afrouxasse proporcionando ao indivíduo condições existenciais de se enxergar como portador de vida própria e identidade pessoal distintas das impostas pela comunidade. Em vez de se localizar a fonte originadora e justificadora da liberdade e da individualidade modernas no solo das necessidades de um período histórico e na estratégia de dominação de classe, é cabível concebê-las como forças liberadas a partir da neutralização dos mecanismos comunitários que, no interior das velhas ordens tribais e clânicas, inibiam sua erupção.

No mundo em que se instaura a competição individual, em que perde espaço a solidariedade mecânica, ganha força a óptica que permite ver a realidade de forma distinta da monocórdia reiteração dos esquemas de pensamento e ação rigidamente estabelecidos pela Tradição. Têm início transformações revolucionárias que darão aos indivíduos condições objetivas de se perceberem como entes distintos de uma totalidade cuja atuação sobre eles ocorre de modo invisível. O individualismo torna cada vez mais real o potencial ontogenético e filogenético de diferenciação que os homens têm e que ficou adormecido no interior das ordens sociais "coletivistas". Sinais dessa guinada são o surgimento do empreendedor capitalista, do descobridor de novos fatos, do inventor de novas teorias, técnicas e produtos, do conquistador de novos mundos, do artista em busca de novos estilos de expressão e representação do Lebenswelt (o mundo da vida). Quando o *eu* deixa de existir como mero átomo, fluxo vivencial diluído no todo da comunidade, emerge a possibilidade de cada indivíduo, seja qual for a extensão dos condicionamentos sofridos, perseguir a construção de identidade própria:

> Nesse mundo nasce o homem capaz de atribuir a si mesmo responsabilidade individual [...] com necessidade de dominar seu próprio destino sob pena de sucumbir na luta competitiva. Essa competição individual criou a *ratio subjectiva*, isto é, a faculdade de calcular com base em sua própria situação e de prever séries causais. (Mannheim, 1969, p. 57)

Para Tocqueville (1951, p. 105-12), a modernidade assinala a culminância de um processo que, ao destruir os fundamentos da desigualdade hierárquica petrificada, criou condições propícias à eclosão de um modelo de vida e racionalidade sociais embasado em projetos individualistas. Se a aquisição da propriedade fundiária deixa de se dar exclusivamente por meio da herança aristocrática, se há crescente *possibilidade* de mudança de *status* através da educação e se há também a *possibilidade* de se conquistar riqueza, então a ordem social perde a velha rigidez que tendia a tornar ineficaz a iniciativa individual empreendedora:

> Nossos pais não tinham a palavra individualismo, que viemos a cunhar para nosso uso, porque na época deles não havia de fato indivíduo que não pertencesse a um grupo e que pudesse se considerar absolutamente sozinho. (Tocqueville, 1967, p. 176)

Não há dúvida de que a destruição das relações hierárquicas estamentais revela-se condição de possibilidade para o surgimento de uma *forma de vida* calcada no primado do indivíduo por mais que se deva encará-lo como um agente social. As rígidas e imobilizadoras hierarquias dos séculos aristocráticos estavam atreladas à visão de mundo na qual os homens estão, como aponta Tocqueville (1951, p. 106), "quase sempre ligados de uma maneira estreita a alguma coisa que está situada fora deles, e frequentemente estão *dispostos a esquecer de si mesmos*". Com o advento da mobilidade social, a posição do indivíduo deixa de se manter inalterável do nascimento à morte. Com isso, instaura-se a diuturna competição, estribada no mérito, por meio da qual o indivíduo luta pela conquista ou manutenção de uma posição.

Cabe, portanto, ter presente que a crescente expansão do individualismo tem sido viabilizada pela existência da mobilidade social que se tornou realidade principalmente na sociedade industrial. A complexa divisão social do trabalho, que dos albores do industrialismo à atual economia do conhecimento só tem feito avançar, se assenta em atividades e funções que demandam talento e preparação técnica. As posições sociais deixam, assim, de poder ser rigidamente transmitidas pela via hereditária. A meritocracia nas sociedades democráticas avançadas tem favorecido a expansão do individualismo. Ao contribuir para o encolhimento do raio de atuação da esfera estatal com a ampliação do espaço privado e da autonomia do trabalho, a sociedade da informação mostra tendência a fortalecer projetos e buscas individuais:

> Quer o individualismo do século XVII seja deplorado por ter minado a tradição cristã da lei natural, quer seja aplaudido por ter aberto novas vias para a liberdade e o progresso, o inegável é que não se pode questionar sua importância. Tampouco se pode duvidar de que o individualismo tem sido uma característica distintiva de toda tradição liberal subsequente. (Macpherson, 1965, p. 1)

Essas análises deixam claro que as noções de liberdade e individualidade, que floresceram a partir da Modernidade, tornaram possível o advento de uma visão individuocêntrica de mundo associada à ideia de exercício do poder submetido a freios e contrapesos cuja fonte de legitimação deriva de escolhas livres e soberanas dos cidadãos. A concepção de que o homem é senhor de si mesmo abre caminho, por mais que subsistam fatores sociais condicionantes de seu pensar e agir, para mundividências individualistas. Já as reações ao individualismo que têm tendido a enfatizar que o homem é mera peça de engrenagens sociais, marionete da história, das injunções do sistema de poder e da estrutura de produção, se filiam à matriz holista/coletivista do Pensamento Social. Há holismos que levam à conclusão de que a única forma de o indivíduo ser livre é fazendo parte de um sistema social no qual prevaleça a mais completa igualdade material e hierárquica entre seus membros. À luz dessa visão, a desalienação e a libertação só podem ser coletivamente atingidas.

Por corresponderem a visões de mundo vinculadas a contrastantes imagens de homem e comprometidas com determinados ideais de ordem social, individualismo e holismo têm sido historicamente responsabilizados pela geração de consequências maléficas ao justo e equilibrado convívio humano. Pressuposições absolutas sobre a natureza humana — se possui o homem livre-arbítrio, se escolhe as vias sociais por onde trafega, se suas ações apenas replicam o estatuído por seu(s) papel(éis) no interior das instituições — também contribuem de modo importante para a adoção de uma visão de mundo holista ou individualista:

> Em *Christianity and Social Order*, do Arcebispo de Canterbury, não apenas Locke e Adam Smith, mas também Lutero, Wesley, Calvino e os puritanos calvinistas são atacados por sua concepção de pessoa como um simples indivíduo independente ao invés de ser vista como um ser essencialmente social [...]. Ele é de opinião que seu (da Filosofia Protestante Conformista) individualismo fundamental [...] minou a tradicional caracterização cristã e aristotélica da riqueza como eminentemente social e, portanto, sujeita, sob todos os aspectos, ao controle posto a serviço dos interesses da sociedade como um todo. (Northrop, 1946, p. 185)

Com regular frequência tem-se denunciado *l'odieux individualisme*, atribuindo-lhe a culpa por disfunções e desequilíbrios decorrentes de sua implantação provocar a atomização e fragmentação da vida social. Não há, no entanto, como negar que alguns dos mais odiosos sistemas autoritários ou ditatoriais contemporâneos se inspiraram em teses holistas que, na seara dos embates políticos, assumiram feições ideológicas coletivistas. Uma concepção coletivista de vida social acaba se comprometendo, ainda que involuntariamente, com a defesa de uma exacerbada concentração do poder enfeixado pelo Estado. Ademais, a concessão de primazia ao coletivo costuma se associar à crença de que através da engenharia social se pode promover a uniformização das relações de produção para que, assim, desapareçam as diferenças materiais e "espirituais" entre os homens.

O coletivismo supõe que a homogeneização das condutas baseada na implementação de um modelo de justiça social assentado na igualdade material teria o condão de gerar paz duradoura e uniforme prosperidade entre os *socii*. A despeito do perigo representado pelo estatismo, o coletivismo, na versão comunista, acalenta a utopia de que a superação dos divisionismos induzidos pela luta de classes propiciará, mais adiante, a dissolução do Estado e o fim de toda e qualquer modalidade de coerção. O indivíduo volta ao regaço da comunidade na qual desaparecem todas as diferenças entre os homens por meio da instauração da fraternidade igualitarista.

Algumas das mais influentes teorias sociais têm adotado uma ontologia dos fatos sociais que opta por um tipo de reconstrução teórica em razão de ser harmonizável com determinado projeto ético-político. O pesquisador só deveria se sentir autorizado a atribuir existência — a intenções ou *significados* das ações, a funções, estruturas ou processos — ao que sua teoria lograsse comprovadamente *explicar*. Boa parte da Teoria Social Clássica devotou-se obsessivamente à busca da *substância* capaz de encarnar a essência da sociabilidade deixando de reconhecer que a identificação da *entidade fundamental* — indivíduo, grupo, classe — se faz sempre a partir da óptica de uma teoria cuja missão consiste em explicar o que algo é, o que o faz ser o que é e como se (re)produz.

Localizar um tipo de fato como o da sociabilidade privilegiadamente em determinada entidade tem-se associado à epistemologia vinculada à metafísica para a qual o real está dividido em vários domínios com territórios rigidamente demarcáveis. Cada ciência social tem partido da tentativa de identificar seu território próprio de fatos para postular "controle explicativo" sobre ele. Em vez de se preocupar em instaurar um ponto de vista específico sobre fatos abordáveis de distintos modos por diferentes ciências, o pesquisador acredita, nesse caso, que sua teoria deve coincidir com segmento da realidade substancializado – o social, o político, o econômico etc. Poucos concebem a teoria como responsável pela escolha de um *ponto de vista* que *seleciona* fatos e ocorrências para tentar explicá-los em termos psicológicos, sociológicos, econômicos ou outros. Costuma-se equivocadamente acreditar que a teoria científica possa retratar, de forma "especular", os fatos que fazem parte de um território demarcado como seu.

A discussão epistemológica e ontológica sobre a relação entre partes e todo é emblematicamente feita no *Teeteto* de Platão no qual o chamado "Sonho de Sócrates" aborda de forma magistral a problemática do simples em relação ao complexo. A tese lá defendida é a de que só o composto é passível de conhecimento, o simples, unidade mínima de existência, pode apenas ser nomeado. Durkheim (1968, p. 9) acredita que o simples é fundamental para explicar o complexo: "as religiões primitivas além de permitirem depreender os elementos constitutivos da religião têm também a vantagem de facilitar a explicação na medida em que os fatos nelas são mais simples e as relações entre os fatos se mostram aí mais evidentes". Marx defende o ponto de vista diametralmente oposto de que o complexo é chave de compreensão do simples:

> A sociedade burguesa é a mais desenvolvida e complexa organização histórica de produção. As categorias que servem para exprimir suas condições, a abrangência de sua organização, possibilitam também apreender a organização e as condições de produção que prevaleceram em todas as formas passadas de sociedade [...]. A anatomia do homem contém a chave da anatomia do macaco [...]. Desse modo, a economia burguesa fornece a chave para a economia antiga etc. (Marx, 1904, p. 300)

Quando se deixa de atribuir a especificidade de uma ciência ao tipo de ponto de vista peculiar que adota sobre realidades que podem ser investigadas de diferentes ângulos, cada ciência social pode se enclausurar na redoma de uma e apenas uma parte do real. Durkheim (1967, p. 349) afirma que o direito de existir de uma ciência é função de se mostrar senhora de um domínio demarcável do real: "se a sociologia existe, só pode consistir no estudo de um mundo ainda desconhecido, diferente dos explorados por outras ciências, esse mundo ou é um sistema de realidades ou nada é". Impactando estruturalmente a epistemologia, a metafísica substancialista, que segmenta a realidade em domínios, leva Durkheim (1968, p. 99) a perfilhar a tese de que "uma ciência é uma disciplina que, independentemente do modo pelo qual a concebemos, se aplica sempre a uma realidade dada".

Não obstante as diferenças nos modos com que especificam seus "campos ontológicos" atribuindo *primazia existencial* às unidades individuais ou aos *coletivos*, holismo e individualismo costumam aderir ao mesmo pressuposto metafísico fundamental — substancialista — de acordo com o qual um campo de pesquisa só se legitima como ciência quando se mostra senhor de uma ordem de fatos paradigmaticamente identificável em um domínio específico da realidade. Com suas simplificações, o "realismo substancialista" torna obscura a dinâmica por meio da qual ocorre a opção por uma ontologia de tipo individualista, holista ou complementarista. Nesse caso, se ignora o papel central das ópticas reconstrutivas introduzidas pelas teorias para tentar explicar o conjunto fragmentário das "coisas" que povoam o mundo das relações sociais. Afirmar que uma ciência só pode ter identidade epistemológica reconhecida quando detém o monopólio de lidar com um tipo fundamental de domínio da realidade, não reivindicado por nenhuma outra ciência, significa que cada ciência só pode nascer da localização e apropriação de um novo tipo de substância.

Uma vez identificada a (nova) substância, estariam criadas as condições mínimas para a inauguração de uma (nova) ciência. Às teorias da nova ciência caberia, em um primeiro momento, fazer o mapeamento geral da substância. Nas etapas seguintes seriam adotados procedimentos de dissecação do que nela se manifesta como dado ou de escavação de determinantes recônditos. Nos casos em que pretendem alcançar a essência, as teorias desdenham os dados empíricos imediatos, como membrana superficial e especiosa dos fenômenos, em nome de construções explicativas supostamente aptas a conhecer a substância como é em si mesma. Isto está em consonância com a visão *retratista* de teoria: o que de *social* se pode apreender no mundo não é função do poder explicativo do ponto de vista adotado, mas sim da capacidade de localizar a substância depositária das formas e conteúdos da sociabilidade.

A questão é saber se o discurso que almeja tornar-se conhecimento pode deixar de ter referentes definidos. O *logos apophantikos*, o constituído por proposições passíveis de ser verdadeiras ou falsas, se reporta a estados de coisas específicos. O que importa é se o conjunto dos estados de coisas, no caso a sociabilidade, pode ser unitariamente encarado como uma Substância. Em ciências sociais, há uma quantidade razoável de enunciados cujos sujeitos deixam a impressão de que a nada se referem. São, no mínimo, nebulosos os vínculos que mantêm com estados da realidade. É a referência opaca explorada pelos discursos vazios ou sibilinos que dá a impressão de se estar discorrendo sobre alguma realidade. No entanto, é injustificável negar de pronto existência ao que se mostra destituído de coordenadas espaço-temporais especificáveis:

> Soc — Quem formula um juízo, não pensa em alguma coisa?
> Tee — Necessariamente.
> Soc — E quem pensa em alguma coisa, não pensa em algo que é?
> Tee — De acordo.
> Soc — Logo, quem pensa no que não é, pensa em nada.
> Tee — É evidente.
> Soc — Mas não pensar em coisa alguma é não pensar em absoluto.
> Tee — Parece evidente.
> Soc — É impossível, por conseguinte, pensar no que não é, seja com relação a seres existentes, seja absolutamente.
>
> (Platão, 1973, p. 83)

Cumpre reconhecer que nada há de epistemologicamente condenável no uso de termos teóricos que se referem a entidades, eventos e processos inobserváveis. O importante é que a explicação urdida se mostre capaz de estabelecer vínculos entre o que se pode observar e o *constructo* teórico. Do contrário, será grande o risco de se incorrer no uso hipostasiado das palavras com base no qual se passa a sofrer da ilusão de que aos termos que se referem, por exemplo, a coletivos sempre corresponde um "mundo de fatos" especial. A *substancialização* dos substantivos comuns que denotam coletivos carece do condão de criar as supostas entidades supraindividuais apresentadas como habitantes da realidade social.

A necessidade de os termos das sentenças dos discursos terem referentes definidos não permite perder de vista o fato de que sobre o que existe podem ser instauradas variadas ópticas teóricas. Cada ponto de vista procura estabelecer uma hierarquia ontológica entre os entes para a qual poderá, entre outras coisas, buscar vínculos de dependência causal. À guisa de exemplificação, cabe observar que a classe social, para algumas vertentes holistas, não só *tem mais ser* que os indivíduos que a compõem como também determina causalmente o que pensam e fazem. Desse modo, cada perspectiva teórica destaca determinados tipos de predicado como decisivos à formação da identidade dos entes considerados "protagonistas" das relações encontráveis do mundo social. Quando colocam em destaque coletivos e seus atributos, os recortes teoréticos acabam conferindo papel coadjuvante a tudo que é caracterizado como parte.

Nenhuma teoria científica séria é flagrada discorrendo sobre o que carece até mesmo de vínculos indiretos com o que é observável. No entanto, de um ponto de vista epistemológico, é descabido exigir que a ciência se limite a desenvolver teorias que se atenham ao que possui existência identificável. O desafio reside em forjar teorias capazes de criar pontes explicativas entre a linguagem observacional e a teórica, de tal forma que o inobservável possa ser conectado, ao menos inferencialmente, ao observável.

É inegável que quando se caracteriza o social como tendo existência autárquica, a tendência é encará-lo como se reproduzindo em Entidades, Estruturas e Processos, sem dependência causal ao que pensam e fazem os indivíduos. Com isso, corre-se o risco de transformar termos do vocabulário das disciplinas sociais em entes fantasmagóricos aos quais são atribuídos os mais variados predicados. As dificuldades metodológicas enfrentadas por muitas teorias sociais não decorrem de lidarem com entidades inobserváveis, mas de não conseguirem forjar explicações sólidas para o que pressupõem existente . O alegado caráter científico da pesquisa é insuficiente, nesses casos, para neutralizar o endosso tácito a um tipo de metafísica em que o Todo, ou os coletivos, é nebulosamente identificado.

Apesar de ser tarefa difícil, é importante distinguir as postulações de coletivos, de *todos*, que incidem em reificação de palavras, das formações discursivas holistas que se preocupam com a boa fundamentação metodológica das teses que defendem. A substancialização do *social* cria um mundo em que em coletivos, ou o Todo, são tratados como se fossem superagências que pouco devem ao conjunto das ações individuais por estarem submetidas a determinantes sistêmicos. Assim concebido, o social acaba por se tornar uma realidade à qual se atribui vida própria, superior e transcendente, ao que são e fazem os indivíduos:

> O Estado é, por natureza, claramente anterior à família e ao indivíduo, já que o todo é necessariamente anterior às partes [...]. A prova de que o Estado é criação da natureza, e é anterior ao indivíduo, é a de que o indivíduo, quando isolado, não é autossuficiente; e que, portanto, se assemelha à condição das partes relativamente ao todo. (Aristóteles, 1943, 1253, p. 55)

Quando se transmuta em ideologia coletivista, o holismo se presta à legitimação, sobretudo em culturas com frágeis tradições de liberdade individual, de formas de poder que intentam subordinar as ações dos cidadãos à "vontade geral" ou aos "imperativos inquestionáveis" do Estado. Constant destaca a enorme diferença entre a concepção de liberdade que predominou entre os antigos e a que modernamente aflorou umbilicalmente ligada ao individualismo. Se no Mundo Antigo, os governantes eram mais fortes que os indivíduos, modernamente passou a ocorrer o inverso:

> Entre os antigos, o indivíduo é quase sempre soberano nas questões públicas e escravo em todos os assuntos privados. Como cidadão, decide sobre a paz e a guerra; como particular, permanece limitado, observado, reprimido em todos seus movimentos. Como parte do corpo coletivo, ele interroga, destitui, condena, despoja, exila, atinge mortalmente seus magistrados ou seus superiores, mas na medida em que está submetido ao corpo coletivo, pode ser privado de sua posição, despojado de suas honrarias, banido, condenado à morte, pela vontade arbitrária do todo ao qual pertence. (Constant, 1986. p. 647)

Enquanto no mundo antigo prevalecia a atmosfera de que a iniciativa individual voltada para satisfação de necessidades e a realização de desejos deveria se submeter aos imperativos atrelados à conquista de um pretenso bem-estar da coletividade, entre os modernos, assinala Constant, "o indivíduo independente em sua vida privada só é, mesmo nos estados mais livres, soberano na aparência. Sua soberania é restringida, quase sempre suspensa"

O holismo serviu, mesmo quando apresentado como teoria social científica, de base metafísica para algumas ideologias totalitárias que perpetraram ferozes e recorrentes atentados contra a liberdade ao longo do século XX. Em nome do primado do bem comum tem-se tentado subordinar as metas e os interesses dos indivíduos às finalidades, pretensamente superiores, perseguidas pelos coletivos. Limitar a liberdade individual, inibindo seu pleno exercício, é defendido por alguns ideólogos como um imperativo moral decorrente da hierarquia axiológica que concede primazia à dimensão comunitária dedicada à conquista do bem comum. A veneração quase religiosa que a Totalidade inspira no cotidiano do senso comum contribui para que o Poder tente diuturnamente se legitimar como depositário das atitudes morais que se devotam à missão de impor limites à desregrada busca do autointeresse à qual se dedicam febrilmente os indivíduos. Uma vez definida a relação ontológica de subsunção das partes ao Todo, abre-se caminho para a justificação de uma análoga relação política de submissão dos indivíduos aos coletivos. Partindo da subsunção metafísica da parte ao Todo, Platão (1977, 903c) decreta: "fostes criados em função do todo, e não o todo em função de vós".

Até o Renascimento e a Modernidade a noção de indivíduo permaneceu adormecida no mundo dos conceitos filosóficos. Veio a adquirir substrato social quando passou a integrar os padrões típicos de interação que dão identidade à chamada *forma de vida* individualista. O fato de só nos últimos séculos ter sido *socialmente* estabelecida a imbricação vivencial entre liberdade e individualidade mostra que o que hoje se pode genericamente chamar de *mundo das escolhas privadas* esteve por muito tempo diluído nos padrões comunitários de ser e agir que determinavam as condutas individuais.

O aspecto de que o indivíduo vivia imerso na vida da comunidade a ponto de não ter como dela se distinguir de modo nítido não autoriza pensar que seu potencial de agir não sofria drásticas restrições. O que ocorre é que o conceito moderno de liberdade, associado à ausência de coerção injustificada, é estranho aos tipos de sociedade da antiguidade. Deixando de lado uma versão forte de relativismo sociologista, é cabível reconhecer que antes de existir a Lógica, como estudo sistemático da validade formal dos argumentos, os homens produziam falácias, paralogismos, anfibologias etc. por mais que não soubessem assim identificá-los. De maneira análoga, pode-se dizer que ser indivíduo no interior de uma ordem social que se reproduzia pela diluição da identidade das partes no Todo não fazia com que inexistisse o *individuum*. O que acontecia, nesse caso, é que ainda não ganhara plena existência social a experiência de alguém poder se sentir portador de uma vida autônoma frente a seus semelhantes e à comunidade da qual era parte.

O fato de a civilização ocidental ter tendido até a Modernidade a favorecer padrões de interação calcados em mundividências "coletivistas" não foi consequência da invenção tardia da categoria de indivíduo capaz de defini-lo como repositório potencial de direitos fundamentais passíveis de ser usufruídos por sua singularidade existencial e política. De um ponto de vista histórico, é recomendável investigar como se deu a *resignificação social* da categoria de liberdade em simbiose com a primazia que passou a ser concedida ao indivíduo. A longeva contraposição entre sociedade, todo, e indivíduos, partes, indica que já antes da Modernidade havia um debate filosófico em torno da necessidade de se conceder primado ontológico e político à sociedade ou aos seus membros.

Como o demonstra Dumont (1983, p. 36), a doutrina cristã teve destacado papel na emergência do individualismo moderno. Apesar de encarar a salvação do homem como resultado da intervenção supranatural, o cristianismo se singulariza por sublinhar que quem se salva é o indivíduo que, detentor de livre-arbítrio, se torna responsável por suas escolhas, ou seja, um agente moral. Inspirado em Santo Agostinho, o famoso *dictum* de que "Deus, que não precisou de ti para te criar, precisa de ti para te salvar" ilustra em termos religiosos a imbricação entre individualidade e responsabilidade. A atribuição de uma alma singular e imortal a cada homem foi passo decisivo em direção ao individualismo. Concebido como criado à imagem e semelhança do Ser Supremo, *Indivíduo* onipotente e onisciente, o homem passa a se ver como portador de identidade própria, irredutível às de seus semelhantes e à que lhe cabe ter como membro da sociedade na qual vive.

É interessante observar como ingredientes filosóficos e teológicos esparsos se juntam na unidade de uma *forma de vida* que, na Era Moderna, acabou por representar a inequívoca afirmação do primado do indivíduo e seus direitos. Registre-se, contudo, que o individualismo tem sofrido duros golpes desferidos por inimigos que se situam nas mais diferentes posições do espectro filosófico e ideológico. Do século XIX até hoje surgiram movimentos políticos e foram elaborados sistemas filosóficos com forte tendência a creditar ao individualismo alguns dos principais males que acometem a vida social. Ganharam espaço político as correntes que se dedicaram a demonstrar que se impunha sacrificar os valores da vida individual às necessidades e às finalidades do Todo. Disseminou-se a antropologia filosófica que concebe o homem como *espécie*, que encara a ação humana, no que tem de melhor, como atividade devotada à realização de fins e ideais coletivos.

Todos os ataques contra o individualismo deixam claro que o avanço da cidadania está sempre ameaçado por ideologias coletivistas — a exemplo do fascismo, nazismo e stalinismo — inspiradas nas metafísicas holistas que erigem em imperativo categórico da vida social e moral a subordinação dos fins individuais aos desígnios do *Todo*. O fato de a sociedade contemporânea se estruturar cada vez mais em consonância com uma mundividência individualista tem gerado uma espécie de nostalgia da *Gemeinschaft*, do espaço comunitário da convivência próxima, *face to face*, no qual muito do que cada um é resulta da absorção dos traços distintivos de determinada cultura.

O melhor do individualismo pode ser vinculado às lutas em prol das condições possibilitantes da liberdade cuja vigência se mostra capaz de promover o respeito incondicional aos direitos humanos. Por mais procedentes que sejam algumas das críticas que dirige ao individualismo, o holismo tem inspirado regimes políticos autoritários e totalitários com sua insistência na precedência ontológica e na superioridade ética dos coletivos. Quando transmutados em atores sociais, a classe revolucionária ou o Estado Redentor podem se converter em fontes de poder discricionário sobre os indivíduos. Daí muitos governantes terem tentado legitimar a concentração despótica de poder apresentando-a como *politicamente* derivada da ascendência dos coletivos sobre os indivíduos. Há formas de "fundamentalismo religioso" que têm semelhanças de família com as ideologias coletivistas: subordinam o potencial de escolha individual aos ditames de uma ortodoxia centrada no rígido consenso coletivo em torno do transcendente encarado como reiteração monolítica da Tradição.

As primeiras teorias sociológicas que se pretenderam científicas, desvinculadas das tradições da filosofia social, mostraram propensão, sem o reconhecerem, a reproduzir a arraigada tendência a substancializar o social. Nisbet (1971, p. 32-4) é de opinião que a principal novidade das teorias sociais, aspirantes à condição de científicas, reside no fato de se dedicarem a preencher o *fosso* entre a esfera da vida individual e o poder coativo do Estado por meio da introdução da categoria de grupo e de seus mecanismos de pressão.

Há quem acredite que as ciências sociais se transformaram em novo reduto de especulações no qual ganham versão socializada velhas teorias metafísicas. Os empiristas lógicos com seu fisicalismo depreciam as teorias sociais acusando-as de carecerem de base empírica e de ficarem reféns de um substrato metafísico. Defensor do fisicalismo, Neurath (1970, p. 4) produz duros diagnósticos das teorias sociais: "O que dizer de expressões como 'espírito de uma nação', '*ethos* de uma religião' ou 'forças éticas'? Algumas vezes, as sentenças nas quais tais expressões aparecem não têm como ser ligadas a enunciados observacionais — e devem ser rechaçadas como especulações metafísicas".

A postulação de um tipo intermediário de entidade, entre os extremos dos "átomos" individuais e do todo social, tornou ainda mais momentosa a controvérsia em torno dos graus de realidade atribuíveis a modalidades de entes com identidades ontológicas díspares como é o caso de indivíduos, instituições (a exemplo de família, Igreja, partidos políticos) e Sociedade. Na tradição da filosofia social, o dificultoso era determinar o tipo de existência que se poderia legitimamente conferir à substância situada no extremo oposto ao da vida individual. Com o advento da sociologia, resultou imperioso especificar o estatuto ontológico dessas entidades intermediárias, em si mesmas consideradas e em termos das relações mantidas com os extremos, pela provisão de embasadas explicações do que são e de como se reproduzem. Caracterizar o fato social como "coisa", à maneira de Durkheim, equivale a colocar a epistemologia a reboque da ontologia, uma vez que deixa de reconhecer que o crucial não é tratar o fato como "coisa", mas forjar uma explicação para aquilo que a teoria de modo seletivo e reconstrutivo supõe existir como "coisa". Tendo em vista que a tese de que o fato social possui natureza de *chose* não deriva do que se observa na realidade, o decisivo é forjar teorias com demonstrada capacidade de explicar o que supõem existente:

> Visto que as sociedades não são "coisas" em sentido material não podem ser estudadas como se o fossem. O conceito de sociedade é relacional, não substancial; as únicas entidades concretas dadas na situação social são pessoas. O que indicamos quando usamos o termo 'sociedade' é que as pessoas se relacionam entre si de várias maneiras institucionalizadas. (Beattie, 1966, p. 33)

Permanece momentosa a questão de se o tipo de existência que se pode justificadamente conferir aos grupos, classes e Todo permite torná-los independentes do que são e fazem os indivíduos que os constituem. As ideologias antiliberais se destacam por conceder vida própria ao coletivo, à classe, a fim de dotá-lo de ascendência ética e primazia política sobre os indivíduos. E quando encaram a Sociedade como representando a Totalidade que subsiste em si mesma passam a supor que seu adequado e harmonioso funcionamento como crucial para induzir as partes a se reproduzirem em consonância com a busca das finalidades comunitárias superiores. No extremo, confere-se ao Todo, aos coletivos, o poder determinante de modelar as condutas dos indivíduos e definir os possíveis cursos da história na qual os indivíduos são apenas atores, jamais autores. Não sendo o tipo de condicionamento que o *todo* exerce sobre as partes aquele desejável, a proposta é a de tentar transformá-lo revolucionariamente para que seus membros passem a ser moldados segundo determinado Ideal. A primazia ontológica e ética dada aos coletivos costuma se transmutar — nos processos de exercício do poder — na estatolatria dos que depreciam as chamadas liberdades individuais como burguesas.

As tentativas de justificar a concessão de existência autônoma a coletivos invocando o emprego do método científico foram incapazes de evitar os dissensos ideológicos entre individualistas e coletivistas. A maioria das primeiras teorias sociológicas se autoproclamava científica sem que efetivamente ostentasse capacidade explicativa com poder de prover a adequada justificação do inventário ontológico que promovia do mundo das relações sociais.

Malgrado tenha procurado diminuir o fosso que a filosofia social criara entre o Todo e as partes, a Sociedade, o Estado e os indivíduos, a verdade é que a sociologia, desde o início, tem sido marcada por uma postura ontológica anti-individualista. Ao erigir a família em unidade social básica, Comte (1908, vol. 4, p. 294) inaugura a tendência que dá primazia aos grupos: "o espírito científico não admite que se considere a sociedade humana como sendo realmente composta de indivíduos; a verdadeira unidade social consiste certamente na família".

É necessário ter presente que a depreciação ontológica do indivíduo, prenhe de consequências políticas, está na contramão do estilo de vida social cada vez mais centrado no ser e no fazer dos indivíduos. Registre-se, além do mais, que nos primórdios da sociologia, tanto quanto na velha filosofia social, as escolhas ontológicas eram feitas por teorias desprovidas da comprovada capacidade de explicar o que se tomava por fatores sociais determinantes da conduta humana. Contra o individualismo, a substancialização do social tende a ser uma espécie de substitutivo ideológico para a falta de capacidade explicativa das teorias holistas:

> A decomposição da humanidade em indivíduos constitui apenas uma análise anárquica, mais irracional que imoral, que tende a dissolver a existência social ao invés de explicá-la, já que só se torna aplicável quando cessa a associação. (Comte, 1929, vol. 2, p. 180-1)

A necessidade de defender a singularidade do enfoque sociológico quase sempre é a principal justificativa para a defesa de uma ontologia centrada em coletivos ou no *Todo*. Segundo Durkheim (1953, p. 136), "Rousseau tinha um sentimento muito vivo da especificidade do reino social na medida em que o concebia como uma ordem de fatos heterogêneos relativamente aos fatos puramente individuais". Na opinião de Durkheim, trata-se de um mundo novo que se acrescenta ao universo puramente psíquico. A dificuldade de demarcar o domínio social do individual é evidenciada quando os teóricos fracassam em determinar onde começa um e termina o outro. Sem falar que o psicológico só pode ser entendido sem o social, e vice-versa, caso se adote uma abordagem com propensão a incidir em uma versão mais ou menos forte de psicologismo ou sociologismo. Homans (1967, p. 59) chega ao extremo de defender que "a explicação de novos fenômenos (emergentes) não demanda quaisquer novas proposições gerais além das psicológicas". Por essa óptica, inexiste necessidade de proposições gerais sociológicas que se refiram a propriedades intrínsecas de grupos ou sociedades: "as características mais simples da interação social em grupos podem ser explicadas psicologicamente".

Centrar a análise da sociabilidade nos comportamentos dos indivíduos pode representar uma proposta explicativa atomizadora incapaz de lidar com fatos cuja singularidade resulta de emergirem em palcos histórico-sociais específicos. O individualismo corre sempre o risco de descambar para o psicologismo assim caracterizado por Popper (1971, p. 90): "a doutrina segundo a qual, sendo a sociedade o produto de mentes em interação, as leis sociais devem, em última análise, ser redutíveis a leis psicológicas, já que os eventos da vida social, incluindo suas convenções, devem ser o resultado de motivos que se formam nas mentes dos indivíduos".

Registre-se, porém, que o individualismo não deve *sic et simpliciter* ser confundido com um tipo de abordagem centrado nos fatos psíquicos. Muitos defensores do individualismo metodológico, a exemplo de Popper, concordam em que não há como reduzir a vida social a variáveis psicológicas. Os modos de ser e pensar do homem variam de acordo com o *setting social* e a natureza das instituições culturais. Ademais, as versões mais sólidas da teoria individualista mostram preocupação com as consequências não pretendidas das ações. Reportando-se aos vínculos entre individualismo e psicologismo, Popper (1971, p. 98) reconhece que "o psicologismo dá respaldo à importante doutrina de que todos os fenômenos sociais, e especialmente os relativos ao funcionamento de todas as instituições sociais, devem ser sempre compreendidos como resultando das decisões, ações, atitudes etc. dos indivíduos; de que jamais devemos nos satisfazer com uma explicação estruturada com base em coletivos (estados, nações, raças etc.)". No entanto, Popper apresenta como uma falha do psicologismo a pressuposição de que "esse individualismo metodológico no campo da ciência social implica o programa de reduzir todos os fenômenos sociais e todas as regularidades sociais a fenômenos e leis psicológicos".

A noção fundamental de "efeitos não buscados" pelas ações é destacada até mesmo por teóricos anti-individualistas. Engels (1951, p. 49) sublinha que "os objetivos das ações são pretendidos, mas os resultados que decorrem realmente dessas ações não o são; se, de início, dão a impressão de corresponder ao fim perseguido, depois revelam ter consequências bastante diferentes das desejadas". É digno de registro que esta passagem guarda inequívocas semelhanças de família com posições veiculadas por individualistas metodológicos como Popper e Hayek. A diferença é que os individualistas reconhecem a existência de importantes consequências não pretendidas, enquanto os coletivistas encaram todos os resultados cruciais das ações como fugindo ao controle dos indivíduos.

As vertentes holistas sempre enfrentaram grandes dificuldades para demonstrar a solidez da metodologia por meio da qual se pretende chegar a comprovadamente conhecer o que é uma classe social e de que maneira precisamente condiciona e determina o pensamento e a ação de seus membros. De um ponto de vista ético, a concessão de prioridade aos indivíduos é condenada por legitimar a perseguição do autointeresse que desagua, em última instância, na institucionalização do egoísmo socialmente desagregador. As críticas éticas ao individualismo despontam contundentes por seu forte apelo emocional ao Bem Comum. As restrições epistemológicas dirigidas ao individualismo se reportam ao fato de deixar de lado os fatores essenciais à explicação dos comportamentos indissociáveis dos contextos sociais em que ocorrem.

As dificuldades de justificação epistêmica das teorias se agravam quando se atribui existência autônoma a coletivos e todos recorrendo a metodologias pouco preocupadas com a controlabilidade empírica. Mesmo os enfoques individualistas e holistas que desenvolveram estudos setoriais elaboraram teorias cujo conteúdo empírico se revelou insuficientemente discriminado.

O confronto entre holistas e individualistas se desenrola principalmente no campo ontológico. Fica quase sempre faltando demonstrar de que tipo são os vínculos de (inter)dependência causal entre o plano da existência individual e a esfera dos fatores sociais. Jamais se comprovou que podem ser conhecidas, explicadas, as entidades, estruturas ou processos, às quais as teorias sociais conferem primazia existencial e poder de determinação causal.

CAPÍTULO 3

O DESAFIO DE DOTAR AS TEORIAS SOCIAIS DE CAPACIDADE EXPLICATIVA

> Por liberdade, refiro-me ao triunfo da individualidade, tanto sobre a autoridade que gostaria de governar por despotismo, como sobre as massas que reivindicam o direito de escravizar a minoria à maioria.
>
> (Constant, 1997, p. 623)

Entre as qualidades epistêmicas gerais que uma teoria deve ostentar destacam-se a consistência interna e a "correspondência aos fatos". Ambas precisam se traduzir no poder de *explicar* a existência das propriedades presentes nas entidades, estruturas e processos, às quais se confere existência e/ou primazia ontológica. A capacidade explicativa exibida por uma reconstrução teórica é que, no fundo, torna preferível uma ontologia à outra. Isto porque desponta problemática uma ontologia individualista ou holista quando abraçada por uma teoria explicativamente frágil. Não cabe, na busca de conhecimento científico, apregoar que um inventário ontológico é superior a outro porque indivíduos são visíveis e tangíveis e coletivos, não. Os critérios de admissibilidade ontológica precisam ser subordinados , em última análise, à avaliação da capacidade da teoria de comprovadamente explicar o que toma por existente. Como só devem ter sua existência reconhecida as entidades para as quais a teoria consegue proporcionar embasadas explicações, é de secundária importância se a preferência recairá sobre o modelo hipotético-dedutivo ou o estatístico-probabilístico de explicação.

Por descurarem que a teoria cumpre o papel capital de reconstrução dos fatos, os estudos da vida social tendem a gravitar em torno da busca obsessiva da substância ou dos determinantes ocultos. A fase crucial do trabalho teórico não consiste na localização da substância social para, em seguida, se definirem as técnicas metodológicas adequadas. As teorias são pontos de vista seletivo-reconstrutivos aplicados ao fluxo contínuo da realidade social, e não senhoras de uma substância — psicológica, sociológica, econômica ou outra – a ser cognitivamente apropriada. Quando está em questão a busca de conhecimento, a *existência* disto ou daquilo não tem como ser estabelecida fora de quadros teóricos específicos. Para o senso comum, determinar *o que há* pode ser apenas uma questão de inventariar o que a observação direta consegue identificar como existente com base em coordenadas espaço-temporais específicas. Na ciência, só se deveria assumir como *existente* o que as teorias se revelam capazes de apreender e comprovadamente *explicar*.

Mesmo quando deixa de lado a dicotomia entre Sociedade e indivíduos e as tendências mais grosseiras a substancializar o social em alguma entidade supraindividual, a teoria enfrenta a espinhosa questão relativa a se as pretensas propriedades dos grupos, coletivos ou classes podem ser descritas e explicadas a partir de si mesmas, independentemente das propriedades presentes nos indivíduos que os constituem. Continua em aberto o debate relativo à descrição e explicação do que se passa no domínio dos coletivos podem ser alcançadas com base no estudo do efeito compositivo das diversas ações realizadas pelos indivíduos, da identificação das propriedades aditivas.

Mead (1974, p. 189) enfatiza a preexistência lógica e temporal do processo social com relação ao indivíduo autoconsciente que se forma no interior desse processo: "não se pode dizer que os indivíduos vêm primeiro e a comunidade depois, pois os indivíduos se constituem no próprio processo [...]. É necessário haver um processo social em curso a fim de haver indivíduos". Seguindo linha de argumentação convergente, Mandelbaum (1973, p. 226) afirma "desejar sustentar que (a) para compreendermos ou explicarmos as ações de um indivíduo devemos frequentemente nos referir a fatos concernentes à organização da sociedade na qual vive, e que (b) nossos enunciados referentes a esses fatos societais são irredutíveis a uma conjunção de enunciados sobre as ações dos indivíduos". A tese emergentista – para a qual importantes propriedades não têm como ser apreendidas se a observação ficar confinada aos elementos constituintes – é rejeitada por visões reducionistas como a de Thibaut & Kelley (1967, p. 6): "supomos que se podemos alcançar uma clara compreensão da díade podemos subsequentemente estender nossa compreensão de modo a abarcar os problemas relativos a relações sociais mais amplas e mais complexas".

Por estar permanentemente empenhada em se diferenciar da abordagem psicológica, a sociologia apregoa a irredutibilidade do fato social. A busca da singularidade culmina, em alguns autores, no sociologismo que investe o social com o poder de desencadear e modelar a forma e o conteúdo do pensar e do agir dos indivíduos. Nesse caso, o psicológico é reduzido a coadjuvante dos imperativos sistêmico-funcionais da vida social. Essa redução do indivíduo a uma espécie de marionete de fatores sociais tem sido caracterizada por alguns teóricos como uma concepção *oversocialized* de homem:

> A sociologia assumiu a forma de um novo movimento filosófico no século dezenove, diferenciando-se de suas formas precedentes em parte por estabelecer a submersão do indivíduo no coletivo. (Martindale, 1974, p. 77)

As filosofias de Platão e Aristóteles são um claro desmentido à posição que atribui boa parte da novidade da sociologia à subordinação ontológica e causal do indivíduo à esfera do coletivo. O que há de novo é a introdução destacada da categoria de grupo e a tentativa de justificar *cientificamente* a pretensa ascendência material e simbólica da dimensão social situando-a acima da fragmentária vida dos indivíduos. Entretanto, pouca diferença faz se a superioridade ontológica é atribuída ao grupo ou a *Société*. O que importa é que está em ação a postulação de um nível de realidade localizado em um plano transcendente ao da conduta individual. Não é decisivo o tipo de existente que está sendo colocado acima dos indivíduos, já que a estratificação e a hierarquia ontológicas reivindicadas pelo holismo sociológico pouco diferem, em termos substantivos, das defendidas pelas teorias da velha filosofia social.

A longeva tese da submersão do indivíduo no coletivo passa, na sociologia nascente, por reformulações com o objetivo de legitimá-la como fruto da aplicação dos cânones da pesquisa científica. Ocorre, porém, que a aplicação de novas técnicas metodológicas se tem mostrado pouco efetiva em conferir cientificidade aos resultados obtidos pelas teorias sociais. Mesmo o que é proposto como empiricamente verificável é incapaz de evitar as controvérsias nas quais historicamente já se tinham enredado as disputas ontológicas entre as teorias sociais filosóficas. Em termos de opções ontológicas primárias, inexistem diferenças radicais entre os holismos filosóficos e os adotados por teorias que reivindicam estatuto científico. Sem contar que a retórica do conhecimento fundado nos fatos tem sido, em ciências sociais, insuficiente para adoção de formas consensuais de avaliação das teorias. A pretensão de cientificidade acalentada pelas teorias holistas tende a esbarrar na dificuldade de controlar empiricamente o que se propala sobre o que é situado em um plano supraindividual. Os procedimentos metodológicos associáveis ao holismo jamais foram operacionalizados como técnicas seguras de pesquisa.

Ignorando que a disputa epistemológica é endêmica nas ciências sociais, o teórico muitas vezes concede à sua pesquisa o qualificativo *empírico* como se isso tivesse o condão de dissolver o substrato da metafísica social tacitamente adotada. Mesmo na pesquisa que se pretende científica, a contraposição entre individualismo e holismo sobrevive porque a base metafísica, com ramificações ideológicas, permanece insuprimível. Até mesmo o estudo que se pretende científico tem encontrado dificuldades para comprovar a especificidade do social frente ao psicológico e mais ainda que ocorre a determinação causal dos fatos e eventos sociais sobre as condutas individuais. Da atribuição de poder determinante ao *to holon*, ao todo, se passa à concessão de precedência política e ascendência ética dos coletivos sobre as pessoas.

O enfoque antipódico ao "sociologista" é assim caracterizado por Asch (1977, p. 35): "os psicólogos individualistas declaram que o comportamento dos homens em sociedade não contém nenhuma função diferente das estudadas pela psicologia individual". Isso implica inexistir "um conjunto de capacidades que liga as relações individuais às condições físicas, e outro conjunto diferente de capacidades que decorre das relações entre indivíduos". Isso deságua na tese de que "se compreendermos adequadamente o funcionamento da percepção, da motivação e da aprendizagem como resposta às condições físicas, teremos ao mesmo tempo descoberto os princípios do comportamento e dos sentimentos sociais, já que estes últimos se apoiam precisamente nas mesmas funções".

1. Como explicar coletivos e classes considerados independentes de agência externa

Sobretudo na sociologia nascente, a preocupação em demonstrar empiricamente a singularidade do social propendeu a descambar para adoção de ontologias que colocavam o indivíduo em posição de subalternidade existencial e causal. A evidência de que o indivíduo é simbólica e materialmente dependente da sociedade seria suficiente para demonstrar que seu ser é social. Em uma segunda etapa, o indivíduo passou a ser subordinado ontologicamente ao coletivo ou à classe. Da primazia ontológica do social sobre o individual são derivadas conclusões ético-políticas que subordinam o plano pessoal a imperativos supostamente comunitários. Sendo o social a fonte primeira e fundamento último das razões e valores que acompanham a ação humana é inevitável que se imponha à existência individual.

A sociologia que se inclina a defender a tese de que não passa de ficção a concepção do indivíduo autônomo destaca que cada pessoa é, no essencial, o conjunto de papéis que é levada a desempenhar como participante do jogo da vida social. A postulada natureza modeladora e coercitiva do fato social fez entrar em cena o *homo sociologicus*, tal qual caracterizado por Dahrendorf (1968, pp. 24-5), que pressupõe a existência de um sistema de interações regulamentadas com base em funções rigidamente definidas . Em contraposição, a sociologia minoritária que destaca as intenções e os sentidos subjetivos dados às ações sofre a acusação de estar voltada para o terreno das teorizações puramente psicológicas. As tentativas de articular a dimensão individual à coletiva, com vistas a evitar reducionismos, se enredam em dificuldades para se tornarem complementares. Difícil saber se o enfoque adotado logra relacionar explicativamente o individual ao institucional quando não sabemos o que é específico a cada esfera.

Compelida a definir sua singularidade, em termos descritivos e explicativos, a sociologia tem também resvalado para a postulação de um *Nós* que, pairando acima das condutas dos indivíduos, é visto como portador de existência própria. Só o Nós poderia usufruir o tipo de liberdade *comunitariamente constituída* capaz de fomentar ações devotadas à conquista do Bem Comum. Na invocação de um Nós também prevalece o pressuposto de que existe uma instância de realidade cuja reprodução, transcorrendo de forma autônoma, é insuscetível de ser reduzida à *novidade agregativa* gerada pelas *ações individuais* e suas consequências não pretendidas.

> Às ciências sociais não concerne os comportamentos particulares dos indivíduos, mas sim as atividades inter-relacionadas que constituem ou revelam o comportamento do grupo. No estudo da causação social não enfrentamos a interminável tarefa de explicar como e por que os diferentes indivíduos agem diferentemente nas diferentes situações.

> Não é um problema de como você se comporta ou de como me comporto, mas de como nos comportamos. E o "nós" não é compreendido distributivamente. (MacIver, 1949, p. 300)

Apesar de a existência de um *nós* parecer mais fácil de ser teoricamente justificada do que a da *Sociedade*, a verdade é que ambas as proposituras ontológicas costumam levar à substancialização do social em uma ordem de realidade que precisa existir em si e por si para deter o poder de causar ou modelar as ações dos eus. Compelida a explicar o que supõe haver no comportamento dos indivíduos socialmente condicionado ou determinado, a teoria se enreda, em maior ou menor grau, em pressupostos metafísicos holistas. Quando discorre sobre a *novidade* do fato social, Durkheim se mostra vago, beirando a obscuridade:

> Um fenômeno só é coletivo se é comum a todos os membros da sociedade ou, pelo menos, à maior parte deles; portanto, se é geral. Sem dúvida; mas se é geral é porque é coletivo, isto é, mais ou menos obrigatório, e nunca é coletivo por ser geral. É um estado de grupo que se repete nos indivíduos porque a eles se impõe. Está em cada parte porque está no todo, mas não está no todo por estar nas partes. (Durkheim, 1949, p. 10)

Com a pretensão de articular explicativamente o plano da ação individual à dimensão institucional, é comum recorrer-se a um modelo causal que ambiciona provar que o molar sempre plasma o molecular. A substancialização do social em uma entidade supraindividual, quase sempre apresentada como detentora de monopólio causal, costuma incorrer em um tipo de determinismo sociogênico à luz do qual a ação individual se adequa aos imperativos funcionais responsáveis pela reprodução do Sistema.

Por suas consequências sobre os modos de se conceber a ordem social ou mesmo de se idealizá-la — e sobre o potencial de usufruto da liberdade — a substancialização dos coletivos também precisa ser discutida politicamente. Até porque se compromete tacitamente com a visão política de que o plano das escolhas e decisões pessoais deve ser subordinado aos imperativos da vida comunitária. Invocar a existência de uma *realidade social* transcendente aos indivíduos pode servir de justificativa, na arena dos combates políticos ideologicamente conduzidos, para uma forma de exercício do poder em que seus protagonistas se dedicam a suprimir a liberdade (dos indivíduos) em nome da pretensa redenção dos coletivos.

Assumir posição favorável ao individualismo em oposição ao coletivismo pode representar uma escolha política, mas a preferência precisa ser justificada à luz de evidências empíricas e de inferências logicamente corretas. Escolhas ontológicas só são justificáveis no âmbito de teorias cujo poder explicativo precisa ser comprovado. A justificação do destaque dado a esta ou àquela entidade depende da solidez da explicação que se tem a oferecer para os fatos selecionados:

> A população é uma abstração se descurarmos, por exemplo, das classes de que se compõe. Essas classes, por outro lado, são uma palavra vazia se desconhecemos os elementos nos quais se baseiam — trabalho assalariado, capital etc. Estes, por seu turno, envolvem troca, divisão do trabalho, preço etc. Sem o trabalho assalariado, o valor, o dinheiro, o preço etc., o capital nada é. Assim, se começássemos pela população teríamos uma visão caótica do todo. (Marx, 1904. p. 292)

A reconstrução que promove um inventário ontológico do mundo social que privilegia as classes só será plenamente justificada caso se mostre capaz de forjar teorias com valor explicativo objetivamente mensurável e atestável. Sem uma teoria das classes sociais comprovadamente capaz de explicá-las, será por puro capricho dialético que se rechaçará o estudo centrado na população. Dar às classes sociais o papel de protagonistas da história, das relações sociais, só se justificará no interior de uma teoria que tenha o poder de demonstrar que os pensamentos e ações dos indivíduos nada mais são que epifenômeno de determinantes sociais. Do contrário, se estará diante de um infundado anti-individualismo resultante do endosso de molduras metafísicas holistas e posicionamentos ideológicos coletivistas. No 'Fragmento da Versão Primitiva da Contribuição à Crítica da Economia Política', Marx sustenta que "a hipótese de base segundo a qual os agentes do processo de circulação produzem valores de troca [...] encerra uma quantidade de condições prévias que não resultam nem da vontade do indivíduo, nem de sua natureza imediata, mas de condições e relações históricas que fazem do indivíduo um ser *social* determinado pela sociedade".

O fato de a manipulação político-ideológica frequentemente aparecer nas pesquisas envolvendo fatos psicossociais exige redobrada vigilância epistemológica, sobretudo porque nas últimas décadas o desafio do método tem sido negligenciado. Quando as teorias permitem ser avaliadas por suas qualidades explicativas, seus inventários ontológicos não merecem ser acusados de "fetichizar" os coletivos ou os indivíduos. O descaso com relação aos procedimentos básicos de justificação das teorias favorece a ideologização das escolhas ontológicas coletivistas ou individualistas. Como assinala Martindale (1974, p. 196), "nenhuma orientação com relação aos problemas da existência é mais fundamental do que a que assume o indivíduo como primário (individualismo) e do que a que assume o coletivo como primário (coletivismo)".

Distinguindo-as das *background assumptions*, das teorias gerais da realidade, Gouldner (1970, p. 31) apresenta as *domain assumptions* como metafísicas circunscritas. Quando concernem ao ser humano e à vida social "podem incluir, por exemplo, disposições a acreditar que os homens são racionais ou irracionais, que a sociedade é precária ou essencialmente estável, que os problemas sociais se corrigirão sem a intervenção planejada". O holismo se organiza em torno das seguintes pressuposições absolutas:

1) Atribuição de existência autônoma aos processos e estruturas que supostamente originam as formas de interação entre os homens.

2) O indivíduo é mera parte do todo que lhe proporciona identidade simbólica e inserção material.
3) A biografia dos indivíduos é tecida nas redes de interação urdidas pelo *script* coletivamente redigido.
4) O coletivo tem efetividade causal sobre os indivíduos, o que explica seu poder de coagi-los, de levá-los a desempenhar determinados papéis, de fazê-los assumir determinada identidade.
5) Além de ter existência própria e poder de causação sobre os indivíduos, o coletivo persegue finalidades próprias, todas inspiradas em uma propalada ética do bem comum. Como os fins visados pelos indivíduos estão presos aos seus interesses, atomisticamente identificados, as metas colimadas pelo Todo são superiores porque encarnam o que deve ser universalmente buscado.
6) A ascendência ético-normativo dos coletivos pode determinar o que devem os indivíduos fazer a ponto de poder impor-lhes sacrifícios — envolvendo até a limitação da liberdade que enseja a perseguição do autointeresse — em nome do justo e harmonioso funcionamento do todo.

Apesar de esses passos do roteiro doutrinário holista envolverem desde a dimensão ontológica até a ético-política, é preciso ter presente que a instância decisiva, a epistemológica, tende a ser desconsiderada. Como se fosse possível conferir vida autônoma a coletivos e *todos* sem contar com teorias com efetiva capacidade de explicar o que são e como se reproduzem. As relações hierárquico-causais estabelecidas entre as indivíduos e coletivos não podem ser tratadas como meras escolhas políticas. É injustificável conferir a coletivos poder de determinação causal e ascendência normativa sobre os indivíduos sem contar com teorias empiricamente respaldadas. É sempre imperioso demonstrar que são fundadas as razões que levam um pesquisador a se comprometer com determinada ontologia do "ser social" em detrimento de outras possíveis.

Os holistas supõem que a sociedade se assemelha a uma floresta com propriedades irredutíveis a cada uma de suas árvores, enquanto os individualistas parecem acreditar que tudo se resume à soma das árvores que a compõem. A chamada Tradição Britânica envidou esforços no sentido de demonstrar que as leis que regem os fenômenos da convivência humana refletem, em última análise, regularidades empíricas sobre o que são e fazem os indivíduos. É com base nos processos do pensar e agir individuais que se extraem os fundamentos da sociabilidade. Mill esposa a tese de que rastrear as tradições e instituições até suas origens enseja constatar que sua introdução é explicável em termos psicológicos:

> As leis dos fenômenos da sociedade nada mais são do que leis das ações e paixões dos seres humanos unidos no estado social [...]. Os homens, quando se associam, não se convertem em outro tipo de substância portadora de diferentes propriedades [...]. Os seres humanos em sociedade só têm as propriedades que derivam das leis da natureza do homem individual. (Mill, 1949, p. 573)

A visão de que uma ciência só poderá ter existência reconhecida quando se mostrar legitimamente detentora do monopólio de lidar com um *tipo* de fato inacessível às demais ciências leva Durkheim a pensar, por exemplo, que no estudo do suicídio a sociologia é soberana a ponto de dispensar qualquer contribuição, ainda que complementar, da psicologia. A "propriedade intelectual" de uma ciência sobre um tipo de fato dispensa a interação com pesquisas feitas em domínios conexos. A existência de regularidades sociais, irredutíveis ao que se passa no plano das condutas individuais, tornaria a sociologia uma ciência autárquica.

Sem dispor de teorizações com suficiente capacidade explicativa, em condições de plenamente justificar as escolhas ontológicas, a maioria das versões do individualismo mostra propensão a assumir posturas psicologistas que reduzem os fenômenos da sociabilidade a fatos referentes ao pensamento e volição situáveis no plano da consciência individual. O *social* substancializado no indivíduo leva ao "atomismo", que desponta incapaz de explicar aspectos fundamentais da sociabilidade. O agente descontextualizado é uma espécie de ficção social.

Quando adota pressupostos nominalistas e observacionalistas, o individualismo corre o risco de se revelar reducionista por mais saudável que seja sua crítica à metafísica que hipostasia a *sociedade.* É questionável a tese de que teorias só são autênticas quando se formam e se justificam com base apenas no que é observável. Nenhuma ciência natural acolhe como preceito metodológico cogente o de só adotar ontologias escravizadas ao tangível. Não faz sentido exigir que as teorias sociais versem apenas sobre indivíduos em virtude de só eles serem suscetíveis de estrita identificação espaço-temporal. Para ser científica, nenhuma teoria está obrigada a assumir pressupostos que limitam a atribuição de existência ao que pode ser perceptualmente registrado e a conferir existência puramente nocional ou verbal ao que transcende o plano do comportamento individual.

A pesquisa social pode se desenrolar sem precisar ter previamente optado pelo Cila da hipóstase/reificação ou pelo Caribde do nominalismo/observacionalismo. É cabível apenas a exigência de que a identidade e o funcionamento dos coletivos sejam explicados. Do contrário, os coletivos serão invocados apenas como bandeiras de projetos ideológicos. Falta evidência em apoio dos diferentes tipos de reducionismo. Tanto dos que centram a sociabilidade no conjunto das ações e reações dos indivíduos quanto dos que pressupõem a existência de Superentidades ou Superagências no palco da vida social. A controvérsia individualismo versus holismo se manterá enredada em teias metafísicas e à mercê de infestação ideológica enquanto as teorias sociais se mostrarem incapazes de comprovar sua capacidade explicativa.

Sustentar que o que se passa no grupo é, no essencial, redutível à soma dos comportamentos de seus membros em interação é uma generalização que precisa se submeter a crivos *com potencial de* levar à sua refutação. É necessário mostrar, caso a caso, como a explicação do que se costuma localizar nos coletivos pode ser buscada nos mecanismos/fatores responsáveis pelos *modos típicos* de (re)produção das condutas individuais:

> Uma sociedade é apenas o nome coletivo de um número de indivíduos. Deslocando a controvérsia entre nominalismo e realismo para outra esfera, um nominalista poderia afirmar que assim como só existem membros de uma espécie, já que se considerada distinta de seus membros, a espécie não existe, só as unidades de uma sociedade existem, sendo a existência da sociedade puramente verbal. (Spencer, 1897, p. 435)

A posição que concebe a sociedade como simples agregação das propriedades dos comportamentos individuais é pouco receptiva à eventual *novidade* que pode emergir no plano das ações e relações sociais. Contra a substancialização do social reage com o argumento de que só o indivíduo e seus comportamentos são visíveis. Com isso, negligencia que as intenções e os sentidos dados à ação pelo indivíduo também são inobserváveis. Nada há de epistemicamente injustificável na busca daquilo que o fato social pode acrescentar de *novidade* aos fenômenos situados no estrito campo da conduta individual.

Erigir a miríade de ações dos indivíduos em fonte primária dos processos de interação por meio dos quais podem ser perseguidas, de modo contextualizado, finalidades promotoras do autointeresse, serve de contraponto à concessão de primazia ético-política a coletivos sempre suscetível de levar a sistemas autoritários de poder. Seria uma reação ideológica às visões que, ao fazerem da sociedade uma entidade "moralmente superior" aos interesses atomizados dos indivíduos, proporcionariam legitimação intelectual aos mais diferentes tipos, abertos ou velados, de atentados à liberdade e à autodeterminação das pessoas.

As principais debilidades detectáveis nas versões "atomistas" de individualismo decorrem do fato de que não desenvolvem instrumental analítico capaz de dar atenção às propriedades que emergem nos processos de interação entre os indivíduos presos a seus papéis. Quando abraça uma concepção de natureza humana à luz da qual o social nada mais é do que o conjunto dos indivíduos a calcular os custos e benefícios envolvidos em seu agir, o individualismo desponta incapaz de lidar com o social como o conjunto de consequências — pretendidas ou não — das ações em situações institucionais de intercâmbio simbólico e material.

Tendendo a diminuir o papel ativo e criador do indivíduo nos processos sociais, o holismo costuma ver o que há de socialmente mais relevante — a exemplo das línguas e religiões — como obra coletiva. Com ironia, Tarde (1905, p. 40) afirma que as multidões criaram o grego, o sânscrito, o hebraico, o budismo, o cristianismo, pela ação coercitiva da coletividade sobre os indivíduos sempre inapelavelmente moldados e subjugados. Reagindo à teoria de que a cultura é replicada na mente do indivíduo, Tarde sustenta (1905, p. 81) ter "aprendido cada uma dessas palavras com um indivíduo que as aprendeu com outro e assim sucessivamente, remontando até o primeiro que as pronunciou".

2. Observação e Compreensão: do comportamento manifesto à apreensão das intenções e sentidos das ações

Mesmo reconhecendo que os modos típicos de convivência e a personalidade das pessoas são condicionados por fatores sociais, o individualismo que se pretende bem fundamentado ressalta que

> O único modo possível de compreensão dos fenômenos sociais é através de nossa compreensão das ações individuais dirigidas a outras pessoas e guiadas por seu comportamento expectado. Este argumento dirige-se, antes de tudo, contra as teorias coletivistas da sociedade que se pretendem capazes de compreender diretamente todos sociais como sociedade etc. vistos como entidades *sui generis* que existem independentemente dos indivíduos que os compõem. (Hayek, 1949. p. 6)

O falso individualismo, como o batizou Hayek, acaba por favorecer, de forma involuntária, a metafísica holista e suas derivações político-ideológicas coletivistas. Afinal, diluir toda a vida social em "átomos", sem discutir como se dá a recorrente e padronizada integração entre eles, faz com que acima deles subsistam apenas as regulações emanadas do monopólio de poder exercido pelo Estado. Em termos políticos, a teoria coletivista às vezes localiza no poder tangível do Estado a entidade transcendente que encarna o "espírito comunitário" contra o deletério individualismo.

Ainda que a sociedade seja uma ficção ontológica, os indivíduos agem e interagem como se fosse uma instância da realidade com vida e dinâmica próprias. Isso faz com que seja aceita a ascendência normativa que possui sobre os indivíduos. Contra a substancialização que confere à sociedade a capacidade de impor de fora seus regulamentos gerais de convivência, é sempre cabível a defesa política e existencial da autonomia individual. Nunca se conseguiu comprovar que as relações entre os homens são o subproduto de determinantes institucionais ou sistêmicos mesmo quando as ações são executadas de modo padronizado sem vínculo com a busca consciente e deliberada de finalidades pessoais.

Com o propósito de defender a singularidade do estudo sociológico contra sua possível diluição em enfoques de tipo psicológico, as abordagens individualistas do social são acusadas de incapazes de apreender o que Durkheim (1953, p. 136) caracterizou como a *novidade* que emerge quando os indivíduos, em seu agir articulado, dão origem ao mundo das relações sociais. Para Durkheim, a constituição da sociologia como campo autônomo de investigação científica rechaça as seguintes posições:

1) A que concebe a sociedade como um sistema de meios instituídos pelos homens com vistas à obtenção de certos fins encarados como pertencentes à esfera motivacional e teleológica das ações dos indivíduos.
2) A que advoga que se antes da sociedade só existiam indivíduos, o social pode ser explicado com base no que pensam e fazem os indivíduos.

3) A que sustenta que dos homens emanam as ideias e necessidades que determinaram a formação das sociedades.
4) A que pensa que em virtude de só existirem consciências individuais, com seus complexos mecanismos volitivo-cognitivos, é nelas que devem ser buscadas a fonte e a finalidade de toda evolução social.
5) A que proclama que as leis sociológicas, caso existam, são apenas o corolário das leis mais gerais da psicologia; que as teorias sociais são redutíveis a teorias sobre indivíduos; que toda explicação adequada dos fenômenos sociais deve referir-se apenas a indivíduos, suas relações, disposições etc.

Asch (1977, p. 207) assim sintetiza esse quadro de "postulados" individualistas: "como somente os indivíduos são agentes, todos os fenômenos da vida em grupo, todas as instituições, crenças e hábitos, desde sua extensão mais ampla até seus pormenores íntimos, decorrem dos princípios da psicologia individual — são apenas e simplesmente produtos do comportamento individual e de motivos individuais". Para Carnap (1971, p. 59), "o resultado de qualquer investigação de um grupo de homens ou outros organismos pode ser descrito em termos dos membros que o compõem, das relações que contraem entre si e das que mantêm com seu ambiente". É inegável que algumas das cerradas críticas de Durkheim a esse tipo de individualismo são procedentes. No entanto, sua concepção hipostasiada de *Société* o leva a recorrer a noções pouco elucidativas de todo e partes e a conceber a sociabilidade como domínio supraindividual em si mesmo existente:

> A sociologia individualista equivale, em definitivo, a aplicar à vida social o princípio da velha metafísica materialista: pretende, com efeito, explicar o complexo pelo simples, o superior pelo inferior, o todo pela parte, o que é contraditório nos termos [...] não se conseguiria, com base na metafísica idealista e teológica, derivar a parte do todo, pois o todo nada é sem as partes que o compõem [...]. Resta explicar os fenômenos que

> se produzem no todo pelas características do todo, o complexo pelo complexo, os fatos sociais pela sociedade [...] é o único caminho que pode ser seguido pela ciência. (Durkheim, 1951, p. 32)

Pouco esclarece decretar que o todo deve ser explicado pelo todo. Serve apenas para fazer do todo algo em si mesmo existente, passível de ser concebido de forma substancializada através de uma operação típica do *Begriffrealismus* (realismo conceitual). Se por meio do escrutínio do complexo pode-se elucidar não só o complexo, mas também as unidades discretas, fica complicado enfrentar a questão da relação entre o simples e o complexo sem resvalar para simplificações reducionistas ou hipóstases de um dos termos da "equação ontológica". A tentação de substancializar o social em uma entidade supraindividual carece de boa fundamentação quando defende genericamente que as escolhas feitas em processos de interação são determinadas por fatores que transcendem o plano das decisões individuais, normalmente presas aos imperativos da relação custo/benefício regidos pelos interesses perseguidos pelo agir individual.

Durkheim pretende enfrentar as dificuldades envolvidas na problemática das relações entre partes e todo, definindo o social como uma dimensão da realidade que se impõe — de fora — aos indivíduos. Sendo o fato social pensado como coativo e exterior, a questão dos vínculos entre o particular e o geral se reduz praticamente à determinação causal e à ascendência normativa da sociedade sobre os indivíduos. Durkheim caracteriza os fatos sociais como *choses* entendidas (1) como fenômenos com características independentes do observador; (2) fenômenos cujas características só podem ser determinadas através de investigação empírica por oposição à intuição ou à introspecção; (3) fenômenos cuja existência é independente das vontades individuais; (4) fenômenos que só podem ser estudados através de fatores externos às consciências individuais como códigos legais, estatísticas etc. Como se vê, (3) e (4) colidem frontalmente com os princípios ontológicos e epistemológicos esposados por diferentes vertentes do individualismo.

Com base na suposta demonstração de que o social, tendo natureza coercitiva, é capaz de moldar, como uma instância de realidade portadora de poder causal, as ações típicas dos indivíduos, Durkheim não apenas estatui a independência ontológica da sociedade frente a *seus* membros como também lhe confere estatuto *moral* superior. Para Durkheim (1951, p. 83), "é da sociedade que nos vem tudo que há de essencial em nossa vida mental". Caso se limitasse a postular, caso a caso, o conteúdo de *novidade* presente nos fatos sociais, sem atribuir-lhe autonomia ontológica que desemboca na concessão de primazia *moral*, Durkheim não incorreria em um tipo de substancialização da sociedade que a coloca em oposição ao indivíduo por ela transcendido. Durkheim (1967, p. 360) chega a declarar que "a regularidade dos dados estatísticos demonstra que existem tendências coletivas, exteriores aos indivíduos". Seus argumentos em apoio à tese da *novidade* do social se transmutam quase sempre na defesa não só da autonomia da Sociedade como também de sua ascendência ontológica e causal sobre os indivíduos:

> Uma regulamentação moral ou jurídica exprime, portanto, essencialmente necessidades sociais que só a sociedade pode conhecer; repousa sobre um estado de opinião, e toda opinião é coisa coletiva, produto de uma elaboração coletiva. (Durkheim, 1973. p. vi)

A tentativa de apreender o que de novidade os fatos sociais contêm deveria ser bem-vista também pelo individualista com preocupação de evitar o reducionismo. Problemática é a atribuição de realidade ao social que o torna uma entidade capaz de se (re)produzir em si e por si mesma com propriedades similares às que têm sido atribuídas ao Ser pela velha metafísica. A busca daquilo que o social tem de próprio não justifica a assunção de posições que o confundam com uma Superentidade ou Superagência. Mesmo porque o que se detecta como fato típico da vida associativa depende de teorias que se debruçam sobre fenômenos localizados no plano das ações individuais e das relações interpessoais no interior de processos e instituições sociais.

O modo mais eficaz de evitar operações reducionistas é deixar de lado a propensão a tratar indivíduos como entes naturais ou a hipostasiar coletivos ou a sociedade encarada como uma totalidade que se reproduz de acordo com mecanismos que lhe são intrinsecamente constitutivos. A defesa da singularidade do social acaba levando a atribuir-lhe *vida própria* que, no plano estático, ganha a identidade de Superentidade e, no dinâmico, de Superagência:

> Ao se agregarem, ao se penetrarem, ao se fundirem, as almas individuais dão origem a um ser, psíquico se se quiser, que constitui uma individualidade psíquica de um gênero novo [...]. O grupo pensa, sente, age de modo completamente diferente do que fariam seus membros se estivessem isolados [...]. Por conseguinte, todas as vezes que um fenômeno social é diretamente explicado por um fenômeno psíquico pode-se ter certeza de que a explicação é falsa. (Durkheim, 1967, p. 103)

Durkheim usou desde a metáfora até a estatística para tentar provar que a *sociedade* condiciona a forma e o conteúdo do que pensam e fazem os indivíduos. Suas metáforas espaciais, quase todas calcadas na noção de exterioridade, carecem de capacidade metodológica suficiente para esclarecer os mecanismos por meio dos quais se constituem os processos *típicos* de interação. Servem apenas para estatuir que a sociedade exerce sobre os indivíduos seu poder de determinação causal e regência *moral*. Sem se preocupar em estabelecer uma distinção entre os conteúdos ideacionais e o aparato cognitivo que torna possível sua absorção e reprodução nas consciências, Durkheim se limita a sublinhar a força da exterioridade social sobre a interioridade individual considerada passiva. Afirmando a novidade do fato social, destacando sua peculiaridade com relação aos fatos psíquicos, Durkheim chega a conferir à sociedade ascendência *moral* sobre os indivíduos:

> Mas dado que nada há no indivíduo que possa impor-lhe limites, é necessário que venha de alguma força exterior ao indivíduo. É necessário que uma força reguladora desempenhe, para as necessidades morais,

o mesmo papel que o organismo cumpre para as necessidades físicas. (Durkheim, 1967, p. 275)

A substancialização do social se pretende respaldada no fato de que a maioria das escolhas feitas em processos de interação é determinada por fatores que transcendem o plano das decisões individuais e não por imperativos da relação custo/benefício ditados pelos interesses perseguidos pelo agir individual. Costuma-se chamar de *emergente* o fenômeno cujas propriedades não são dedutíveis do mero conhecimento de seus componentes ou da agregação cujas propriedades não derivam das informações relativas aos indivíduos que a compõem. Duas são as modalidades de emergência: a descritiva e a explicativa. A primeira diz respeito a propriedades de grupo que não são definíveis em termos dos indivíduos que o compõem — por exemplo, coesão, estabilidade, anomia —, ao passo que a segunda concerne à possibilidade de se alcançarem leis do funcionamento grupal não deriváveis de leis do comportamento individual.

A vingar o emergentismo explicativo, a vida associativa ostenta uniformidades enunciáveis através de leis especiais irredutíveis a leis sobre a conduta dos indivíduos. Às ciências sociais incumbiria a formulação de leis *sui generis* sobre a estrutura e o processo sociais vistos como pertencentes a uma esfera de realidade (e de inteligibilidade) transindividual. Além de perfilhar a dupla emergência, Durkheim (1968, p. 23) propõe que se reconheça a existência de dois tipos de vida no homem — a do ser individual e a do ser social. Havendo dois seres em coexistência, o social, por força de sua superioridade ôntica e causal, acaba por modelar o pensar e o agir do indivíduo e o caráter moral de sua ação. Sendo assim, o social não é apenas *o que* emerge de novidade quando os homens contraem relações definidas de associação institucional. Metafisicamente falando, há a postulação de dois seres, por mais que, na realidade, o Ser social determine os entes individuais.

Na visão de Malinowski, os grupos não são reais e os termos coletivos se referem tão somente a uma reunião de indivíduos, ao passo que Radcliffe-Brown (1968, p. 263) esposou o ponto de vista de que "os seres humanos tomados individualmente [...] estão ligados por um jogo definido de relações sociais em uma totalidade integrada". A postulação de leis relativas ao funcionamento grupal normalmente parte da concessão de realidade ao grupo lhe atribuindo propriedades transindividuais, no sentido de que não se formam pela simples interação dos indivíduos, ou lhe conferindo propriedades especiais que emergem como relações entre indivíduos.

O fato de ter abraçado uma concepção empirista de cientificidade — observacionalista, indutivista, verificacionista — não impediu Durkheim de defender uma metafísica escorada na ideia do *homo duplex*: o individual e o social. Raras são as sociologias que tentam conciliar ontologias holistas com gnosiologias empiristas. Os defensores do império dos fatos sempre manifestaram propensão a endossar ontologias individualistas da vida social. Não há como conferir missão crucial ao dado empírico construindo um tipo de discurso que atribui existência autônoma, propriedades específicas, a "entes sociais" sem que se tenha como exercer efetiva controlabilidade empírica sobre o que se afirma sobre eles.

Na história da sociologia, o empirismo metodológico pouco aparece vinculado a inventários holistas da realidade social, que são adotados por teorias sociais com raízes no solo filosófico do racionalismo, do idealismo hegeliano e do materialismo histórico. Escoradas na gnosiologia empirista de F. Bacon e J. S. Mill, as regras do método sociológico defendidas por Durkheim são pouco harmônicas com o holismo que dota a *Sociedade de* "personalidade própria", de consciência coletiva irredutível aos conteúdos de pensamento e sentimento presentes nas mentes dos indivíduos:

> A primeira [consciência] representa e constitui nossa personalidade individual; a segunda [consciência] representa o tipo coletivo e, por conseguinte, a sociedade [...] quando um dos elementos (a sociedade) determina nossa conduta não é em vista de nosso interesse pessoal que agimos, e sim na perseguição de fins coletivos. (Durkheim, 1953, p. 74)

O tipo de substancialização do social levado a cabo por Durkheim obriga-o tacitamente a atribuir à sociedade faculdades cognitivo-volitivas análogas às dos indivíduos. Até porque para fazer os indivíduos pensarem e agirem em consonância com seus imperativos, a sociedade precisaria ser também, de alguma maneira, um ente com capacidade de "pensar" e promover uma forma de causação unilateral incidente sobre a esfera cognitivo-volitiva dos indivíduos. Cumpre ainda ressaltar que quando Durkheim invoca a existência de fins coletivos encarnados pela *Sociedade* pretende, com isso, atacar a teoria liberal do interesse tal qual esboçada por Hobbes e desenvolvida por Locke e pelos teóricos da Economia Clássica do século XVIII. Para Durkheim, erigir em valor supremo do tipo de liberdade que propicia a busca do próprio interesse representa a negação da essência da moralidade, já que os imperativos morais impostos pela sociedade nada mais são do que benfazejas restrições ao egoísmo e ao incontrolado apetite desejante dos indivíduos.

No entender de Macfarlane (1981, p. 21), Hobbes esposa a tese de que devemos estar prontos a abandonar nosso direito a todas as coisas para que a paz se torne possível. Caberia contentarmo-nos em ter, frente aos demais, a liberdade que eles têm em relação a nós. É interessante notar que, para Hobbes, os homens não são levados a abandonar seu direito a todas as coisas em nome de uma finalidade excelsa — o bem comum. Se esse fosse o caso, se estaria diante de uma lei moral. Trata-se, segundo o autor do *Leviatã*, de uma norma de vantagem pessoal. Daí a necessidade de se criar uma força capaz de encarnar regras claras apoiadas em sanções. Esse poder é a garantia de que os homens não apenas estatuem voluntariamente essas regras, mas que também se veem obrigados a agir em consonância com elas.

O holismo durkheimiano, que faz questão de se situar nos antípodas do individualismo da Tradição Britânica Liberal inaugurada no século XVII, não supõe possível a existência de ações executáveis com independência frente a determinantes sociais. Registre-se, no entanto, que a despeito de abraçar o holismo, Durkheim jamais endossou o coletivismo associável ao materialismo histórico. Durkheim (1987,

p. 265) se posiciona claramente a favor da defesa dos direitos associados à individualidade e contra projetos políticos que ambicionam a concentração de poder: "quem quer que atente contra a vida de um homem, contra a liberdade de um homem, contra a honra de um homem, inspira-nos um sentimento de repulsa, análogo àquele que o crente sente quando vê profanarem seu ídolo".

Para Durkheim, quando ocorre de a ação do indivíduo ser guiada por seus interesses acaba por imperar a deletéria busca egoística de objetivos. De um ponto de vista moral, a prevalência do autointeresse seria perniciosa e em nada contribuiria para o bem-estar da coletividade. Os apetites e os desejos dos indivíduos, sem o controle externo da sociedade, se expandiriam de forma ilimitada e desagregadora. Durkheim não admite que as metas visadas pelos indivíduos possam favorecer, ao menos indiretamente, a consecução de objetivos sociais que não foram antecipados por estritos cálculos de custo/benefício:

> Ao dirigir essa atividade de modo a poder conferir grande valor a seus produtos, ele visa apenas ao seu próprio benefício e é neste caso, assim como em outros, conduzido por uma mão invisível que promove uma finalidade que não era parte de sua intenção [...]. Ao perseguir seu próprio interesse frequentemente promove o da sociedade de modo mais efetivo do que quando realmente intenta promovê-lo. (Smith, 1981, vol. 1, p. 456)

Em oposição às vertentes que concebiam a ordem social como uma espécie de "milagre político" tornado possível pela mão firme do Estado, o individualismo dos primeiros liberais se vincula à crença de que o comportamento econômico regular cria ordem nas relações entre os homens sem que haja necessidade de se invocar a existência de um Poder, social ou político, capaz de direcioná-los. Para Smith (1981, p. 25), essa relativa ausência de compulsão nas transações econômicas poderia ser bem ilustrada por meio da divisão social do trabalho, que se baseia no que se pode caracterizar como a propensão natural dos homens a trocar entre si seus produtos. A divisão social do trabalho torna os homens interdependentes, estimulando cada um a desenvolver seus talentos do modo social mais benéfico, sem que haja necessidade da intervenção de um poder especial emanando da Sociedade. Sendo assim, não há como conciliar o holismo que tem predominado na história do pensamento social com os seguintes "postulados" do velho e novo liberalismo:

1) A sociedade concebida como uma rede de atividades realizadas por atores capazes de se autodeterminar, de fazer escolhas contextualizadas. As formas e conteúdos que se manifestam nos processos de ação e interação entre agentes livres independem de qualquer poder modelador pertencente a uma instância de realidade supraindividual. A única forma necessária de coerção é a atribuída ao Estado com a estrita finalidade de coibir as condutas dos indivíduos ou grupos que atentem contra os direitos básicos à vida, à liberdade e à propriedade. Tudo que não causa malefícios a outrem deve receber as benções do mais amplo usufruto da liberdade.
   O importante é que o indivíduo viva a salvo de injustificadas formas de coerção exercidas por parte dos poderes constituídos para se dedicar à mais livre perseguição possível de seus objetivos. Toda ação que não atente contra direitos de terceiros deve ser permitida para que se possa chegar cada vez mais perto do ideal de máxima escolha individual. Quando preocupadas em preservar a liberdade *negativamente* entendida como ausência de coerção injustificada, as regulamentações jurídicas ambicionam apenas definir as ações que não devem ser executadas, a exemplo de não matar, não roubar, não trapacear etc. Com isso, as "regras do jogo" evitam encolher o espaço de atuação individual ensejando a liberação das melhores potencialidades de ação e criação humanas.
2) Em seu bom funcionamento, a sociedade, representa não apenas uma ordem espontânea e autorregulada, mas também

uma ordenação capaz de prescindir da presença gestora e modeladora de uma autoridade transcendente à esfera do que os indivíduos, *per se*, podem decidir fazer. Daí Adam Smith salientar que nenhum *political prime mover* é necessário para que a ordem social se torne possível, para que se ponham em ação as engrenagens da vida associativa, em virtude de cada indivíduo ser portador de "um princípio de movimento próprio".

3) Esses atributos da ação humana — prescindibilidade da autoridade controladora, em qualquer de suas versões dirigistas e intervencionistas, espontaneidade nos modos básicos de interação e tendência à autorregulação — seriam evidência de que é inadequada a postura ontológica que substancializa o social como forma de demonstrar sua singularidade, sua força de determinação causal e seu poder político especial. No fundo, serviria apenas para dar sustentação a uma visão dirigista da vida social que advoga o ideal de gestão político-econômica centrada no intervencionismo estatal da planificação central.
4) O mecanismo impessoal do mercado — resultante das ações dos indivíduos movidos por seus interesses — é a principal fonte de regulação dos modos típicos de interação entre os agentes. Deixa assim o *político* de ser visto como o dispositivo que teria tornado possível o advento da ordem social tutelada pelo Estado. A interação social não resulta, em que pesem os conflitos que a acompanham, da intervenção da autoridade governamental estribada em uma instância da realidade portadora do poder de plasmar e direcionar as consciências e as ações individuais. É da convivência equilibrada entre as escolhas individuais e os mecanismos institucionais que emergem os processos de intercâmbio de produtos e serviços presentes no mercado. As relações e as instituições sociais não se reproduzem com base em um movimento irradiado a partir de um centro de natureza *política*:

> O homem do sistema [...] está frequentemente tão enamorado da suposta beleza de seu próprio plano ideal de governo [...] que parece imaginar poder associar os diferentes membros de uma grande sociedade com a mesma facilidade com que a mão dispõe as diferentes peças em um tabuleiro de xadrez. Mas no grande tabuleiro de xadrez da sociedade humana cada peça tem um princípio próprio de movimento completamente diferente daquele que a legislatura poderia escolher impor-lhe. (Smith, 1982, p. 233-4)

5) Se a atividade econômica teleológica pode ser empreendida com êxito sem o controle gestor de autoridades que encarnem as necessidades da Sociedade ou dos coletivos, se a perseguição do autointeresse é possível, sem se mostrar o indivíduo marionete de determinismos sistêmicos inelutáveis, isso significa que decisões podem ser tomadas com base no cálculo dos custos e benefícios envolvidos nas ações. Deixa, assim, de ser necessário invocar a existência de uma dimensão social possuidora de vida própria para explicar as causas determinantes da ação econômica. O fundamento individualista das relações de troca, que se desenrolam de forma típica no funcionamento do mercado, não se limita a promover a obtenção de finalidades pessoais que, em algumas situações, operam involuntariamente para a geração ou preservação do interesse geral. À diferença do holista, o liberal não vê na prevalência do interesse do indivíduo a ameaça do egoísmo predador dedicado a boicotar o bem comum. Isto porque está convencido de que a impessoal funcionalidade do mercado, mesmo não tendo desígnios coletivos predefinidos, enseja a realização de finalidades que não estavam inscritas no estrito *cálculo* dos indivíduos, e que trazem consequências benéficas para a sociedade como um todo:

> São levados [os ricos] por uma mão invisível a fazer praticamente a mesma distribuição das coisas necessárias à vida que teria sido feita

> se a Terra tivesse sido dividida em partes iguais entre todos os seus habitantes; e assim conseguem desenvolver o interesse da sociedade sem pretendê-lo, sem conhecê-lo, proporcionando meios para a multiplicação das espécies. (Smith, 1982, p. 184-5)

6) É interessante notar que em alguns pensadores filiados ao Liberalismo Clássico Britânico há a convivência filosófica problemática entre o passivismo gnoseológico — para o qual a consciência é uma *tabula rasa*, um receptáculo passivo que deve se limitar a acolher os *conteúdos* que lhe chegam do mundo exterior — com o ativismo político que erige o indivíduo em senhor de suas escolhas e decisões, capaz de se autodeterminar usufruindo a liberdade que, com sua existência institucional, permite à ação e interação humanas procurar as condições para executar uma incessante busca do melhor para si sem causar danos a outrem. Contra o coletivismo, Mises (1963, p. 42) sustenta que "é o significado que os agentes individuais, e todos os afetados por suas ações, atribuem a uma ação que determina seu caráter".

As diferentes vertentes do pensamento holista rejeitam categoricamente esses princípios, que formam o núcleo duro da tradição liberal, invocando razões ontológicas, epistemológicas e éticas. A propensão a conceber o indivíduo como programado pelas estruturas sociais é incompatível com todos os postulados supracitados do liberalismo. Essa forma de conceber o indivíduo como autodeterminado, agindo a partir de si mesmo em interação com os outros, colide com a tese sociologista do determinismo sistêmico segundo o qual o Ser social é responsável pelo que os entes, os indivíduos, são e fazem. Nada escapa ao poder da Sociedade de modelar comportamentos. Até o conhecimento, que poderia ser visto como reduto da objetividade, é visto como determinado por necessidades funcionais da *Sociedade* ou como subproduto da estrutura econômica e de seu derivativo ideológico.

A Tradição Liberal mais consistente reconhece a relativa autonomia da dimensão social sem deixar de sublinhar que sua base última reside na ação individual. Ao pretender algo mais do que novidade combinatória, indo além do excedente de consequências não pretendidas das ações individuais, das novidades geradas no espaço das relações sociais, o holista corre o risco de incidir na substancialização do social. Pressupondo a existência de coletivos ou *todos* em si mesmos existentes, o holista apregoa que seus adversários não enxergam os aspectos estruturais e processuais da vida social:

> Nas filosofias do racionalismo e do utilitarismo, o indivíduo é tanto histórica quanto logicamente anterior ao todo, à sociedade; a teoria contratualista da sociedade supõe, por exemplo, um indivíduo pré-social que, através de alquimia miraculosa, é capaz de calcular os benefícios de se juntar à sociedade [...], pois o indivíduo é parte de um todo preexistente. (Swingewood, 1975, p. 34)

Resulta inócuo esse tipo de crítica ao individualismo na medida em que se baseia na suposição ontológica genérica de que tanto indivíduos quanto coletivos e classes têm existências nada interdependentes. Caso se admita que há o *todo*, e os indivíduos são meras partes, a questão é saber como se tornaram seus membros e o que são levados a fazer como consequência da condição de membros. Supondo que gozassem de identidade própria e autodeterminação, e o *todo* lhes era anterior, cumpre saber se puderam fazer a opção de "fazer parte" do *todo*. Ocorre, porém, que uma parte não escolhe pertencer a um *todo*. Daí não ser possível a alguém, como insinua a crítica de Swingewood, fazer cálculos para ingressar no *todo*.

Sendo o indivíduo mera peça da engrenagem do Sistema Social, seus movimentos precisam se ajustar aos imperativos funcionais extrínsecos ao plano de tomada de decisões de sua consciência. Sua posição é determinada pela função que desempenha no conjunto das relações que constituem a unidade do *todo*. Não há, por essa razão, por que levar a sério a problemática de como as sociedades democráticas podem criar dispositivos institucionais capazes de ensejar máxima escolha individual. Fundamental é atentar para os modos com que o Todo se reproduz, elaborar teorias sobre aspectos estruturais e sistêmicos dos fatos sociais.

Associado à engenharia social, o holismo acredita que só o conhecimento do Todo permite promover a completa reorganização da vida social, só ele ensejaria a demiurgia com base na qual a vida social seria revolucionariamente reestruturada de modo a fazê-la funcionar em consonância com determinado Modelo. O conhecimento que mistura *explicação* e *crítica* do que existe aposta na transformação revolucionária capaz de livrar a sociedade de seus defeitos funcionais e estruturais. As mudanças importantes são as sofridas pela Sociedade como um todo. As transformações pelas quais passam os indivíduos são impactantes apenas quando respondem às determinações causais sistemicamente desencadeadas. Sendo em boa parte determinada pelos coletivos, a identidade do indivíduo sofre alterações substantivas quando submetida ao processo de reorganização revolucionário da vida social. Já o reformismo afetaria de modo residual os modos de ser e pensar.

Pressuposta a existência *prévia* e modeladora da Sociedade, é infundada a tese de que há uma esfera privada, capaz de ser vivenciada como autodeterminada, em condições de definir soberanamente as metas a serem perseguidas pelos indivíduos. Isto porque se a sociedade precede o indivíduo, em sentido material, simbólico e causal, então os tipos possíveis de (inter)ação resultam de determinações sistêmicas operadas pelo todo sobre as partes. É acusada de "idealista" a concepção de sociedade que a encara como uma teia no interior da qual parceiros independentes se associam voluntariamente movidos pela busca de seus interesses. Difícil conceber o indivíduo como uma entidade com realidade própria, capaz de se autodeterminar e de merecer ser tratado como um fim em si mesmo, se é visto como mera parte do todo que determina seus atos:

> Nações, culturas, civilizações não são para Schelling ou Hegel e Spengler [...] meros termos coletivos convenientes para expressar o que os

> indivíduos têm em comum; parecem mais 'reais' e mais 'concretos' que os indivíduos que os compõem. Os indivíduos permanecem 'abstratos' precisamente porque são meros 'elementos' [...] sem realidade [...] se desvinculados dos todos dos quais fazem parte. (Berlin, 1969, p. 46)

Tendo os coletivos o poder de plasmar e determinar os *tipos* de ação executados pelos indivíduos, o fundamental é tentar saber como isso ocorre. Nenhuma teoria alcançou êxito comprovado nessa empreitada. Mesmo nada encerrando de científico, o holismo personificador é muito acolhido em razão de poder ser politicamente instrumentalizado. O holismo formulado por Kosik (1969, p. 40-60) chega às raias da animização quando transforma entidades com identidade nebulosa em autênticas *dramatis personae* da peça universal chamada de História. A Burguesia, o Proletariado, o Estado, a Nação etc. deixam de ser constructos para se transformarem nas grandes agências do processo histórico. Como se fossem superindivíduos, agem com base em seus propósitos, cálculos etc. Chegam a dar a impressão ao leitor ingênuo de que tais entidades conduzem os rumos dos acontecimentos sociais. É quimérica a crença de que essas Entidades "caminham com as próprias pernas". Com pomposas palavras se criam coletivos aos quais é conferida a missão de manter ou eliminar a dominação. As loas à missão libertária do proletariado, acompanhado do ódio tácito à burguesia, são feitas por teorias que nunca demonstram seu valor cognitivo traduzível em poder explicativo:

> A burguesia revolucionária tinha *interesses particulares* a defender, diferentes do *interesse geral* das massas populares: ela queria ao mesmo tempo a revolução antifeudal e sua dominação como classe exploradora; o que torna a *ocultação ideológica* (consciente ou não) de *seus* verdadeiros *fins* e do verdadeiro *sentido* do processo histórico [...]. O proletariado, em compensação, classe universal cujo interesse coincide com o da grande maioria e cuja finalidade é a abolição de toda dominação de classe, não é obrigado a ocultar o conteúdo histórico de sua luta; ele é, por conseguinte, a primeira classe revolucionária cuja ideologia

> tem a possibilidade objetiva de ser transparente. (Lowy, 1975, p. 34, grifo nosso).

De forma emblemática, tal passagem evidencia como a postulação de coletivos com vida própria tende a resvalar para a atribuição de predicados que, a rigor, só podem ser aplicados a atitudes e ações de entes capazes de exercitar faculdades cognitivas e volitivas. É difícil atribuir interesses, vontade, poder de dissimulação, finalidades, autoimposições, transparências nos projetos etc. a coletivos sem incorrer em grosseiras animizações das entidades e dos processos, principalmente quando isso é feito por teorias incapazes de comprovar seu poder explicativo. Está longe de ser verificável a concessão a uma classe do poder de dissimular seus ardis de dominação, baseados em compreensão unívoca de si mesma, sem concebê-la como uma espécie de superindivíduo dotado de autoconsciência:

> A burguesia pode alcançar o poder sem uma *compreensão clara* do processo histórico, sem uma *consciência precisa* do sentido dos acontecimentos, levada pela "astúcia da razão" do desenvolvimento econômico-social [...]. O proletariado, em compensação, só pode tomar o poder e transformar a sociedade por um *ato deliberado e consciente.* (Lowy, 1975, p. 34)

É questionável creditar maior ou menor consciência a atos e atitudes que não se inscrevem na esfera da vida mental ou mesmo atribuir disposições comportamentais a entidades que não sejam os indivíduos. É fantasioso supor que coletivos, a exemplo do proletariado, têm condições de empreender cursos de ação com deliberada consciência sem pressupor, recorrendo a ingredientes de platonismo, um mundo habitado por superentidades pairando acima das (inter) ações dos indivíduos. A *personificação* dos coletivos, pela atribuição de propriedades que envolvem o exercício de faculdades cognitivas e volitivas, tem-se apresentado em comunhão com a visão de que a assim chamada realidade social é fruto do conflito inconciliável entre os interesses defendidos por classes antagônicas.

Havendo coletivos com vida própria com maior ou menor consciência de sua condição, dos projetos associados à sua identidade, a ponto de conseguirem fazer escolhas e dar realidade histórica às suas visões de mundo, então a racionalidade da ação individual é epifenômeno de determinantes causais situados no plano do ser e "pensar" das superentidades e das superagências. Subsistindo conflito entre os coletivos em que um exerce dominação sobre outro, não há como alcançar a pretendida universalização da liberdade sem que se recorra, como faz o supracitado texto, à falácia de que o proletariado é a classe universal porque representa os interesses da grande maioria. Confundir maioria com universal pode envolver relativizar a liberdade da minoria. A promessa de que o império do universal se tornará realidade em uma ordem social sem classes não é justificativa para que se passe a considerar de secundária importância a liberdade em condições de ser usufruída por indivíduos conscientes e autodeterminados.

Inexiste mágica metodológica que transforme conceitos e categorias em entes reais. A reificação dos substantivos comuns que designam coletivos desemboca, ainda que involuntária e imperceptivelmente, na criação de teorias sociais que se parecem com "romances" históricos. São construções teóricas mais próximas da ficção que da ciência na medida em que empregam procedimentos discursivos que, promovendo a personificação de categorias, dotam as classes sociais de ação consciente, planejada e deliberada. As deficiências explicativas exibidas pelas teorizações que incidem em substancialização, em personificação dos coletivos, não impede que sejam adotadas por seu potencial de instrumentalização ideológica.

As ideologias que recorrem ao holismo incidente em animizações e personificações de coletivos continuam com forte apelo emotivo por mais que reduzam os indivíduos a fantoches, por mais que historicamente possam ser associadas ao totalitarismo. Encarar a vida social como entrechoque de entidades supraindividuais detentoras do poder de causar os comportamentos de seus membros legitima reduzir o indivíduo a *meio* manobrável pelo poder exercitado em nome da conquista de finalidades atreladas ao Bem Comum:

> A burguesia *constrói*, nos seus *interesses*, e em sua situação de classe, os fundamentos de sua dominação social e política sobre as demais classes. Por essa razão, será também a única classe univocamente polarizada na *preservação* da ordem social vigente, ou seja, *empenhada em defender, como e enquanto classe*, o capitalismo dependente, com tudo que ele significa como frustração do desenvolvimento econômico e como negação de um *destino nacional* livre. (Fernandes, 1975, p. 85, grifo nosso)

Diante da enorme frequência com que são usados termos e construídas sentenças sobre coletivos nas disciplinas sociais, é preciso identificar e rechaçar os casos em que se incorre em grosseiras personificações, em hipóstases que transformam coletivos em superentidades e superagências. Quando se atribui *mais* realidade simbólica e material aos coletivos, a tendência é dotá-los, ainda que tacitamente, do poder de exercitar faculdades cognitivas e volitivas que são exclusivas a indivíduos. Para que coletivos desfrutem da capacidade de *tomar decisões e executar ações*, é necessário que recebam a identidade de "superindivíduos". Fica por ser demonstrado que essas Entidades possuem efetividade causal sobre os processos de pensar e agir dos indivíduos.

A princípio, pode ser justificado o uso de termos que se reportam a coletivos, instituições, culturas etc. como sujeitos gramaticais dos enunciados das teorias sociais. Se os modos holistas de expressão equivalessem a formas compactas de discorrer sobre as ações de muitos ou de um número indeterminado de indivíduos suscitariam pouca controvérsia. Quando são apresentadas proposições como, por exemplo, "A burguesia nacional não soube traduzir, na crise de 64, seu poder econômico em luta em prol da afirmação da identidade e independência nacionais", a classe social é transformada em superentidade, em superagência, com existência independente do que dizem e fazem seus porta-vozes, suas lideranças. É problemática a crença de que os coletivos têm vida própria e tomam decisões que emanam de uma instância de realidade supraindividual.

Causa desorientação o emprego de categorias como Democracia, Exército, Nação, Estado, Revolução etc. como se representassem entidades com realidade própria transcendente à articulação institucionalizada de atos individuais. Na falta de adequadas e embasadas explicações, só se pode conferir existência puramente nocional a esses universais sociais. O modo holista de expressão seria prescindível se fosse um modo de abreviadamente fazer referência a conjuntos de extensão indefinida ou a propriedades — como sistemas de parentesco, consumo nacional, estabilidade política, crescimento populacional — que não têm como ser atribuídas aos indivíduos en*quanto* indivíduos. É claro que se tais propriedades só começam a existir quando se formam grupos, então cabe investigar como se dá sua emergência. Assumir atitude metodológica preocupada com a identificação de propriedades emergentes não é sinônimo de endossar o holismo que acredita que seus termos e enunciados designam entes supraindividuais:

> A história é a *substância* da sociedade [...] mas essa substância não pode ser o *indivíduo humano*, já que esse — embora a individualidade seja a totalidade de suas relações sociais — não pode jamais conter a infinitude extensiva das relações sociais. (Heller, 1972, p. 2)

É importante reconhecer que a problemática dos *referentes nebulosos* dos termos e enunciados holistas é uma das causas da polêmica metodológica endêmica nas ciências sociais. Daí ser sempre pertinente indagar a que pode realmente se referir um sujeito que denota um coletivo pensado como subsistente em si e por si mesmo. As línguas naturais permitem fazer uso de substantivos que a nada se referem, são sujeitos gramaticais de sentenças que podem ser qualificadas de significativas ao menos na acepção do *logos semantikós* tal qual distinguido por Aristóteles (1946, 16b 33 e 17a) de *logos apophantikós*. Todo discurso é *semantikós* pela simples razão de que veicula sentidos que podem, em princípio, ser entendidos, ao passo que apofântico é apenas a proposição passível de ser caracterizada como verdadeira ou falsa.

Não se viola nenhuma regra sintática da língua portuguesa quando se constroem enunciados como "Napoleão é um número irracional" e "A sociedade é o maior dos números pares". A verdade é que as línguas naturais permitem construções que se revelam, de um ponto de vista lógico, sintaticamente falhas. Daí ser necessário evitar endossar a tese de que tem existência — realidade empiricamente constatável — tudo aquilo que em uma sentença opera como sujeito gramatical. O fato de o conhecimento científico não se limitar a fazer afirmações sobre o que pode ser observacionalmente identificado e acompanhado não justifica pensar que se possa atribuir livremente predicados ao que é colocado como sujeito gramatical de uma sentença de uma língua natural. É problemático empregar palavras com referentes nebulosos ou inidentificáveis como se representassem entes aos quais se pode despreocupadamente aplicar os mais mirabolantes atributos explorando o fato de sua existência ser insuscetível de identificação espaço-temporal.

A linguagem deixa de ser logicamente bem empregada quando se elaboram proposições que atribuem vagamente alguma forma de ser a entes insuscetíveis de ter sua existência empiricamente determinada. Não se pode, entretanto, deixar de concordar com o holista quando sustenta que nada justifica a procustiana redução do estudo da sociabilidade a fatos exprimíveis por meio de uma estrita linguagem observacional. O crucial é evitar atribuições vazias de existência decorrentes de se supor que para toda palavra pode-se, de uma ou de outra forma, encontrar um ente de realidade correspondente. A substancialização de sujeitos que supostamente denotam coletivos costuma dar vida a "fantasmagorias verbais" e dar acolhida a verborragias travestidas de teoria social. O holismo personificador se alimenta das dificuldades de avaliar as teorias que atribuem existência a entes insuscetíveis de identificação objetiva. Sem a indicação dos vínculos, ao menos indiretos, com a experiência, os sujeitos das proposições holistas podem fomentar predicações puramente especulativas.

Está longe de ser fácil distinguir o caso em que se *ultrapassa* de forma *explicativamente justificada* o imediatamente dado daquele em que a teoria social personifica coletivos sem alcançar resultados explicativos. Tanto as teorias que se debruçam sobre indivíduos quanto as que se reportam a coletivos são complexas reconstruções do material que se oferece à observação. Sendo assim, precisam ser avaliadas pela capacidade de demonstrar que as propriedades que atribuem aos entes *realmente* pertencem a eles.

O equívoco da substancialização das pressuposições ontológicas não é privilégio das correntes holistas. Há modalidades de individualismo que, invocando a tangível existência espaço-temporal dos indivíduos, apregoam — a exemplo de Asch, (1977, p. 207) e Carnap (1971, p. 42-62) — que todo estudo da sociabilidade deve confinar-se a manifestações exteriores de conduta observacionalmente acompanháveis. Com isso, promovem a inversão do holismo, só que endossando o mesmo pressuposto: identificar a natureza constitutiva de certo *tipo* de fenômeno envolve, antes de tudo, localizar a substância na qual se manifesta.

No afã de questionar quimeras ontológicas, suposições de existência fora de quadros teóricos comprovadamente explicativos, esse tipo de individualismo se mostra incapaz de distinguir entre a observabilidade direta dos indivíduos e a atividade reconstrutiva das teorias por meio dos quais se busca compreender as crenças e atitudes responsáveis por levarem este ou aquele indivíduo a apresentar tal ou qual tipo de comportamento. Quando prega que só se logra verificar ou falsificar o que se diz sobre o social por meio de evidências recolhidas sobre o que pensam e fazem os indivíduos, o individualismo enuncia um truísmo: só as "ocorrências" apreensíveis no plano da existência individual são passíveis de acompanhamento direto pela via observacional. Deixa, no entanto, de se dar conta do fato capital de que os mecanismos responsáveis pela *significatividade* e intencionalidade da ação humana não se confundem com a exterioridade dos comportamentos individuais. A verdade é que os fatores que desencadeiam as condutas individuais podem se mostrar tão inescrutáveis, tão inobserváveis, quanto as propriedades atribuídas a *coletivos* ou *todos*:

> Se, por exemplo, tivéssemos desenvolvido nossa moderna técnica científica confinados a uma parte de nosso planeta e se depois fizéssemos contato com outras partes habitadas por uma raça que tivesse um conhecimento muito mais avançado que o nosso, é evidente que não poderíamos esperar compreender muitas de suas ações simplesmente observando o que faziam, sem diretamente aprender com eles seu conhecimento. De fato, não é observando-os em ação que poderíamos adquirir seu conhecimento. Só, ao contrário, se nos fosse ensinado seu conhecimento, poderíamos compreender suas ações. (Hayek, 1979, p. 106)

As teorias que ambicionam apreender o que são e como se reproduzem os mecanismos responsáveis pela conduta "exterior" dos indivíduos precisam recorrer a construções explicativas que se afastam do plano diretamente observável. Mesmo quando os fenômenos estudados têm existência visível, isso não significa que a explicação elaborada se escraviza ao que neles se pode perceptualmente acompanhar. Proposições sobre indivíduos que intentam explicar por que pensam como pensam, agem como agem, podem despontar tão impermeáveis à verificação ou à falsificação quanto enunciados sobre coletivos. O fato de ser sobre indivíduos não garante a controlabilidade empírica do discurso sobre a sociabilidade. Disso resulta que construções explicativas que se afastam da realidade empiricamente dada podem ser encontradas tanto no "paradigma" holista quanto no individualista.

A tese de que só indivíduos podem ser *compreendidos* porque tudo depende dos sentidos subjetivos que atribuem às suas ações pouco tem a ver com o individualismo que se concentra no plano de seus movimentos comportamentais passíveis de acompanhamento observacional. A identificação do sentido e a reconstrução causal dos fatores que levam os indivíduos a executar certo tipo de conduta não têm como ser feitas com base no simples registro de *seus* movimentos corpóreos. Os mecanismos que ensejam entender a natureza das ações e apreender suas consequências, pretendidas ou não, não pertencem à mesma dimensão ontológica do que se mostra visível nas condutas individuais. Se há dificuldade para se identificar evidência favorável ou contrária às teorizações sobre fenômenos que se localizam em coletivos ou 'todos', o mesmo ocorre com relação às teorizações sobre as ações que as vinculam a sentidos subjetivos. Tal qual defendida por Weber, a *Verstehende Technik* gera teorias sobre comportamentos individuais difíceis de ser submetidas a escrutínio empírico.

As principais debilidades do holismo não decorrem de seu intento de localizar parte importante do conteúdo da sociabilidade "fora" do estrito plano das ações individuais, e sim de sua costumeira propensão a personificar as entidades a que suas teorizações conferem, sem contar com boas explicações, vida própria, superioridade ontológica e monopólio causal. Uma explicação pode atribuir existência a "classes sociais" desde que não as substancialize ou animize chegando às raias de lhes atribuir performances que pressupõem a posse e o exercício de faculdades cognitivas e volitivas similares às possuídas pelos indivíduos. Em ciência, o que cabe exigir é a elaboração de teorias que se mostrem capazes de explicar a atribuição de propriedades ao que supõem existente. As ciências sociais têm encontrado muitas dificuldades para estabelecer os nexos de interação causal entre indivíduos e coletivos por meio de teorias com demonstrada capacidade explicativa.

Se a observabilidade fosse critério para definir o que se pode teoricamente abordar, muitos sistemas explicativos das ciências naturais jamais teriam sido forjados. A dificuldade do discurso sobre a sociabilidade decorre, em parte, da *localização* dos fatores que causam as ações humanas não poder ser precisamente feita. Uma ciência generalizadora só se interessa pelas ações individuais — as de uma pessoa determinada — na medida em que se apresentam como membros de uma classe de ações. Chama-se *token* qualquer espécime de determinada classe geral de coisas. Todos os espécimes podem ser descritos como os vários *tokens* de um *type*. Desse modo, a classe de ações (*types*) é que seria suscetível de explicação, não as ações dos membros (*tokens*) da classe.

É artificial a exigência ontológica de que todo objeto passível de ser conhecido deve ter uma existência espaço-temporal acompanhável. Nem tudo que se pode tornar objeto de conhecimento é redutível ao tipo de existência suscetível de ser fisicamente estabelecida. Cada existente postulado requer uma teoria com poderes explicativos objetivamente atestados. O olhar da ciência pode partir de existentes perceptualmente registráveis, mas suas teorias também se envolvem com entidades inobserváveis – a exemplo de partículas atômicas, força da gravidade, crenças e desejos — em busca de sólidas *explicações* para os fenômenos estudados. Exigir que sejam reconhecidos apenas os entes e mecanismos sociais observáveis é negligenciar que a investigação científica envolve duas linguagens: a teórica e a observacional. Limitar a postulação de existência ao que possui coordenadas espaço-temporais especificáveis é artificial até mesmo nas ciências naturais:

> Se Pégaso existisse, estaria certamente no espaço e no tempo, apenas porque a palavra 'Pégaso' tem conotações espaço-temporais, e não porque 'existe' tenha conotações espaço-temporais. Caso falte referência espaciotemporal quando afirmamos a existência da raiz cúbica de 27, isso se deve simplesmente ao fato de que uma raiz cúbica não é uma espécie de coisa espaço-temporal, e não porque empreguemos ambiguamente 'existir'. (Quine, 1961, p. 3)

O enfoque sociológico devotado à apreensão do sentido subjetivo da ação e o debruçado sobre a reconstituição intencional da conduta são exemplos de como se pode priorizar o acompanhamento do que pensam e fazem os indivíduos sem satisfazer ao requisito metodológico/ontológico da observabilidade. Estudos que priorizam explicar a perseguição de propósitos e a atribuição de sentidos subjetivos às ações não têm como se confinar ao *overt behavior* (comportamento manifesto), que podem resultar de mecanismos sociais "ocultos". Às vezes, é mais fácil, por exemplo, testar proposições sobre os procedimentos impessoais de um tribunal do que enunciados sobre estados fisiológicos dos envolvidos ou sobre os móveis de um assassinato. No entanto, os defensores da pesquisa presa a exterioridades acreditam que podem deixar de lado o plano recôndito da subjetividade que envolveria, por exemplo, a intenção do agente:

> A intenção é coisa demasiado íntima para poder ser atingida do exterior, a não ser por aproximações grosseiras. Até da observação interior se defende. Quantas vezes nos enganamos sobre as verdadeiras razões que nos levam a agir! (Durkheim, 1967, p. 4)

É problemática a suposição de que o acesso direto ao indivíduo se presta a combater o holismo que discorre sobre totalidades inobserváveis. Quando se proclama que só indivíduos têm vida própria, isso equivale ao truísmo de que a sociedade não poderia existir sem indivíduos. No entanto, tal obviedade não permite inferir que as condutas dos indivíduos possam ser exaustivamente explicadas ficando o estudo circunscrito ao estrito circuito do que é observável.

É outro truísmo conceder existência privilegiada aos indivíduos, como faz Watkins (1973b, p. 167-8), com base na alegação de que sendo "os constituintes últimos do mundo" só eles agem e "de modo mais ou menos apropriado à luz de suas disposições e da compreensão que possuem da situação". Podem ser sempre eles a agir, mas isso não significa que suas crenças, intenções, atitudes e hábitos nada devam a uma realidade social com propriedades emergentes em relação ao simples somatório das ações dos indivíduos. Uma coisa é pensar que a vida social é fruto de indivíduos agindo de modos culturalmente *típicos*, outra bem diferente é apregoar que tudo que pode ser proclamado sobre grupos, sobre suas propriedades emergentes, é explicável por meio do que cabe afirmar sobre seus membros.

É frágil a teoria que confere total protagonismo aos indivíduos nos processos institucionais de tomada de decisão, que os encara como sujeitos de escolhas livres de condicionantes contextuais. Ainda que possa ser visto como capaz de exercer algum grau de controle sobre sua circunstância, o indivíduo também interioriza funções por meio dos papéis que desempenha na sociedade. As ações e interações geram *fatos novos* que extravasam o cálculo custo/benefício confinado ao universo deste ou daquele agente. O requisito metodológico da observabilidade e a ontologia da visibilidade favorecem a visão "naturalizada" de indivíduo:

> Essa prioridade do indivíduo é ontológica: os atos dos indivíduos é que são constitutivos dos eventos. Mas essa prioridade também é epistemológica. É fato significativo que a língua não provê nomes para eventos individuais. Não há 'verbos próprios' correspondendo a nomes próprios. Só podemos indicar um evento singular designando-o por sua relação com algum indivíduo. (De Laguna, 1966, p. 71)

Qualquer compromisso ontológico pode ser assumido por uma teoria desde que se mostre capaz de justificá-lo por meio de embasadas explicações. A justificação do individualismo ou do holismo só pode ser feita no interior de quadros teóricos avaliáveis por seu poder de explicar as propriedades que supõem presentes nos entes. A elaboração de eficientes sistemas explicativos é a única maneira de arbitrar o embate entre ontologias marcadas pela tendência à substancialização. Em busca de conhecimento, o que está em questão é determinar a capacidade de explicar o que — independentemente de se *observado* ou *inferido* — se supõe existente.

A insustentabilidade do holismo animizador decorre de incorrer no que Whitehead (1959, p. 52) denominou *falácia da concreção deslocada,* a qual só é devidamente combatida quando se rechaça a tendência a dar vida própria aos coletivos sem efetivamente explicar o que são e como funcionam. Ambos reféns de atitudes substancializadoras, o holismo personificador e o individualismo atomizador supõem que escolhas ontológicas possam ser feitas fora de quadros teóricos específicos. Não há como justificar proclamações de que existe isto e não aquilo, mais isto do que aquilo, sem que se conte com uma teoria com inequívoco poder explicativo. É contraproducente especificar, de forma "naturalizada", o universo de entes sobre o qual se pretende ter conhecimento.

As escolhas ontológicas feitas pelas teorias sociais se mantêm conflitantes em virtude de fazerem parte de quadros teóricos incapazes de provar sua eficiência explicativa. Nos casos em que se concede autonomia à ontologia, comumente se abraça a visão equivocada de que os *entia* (entes) estão *dados* na realidade e não explicativamente reconstruídos. Quando feita fora de marcos teóricos definidos, a pretensão de fazer o adequado inventário do que existe incorre em observacionalismo ou em uma posição similar à *teoria do reflexo* de Lénine (1975, p. 49): "a matéria, atuando sobre nossos órgãos dos sentidos, suscita a sensação [...] a matéria é o primário, a sensação, o pensamento, a consciência são o produto supremo da matéria organizada de um modo especial". Os "objetos em si", fora da mente, reduzem "as ideias e as sensações a cópias ou reflexos desses objetos".

Caso fosse viável conferir estatuto de *fato* a entidades identificadas à margem de qualquer reconstrução teórica devotada a explicá-las, a polêmica ontológica seria residual. Só a solidez de uma explicação pode justificar a preferência por determinada ontologia em detrimento de alternativas. Quando um pesquisador se aferra a uma ontologia apresentando-a como *natural*, não se dá conta de que está fazendo uma escolha que precisa ser respaldada por uma *explicação*. Quando está em questão a produção e a justificação de conhecimento, determinar o que existe não é realizar um inventário pré-teórico, não é operar o mero registro do que existe (ou acontece) ao derredor. As teorias sociais deveriam se limitar a atribuir existência apenas ao que logram explicar, independentemente de priorizarem indivíduos, classes sociais ou a totalidade. Visto que constructos como, por exemplo, coesão não têm como ser observacionalmente constatados, precisam ter sua existência inferida e sua natureza *explicada*:

> Quando perguntamos o que na realidade empírica corresponde a 'Estado', deparamos com um número infinito de ações humanas difusas

> e discretas, de atos de aquiescência e de relações reguladas de modo prático e jurídico, das quais umas são únicas e outras recorrentes, todas agrupadas por uma ideia: a crença em normas e relações de autoridade que alguns homens mantêm com outros e que são válidas ou deveriam sê-lo. (Weber, 2012, p. 130)

Só se justifica decretar a subordinação ontológica, ou a dependência causal, de um tipo de ente a outro no âmbito de teorias capazes de *explicativamente* demonstrarem como isso se dá. A adoção de uma noção "naturalizada" de existência, o que existe é o que se vê, e a postulação de uma vaga subordinação ontológica e causal de um tipo de ente a outro são incapazes de levar a resultados com valor cognitivo. À diferença dos inventários ontológicos metodologicamente orientados, os mapeamentos ontológicos grosseiros são os prediletos das ideologias militantes.

O problema é que em ciências sociais são propostos modelos antagônicos de explicação pouco testáveis e parcamente comensuráveis. Houvesse o endosso consensual do que se deve considerar uma genuína explicação, o inventário da realidade social geraria menos controvérsias e seria baixo o risco de transmutar idealidades em realidades. Quando um domínio de investigação fica preso à discussão sobre o que deve merecer prioridade — indivíduos ou coletivos — é porque não conta ainda com teorias capazes de fazerem valer, por sua força explicativa, seus pressupostos ontológicos contra as alternativas. Durkheim e Tarde exemplificam a coexistência de teorias excludentes que resistem a uma arbitragem objetiva:

> A verdade é que uma coisa social qualquer, uma palavra de uma língua, um rito de uma religião, um segredo profissional, um procedimento artístico, um artigo de lei, uma máxima moral, se transmite e passa não do grupo social tomado coletivamente acima do indivíduo, mas de um indivíduo — parente, mestre, amigo, vizinho, companheiro — a outro. (Tarde, 1898, p. 67)

A concepção de sociabilidade centrada no indivíduo encarado como uma realidade que se reproduz a partir de si mesma corre o risco de desembocar em *psicologismo.* Quando se recorre, à maneira de Tarde, a categorias como as de mestre, amigo etc. se está pensando no indivíduo como 'tipo social', como um ente que desempenha papéis, possui determinado *status* mantendo relações de interação típicas. Na ausência de embasadas explicações, falta justificação para sustentar que os papéis derivam impositivamente de uma *sociedade* com vida própria ou que são meras regularidades comportamentais que se expandem da díade para grupos submetidos a regulações institucionais.

Os indivíduos podem ser vistos como *reais* ou *típicos.* Em sua singularidade ôntica, os reais não têm como se tornar objeto de estudo (científico). Por essa razão, o individualismo metodológico consistente jamais invoca qualquer justificativa epistemológica para dar primazia ontológica ao indivíduo "*naturalizado*" que se oferece à observação imediata. Visto que o *individuum est ineffabile*, a ciência social só deveria se interessar pelos indivíduos *típicos.* Nesse caso, inexistem fundadas razões para que as diferenças ontológicas entre holismo e individualismo sejam tão gritantes. Os abismos são consequência, antes de tudo, da substancialização metafísica das entidades erigidas em fundamento da sociabilidade.

Postular a existência de coletivos sem contar com teorias com efetiva capacidade explicativa impede a justificação da atribuição de tal ou qual predicado a eles. Os nexos causais que têm sido estabelecidos entre partes e todo se valem de procedimentos metodológicos cuja confiabilidade não é atestada pelas várias Escolas que se aninham nas ciências sociais. A verdade é que nenhuma teoria social recebeu de *modo consensual* o qualificativo de científica. Quando prevalece a preocupação com a construção de explicações empiricamente embasadas diminui o risco de se sucumbir à retórica vazia sobre entidades com existência nebulosa. A exigência de se comprovar a capacidade explicativa é a maneira mais eficiente de se frear a propensão à substancialização do social. O ideal seria que uma explicação holista pudesse ser "traduzida" em uma individualista, e vice-versa:

> Explicar o comportamento de um 'soldado' é simplesmente a mesma operação que explicar a função e a organização de um exército. É verdade totalmente indolor que podemos frequentemente explicar as ações de indivíduos concretos de modo não psicológico apelando para os papéis que ocupam; conferimos sentido ao que faz João descobrindo que é um soldado. Da mesma maneira, é altamente implausível supor que não invocamos qualquer suposição psicológica quando explicamos como os indivíduos ou grupos de indivíduos preenchem as exigências dos papéis que desempenham. (Ryan, 1978, p. 10-1)

É questionável que o fato de a ação pertencer *materialmente* ao campo do comportamento do indivíduo permita inferir que, do ponto de vista de sua constituição simbólica, seja redutível ao domínio de suas disposições comportamentais. Não se trata de determinar se o grupo é uma simples abstração, construto útil, simples soma das ações dos indivíduos, ou se é algo com existência própria, mas de forjar teorias avaliáveis em termos de sua cientificidade. Ainda está em aberto o debate em torno de se coletivos têm uma dinâmica própria ou dependente, em maior ou menor grau, das escolhas e decisões de seus membros. A capacidade de entender o que vem a ser 'grupo' depende de a teoria possuir efetivo poder de explicar como se dá a relação do grupo com seus membros. Independentemente do tipo de realidade que o grupo tenha, primária ou derivada, o importante é determinar se ajuda a esclarecer a natureza da sociabilidade tomá-lo como um ente com existência *real* ou *derivada*.

Cabe, ademais, ter presente que muitos cursos de ação são empreendidos com base na suposição de que grupos e coletivos têm realidade própria e transcendente às decisões dos indivíduos. O fato de as pessoas agirem como se coletivos tivessem vida própria faz com que passem a tê-la. Por esse motivo, há que distinguir o holismo do cientista daquele professado pelos habitantes do senso comum. Se as pessoas agem como se grupos existissem *per se* desponta importante levar a cabo um tipo de estudo que determine o impacto dessa crença sobre o tipo de ação padronizada que tendem a executar. O simbólico, na arena da vida social, tem o poder de moldar condutas tanto quanto os mais objetivos processos sistêmico-funcionais. Mesmo quando se formam a partir de ficções e ilusões, as crenças condicionam os modos de pensar e agir.

Independentemente do tipo de realidade possuído, a Sociedade, a Nação e suas instituições, influenciam profundamente o ser e o pensar dos indivíduos nos casos em que se comportam como se essas entidades tivessem existência própria. A ação humana é, em boa parte, condicionada pelo tipo de existência atribuído às entidades e processos percebidos como supraindividuais. No plano do senso comum, uma coisa é o coletivo ser visto e vivenciado pelos indivíduos como a soma de suas ações, outra bem diferente é despontar como uma entidade a eles transcendente. Pode gerar ilusões o fato de os indivíduos verem a soma de suas ações como resultante de uma Entidade em si mesma existente, mas a questão crucial é que, assim percebida, determina o que pensam e fazem os indivíduos. Não se deve subestimar a força do holismo de *senso comum* à luz do qual os indivíduos organizam suas percepções da realidade social. Como destaca Hayek (1949, p. 60), "nas ciências sociais as coisas são o que as pessoas pensam que são: dinheiro é dinheiro, palavra é palavra, cosmético é cosmético, apenas porque as pessoas pensam que são".

Em ciências naturais, é cabível, ao menos em parte, endossar a clássica distinção entre ideias e fatos objetivos, ao passo que nas sociais cumpre separar as ideias constitutivas dos fenômenos que se pretende explicar das ideias elaboradas pelos pesquisadores. Há as ideias das pessoas e dos que as estudam. Nesse caso, há uma inteligibilidade nos fatos sociais difícil de ser reduzida à ação de forças sociais sistêmicas. A crença de que há estruturas e processos com dinâmica intrínseca tem feito os pesquisadores ignorarem ou desqualificarem as construções ideacionais presentes nos fenômenos investigados. O desafio consiste em saber se há ação autorregulada direcionada pelas ideias vinculadas à obtenção de certos fins que não seja subproduto de fatores sistêmicos ou estruturais.

A "ontologia do ser social" não é rigidamente determinável porque, em um bom número de casos, algo tem determinada identidade porque o indivíduo nisso *acredita*. Nesse sentido, o que o senso comum supõe existente pode, à semelhança dos processos físicos ou químicos, gerar efeitos O que se toma por existente tem o condão de provocar consequências materiais mesmo tendo uma existência puramente mental ou ficcional. Crenças religiosas são prenhes de consequências materiais independentemente de sua veracidade. As entidades que habitam as mentes individuais e o imaginário coletivo não só condicionam modos de representação e compreensão do mundo social como geram consequências práticas sobre o *Mundo da Vida*.

Em ciências sociais, o pesquisador pode entabular intercâmbio comunicativo com seus "objetos de estudo". Isso significa que as ideias que encontra no que estuda precisam ser levadas em conta ao menos como um dos elementos constitutivos dos modos de ser dos fatos. Quando leva em consideração o conteúdo ideacional presente nos fenômenos que investiga, o cientista sabe que só pode dialogar com indivíduos, e suas representações sociais, jamais com coletivos encarados como entidades portadoras de existência autárquica. Isso é assim por mais que se pense que os coletivos são Entidades que determinam modos de pensar e agir.

Qualquer tipo de ente pode, em princípio, se tornar objeto de discurso. Os grandes literatos discorrem sobre entes ficcionais como Dom Quixote, Robinson Crusoé, Hamlet sem sofrer qualquer tipo de "restrição empírica". Não faz sentido questionar a existência de entes mitológicos como Pégaso, Cérbero ou Centauro. No entanto, os objetos de conhecimento são entes, eventos ou processos para os quais se intenta elaborar um tipo de explicação avaliável à luz de cogentes requisitos epistêmicos. Para Aristóteles, só do universal e do necessário se pode ter conhecimento. O que existe no mundo social é pouco suscetível de ser conhecido por meio de generalizações baseadas na rigorosa e meticulosa observação de casos particulares. Poucos são os tipos de "fato" que podem ser explicados por sua subsunção a leis expressas sob a forma de universais irrestritos ou categóricos do tipo "Todo A é B".

Vimos no capítulo anterior que as suposições de existência feitas por teorias que aspiram à condição de científicas não têm como resultar de meras *constatações* do que se oferece como *dado* à observação. Inventários ontológicos são incapazes de retratar de modo mimético o que existe. A *existência*, para a ciência, é sempre teoricamente *construída* em virtude de ser estabelecida como resultado da elaboração de explicações que, tentando dar resposta a "porquês", ultrapassam a simples descrição constatativa do que se mostra passível de identificação observacional. É descabido exigir do pesquisador que se limite a fazer inventários ontológicos que retratem fidedignamente o que se observa na imediatidade da realidade. Difícil determinar o êxito da missão de uma teoria que ambiciona explicar as propriedades dos entes e de estabelecer vínculos de dependência causal entre os fatos que ocorrem no mundo das ações e interações sociais. A pretensão de saber o que é e como se reproduz um conjunto articulado de fatos exige a construção de teorias que se submetam a crivos que permitam aferir sua capacidade explicativa.

Para a ciência, o que existe não tem como ser resumido ao que se vê. Ademais, uma existência dada, a exemplo de uma cadeira, é percebida pelo físico como formada por constituintes muito diferentes dos capturáveis pelo olhar do senso comum. Inversamente, o trabalho de pesquisa científica pode promover a formação de conceitos sobre inobserváveis — por exemplo, átomo, elétron, elasticidade de demanda, anomia, racionalização etc. — com base nos quais se constroem teorias cujas hipóteses centrais podem ser empiricamente testadas. Visto que versam sobre entidades, eventos e processos inobserváveis, as proposições da linguagem teórica não têm como ser isoladamente testáveis; podem ser indiretamente avaliadas pelos vínculos que mantêm com as proposições da linguagem observacional.

No capítulo anterior, defendemos a tese de que as teorias científicas não delimitam seus campos ontológicos valendo-se de procedimentos de identificação exclusivamente observacionais. O que se toma por existente é o que as teorias se consideram capazes de submeter à reconstrução explicativa. É equivocada a crença de que a teoria que se pretende científica se reduz a fazer generalizações sobre existentes e propriedades tratáveis como dados empíricos. No campo da pesquisa científica, a concessão de existência é fruto tanto de constatação quanto de construção. Vínculos de dependência causal só podem ser estabelecidos por teorias que demonstrem capacidade explicativa.

O contexto problemático com o qual o holista lida torna mais complicada a confecção de uma explicação científica. Os sujeitos gramaticais de muitas das mais importantes proposições que compõem algumas das mais famosas teorias sociais holistas possuem referentes nebulosos porque pretendem se reportar a entidades supraindividuais. O hiato entre o holismo e o individualismo poderia ser encurtado se ambos se interessassem por *indivíduos típicos* com identidades atreladas aos papéis executados:

> Há também os chamados *indivíduos sociais* dos quais podemos provisoriamente dizer que contêm como partes indivíduos pessoais. Exemplos de indivíduos sociais podem ser as classes sociais (a burguesia alemã em 1618), grupos nacionais (os bávaros), organizações religiosas (a Igreja Protestante), eventos de grande proporção (a Guerra dos Trinta Anos), movimentos sociais de grande amplitude (Contrarreforma) etc. (Danto, 1971, p. 364)

Por mais que a noção de indivíduo social precise ser devidamente elucidada, o individualista não tem como defender a tese de que as teorias devem sempre se remeter à concreção da singularidade dos entes observáveis e tangíveis. É parcamente sustentável a visão que faz da vida social mero jogo de escolhas pessoais explicáveis em termos de caráter e personalidade. O fato de só indivíduos terem existência observacionalmente identificável não legitima o behaviorismo social para o qual a pesquisa só é científica se ficar confinada ao comportamento manifesto por ser o único empiricamente acompanhável:

> Qual o objeto de investigação do historiador: o comportamento dos indivíduos ou a ação das forças sociais? [...] O que chamarei de teoria da história 'Rei João, o Mau' representa a visão de que o que importa na história é o caráter e o comportamento dos indivíduos — tem uma longa linhagem. O desejo de postular o gênio individual como a força criativa da história é característica dos estágios primitivos da consciência histórica. (Carr, 1990, p. 44-5)

Investigar a natureza das consequências não pretendidas das ações intencionais dos indivíduos é de enorme importância para se entender de que forma os objetivos visados podem sempre ir além do que foi projetado. É fundamental rechaçar as postulações de existência que deixam a impressão de que versam sobre entes pouco distinguíveis de personagens ficcionais como Sancho Panza. Isso não quer dizer que uma teoria não possa abrigar algumas proposições cujos sujeitos carecem de *referentes* identificáveis. A constatação de que costuma faltar "correspondente" extralinguístico aos sujeitos de proposições que se pretendem científicas é um dos principais problemas enfrentados pela pesquisa social. As proposições vazadas em jargão holista são as que despontam menos avaliáveis em termos de seu potencial de verificação ou refutação. Há sempre dificuldade em saber onde encontrar evidência empírica capaz de confirmar ou infirmar proposições que discorrem sobre coletivos ou *todos*.

Para não fazer vazias e gratuitas postulações de existência, o cientista social precisa construir sistemas de compreensão dos fatos no interior dos quais os enunciados teóricos e observacionais se imbriquem gerando uma unidade explicativa. Nas ciências sociais têm sido intermináveis os debates sobre se o modelo de explicação a ser adotado deve ser o estatístico-probabilístico, o nomológico-dedutivo, o funcional/teleológico, o hermenêutico ou o histórico.

É comum a defesa de métodos inspirados em conceitos ou categorias do Pensamento Hermenêutico ou Dialético. Seja qual for a filosofia da ciência subjacente à concepção de método adotada, crucial é demonstrar o que a teoria consegue comprovadamente explicar.

É infrutífero propor uma concepção de método atrelada a uma das Escolas abrigadas nas ciências sociais. Nesse caso, os resultados alcançados deixam de ser avaliados — e, por conseguinte, avalizados — pela inteira comunidade de pesquisadores. Algumas modalidades de holismo deixam transparecer que, lidando de forma vaga e genérica com a noção de coletivo, ficam impedidas de aferir suas teses à luz de procedimentos certificáveis como científicos:

> Os que estão tomados pela superstição primitiva de que a todo nome deve corresponder uma única entidade real supõem ser necessário distinguir logicamente entre a própria coisa e qualquer — ou todas — de suas propriedades sensíveis. E assim empregam o termo "substância" para se referir à própria coisa. Mas do fato de que empregamos uma única palavra para referirmo-nos a uma coisa, tornando a palavra o sujeito gramatical das sentenças nas quais nos referimos às aparências sensíveis da coisa, não se segue, de forma alguma, que a coisa ela mesma seja uma "simples entidade" ou que não possa ser definida em termos da totalidade de suas aparências. (Ayer, 1974, p. 56-7)

Com retórica abstrusa, típica dos grandiloquentes discursos metafísicos, a teoria que foge a qualquer tipo de controlabilidade empírica não tem como postular valor cognitivo. Contra as versões radicais de holismo, cumpre lembrar que as principais concepções de método científico até hoje desenvolvidas são "atomistas" no sentido de que advogam que a pesquisa deve partir da rígida delimitação de um objeto de estudo formado por unidades discretas. A complexidade deve ser vista como composta de partes a serem minuciosamente dissecadas como unidades *existencialmente autônomas* cujos modos de ser são explicáveis em termos de propriedades intrínsecas ou relacionais.

Mesmo o trabalho de pesquisa que ambicione estudar coletivos se verá obrigado a dissecá-los até mesmo para identificar seus traços distintivos. Mesmo se o objeto de estudo for a Totalidade, será necessário começar dando destaque a determinada parte. Até porque qualquer observação é feita sempre a partir de uma óptica seletiva, que define o que fica no centro da atenção e o que permanece na penumbra. Vemos sempre alguma coisa contra o que não vemos. A escolha do que deve ser primeiramente observado envolve valores e predisposições psicológicas e cognitivas. Quando se manifesta preferência por um ponto de partida, fatos e eventos destacados por visões alternativas são colocados em segundo plano. Uma óptica holista radical coloca em segundo plano o que faz parte do universo da ação identificável como individual por sua atenção estar concentrada nas estruturas e processos vistos como os únicos capazes de permitir entender o que se passa no palco da vida social.

Bertalanffy (1975, p. 157-8) se contrapõe ao atomismo metodológico quando sustenta que "a teoria geral dos sistemas é a exploração de "todos" ou da "totalidade" que, até bem pouco tempo, eram consideradas noções metafísicas situadas fora dos domínios da ciência". Por essa óptica, a ciência estaria começando a deixar de ser o reino em que imperam os estudos circunscritos a partes ou setores da realidade rigidamente delimitados. A pesquisa não estaria condenada a desenvolver enfoques centrados na análise e explicação da funcionalidade puramente associativa das partes. O sistemismo proposto por Bertalanffy fica longe das versões de holismo que incorrem em hipóstases que culminam na personificação de coletivos ou *todos*. Sua aspiração é lidar de forma metodologicamente confiável com o tipo de *significado* e *informação* que os *todos* pretensamente acrescentam às partes.

O fato de a atenção ter de ser dirigida para algo específico, em detrimento de um número considerável de alternativas possíveis, é consequência de não se ter como observar o todo de uma forma que não seja panorâmica. No ponto de partida, a pesquisa científica seleciona seu objeto entre vários possíveis candidatos. Diante da necessidade de operar recortes e seleções no fluxo potencialmente infinito da experiência, o cientista se vê condenado a desenvolver abordagens centradas em partes mesmo quando aspira a alcançar uma compreensão do todo.

Não há como observar e dissecar tudo ao mesmo tempo com vistas a alcançar a explicação da Totalidade. Tomado como unidade indivisa ou indecomponível, o *todo* não tem como se tornar objeto de estudo (científico). Só aos *todos setoriais,* aos conjuntos de fatos formadores de uma estrutura integrada, seria viável aplicar um método capaz de ser aproximado das práticas de pesquisa das ciências maduras. Se vistos como totalidades indecomponíveis, impermeáveis a qualquer tratamento analítico-dissecativo, os *coletivos* se condenam a receber uma abordagem exclusivamente filosófica. Encarados como unidades que não têm como ser compreendidas pela análise das partes, os *todos* pouco se diferenciam de como foram conceituados por Sistemas Metafísicos como o hegeliano. O Sistema Social tem tido sua existência postulada com base na suposição de que suas formas de reprodução infundem movimento e direção aos indivíduos.

As vertentes do Pensamento Social que abusivamente reivindicam a prevalência do Todo sobre as partes costumam construir teorias especulativas que ignoram o aspecto destacado por Nagel (1974, p. 538): "a notória vaguidade [de muitos termos coletivos] pode-se mostrar obstáculo insuperável ao intento de traduzi-los para formulações que empreguem apenas termos individuais". O fato é que o uso metafórico de termos-chave se constitui em entrave à aferição dos enunciados que os empregam.

As teorias sociais têm tendido a se situar entre o Cila do reducionismo, que faz do todo mero somatório das partes, e o Caribde do holismo, que encara o todo como possuidor de uma realidade com vida própria e dinâmica autárquica. Não é que os todos preexistam às partes, mas as transcendem a partir do momento em que se formam e passam a se reproduzir com estruturas e processos que seguem determinantes intrínsecos. Para as metafísicas holistas, o Todo não é apenas uma instância de realidade à parte, mas também é a forma de a realidade se manifestar naquilo que tem de essencial. Na *Logik*, Hegel advoga que "a verdade é o Todo". Compreendê-lo seria a única forma de se obter genuíno conhecimento. Os enfoques atomistas e individualistas são depreciados por proporem visões que, deixando de atentar para a interdependência entre os fenômenos da sociabilidade, impedem compreendê-los em suas complexas tramas. Pomposos discursos sociais elaboram vagas proposições sobre coletivos para se protegerem da avaliação crítica. A grandiloquência metafísica é proporcional à falta de conteúdo empírico:

> Não é o predomínio dos motivos econômicos na explicação da história que distingue, de modo decisivo, o marxismo da ciência burguesa, e sim o ponto de vista da totalidade. A categoria de totalidade, a dominação, determinante e presente em todos os domínios, do todo sobre as partes, constitui a essência do método que Marx tomou emprestado de Hegel e que transformou de maneira original para torná-lo fundamento de uma ciência inteiramente nova. (Lukács, 1960, p. 47)

Formas de holismo como a defendida por Lukács surgem como herdeiras do especulativismo metafísico por mais que o recusem. Não há como aferi-las em termos de sua cientificidade, uma vez que sequer satisfazem a requisitos de confirmação gradual e crescente daquilo que sustentam. É impossível recolher evidência empírica favorável ou desfavorável a proposições que discorrem de forma conceitualmente confusa sobre entes cuja existência imbricada é nebulosamente confundida com o Todo. A tendência a personificar coletivos é, em boa parte, consequência de sobre eles se fazerem afirmações, "romanceadas", para as quais não há como recolher evidência empírica capaz de conduzir à sua verificação ou refutação.

Se o olhar de senso comum constantemente opera recortes no que se apresenta como totalidade, a ciência vai além, colocando em destaque determinados tipos de fato e evento, deixando na penumbra um contingente inumerável de candidatos à atenção e à observação. A seleção operada pelo enfoque adotado converge com a constatação de Spinoza veiculada na *Ética*: *omnis determinatio est negatio* (toda determinação é negação). Ao se lançar o holofote sobre determinado objeto, portador de certo tipo de propriedade, alternativas possíveis acabam sendo deixadas de lado. As teorias e valores fazem com que determinadas coisas sejam colocadas no centro das atenções e outras relegadas. A mais simples observação requer o emprego de uma teoria que opera recortes e seleções no conjunto de tudo que se oferece ao olhar.

Por mais que se tente bem demarcá-lo, o todo só pode ser observado de forma generalista. Um ambiente específico quando visto como um todo permite um mapeamento geral de como é, mas sua cuidadosa dissecação demandará uma atenção setorial ou regional das partes. Talvez seja cabível advogar que não se parte do Todo, mas que se pode chegar a um todo circunscrito. A ambição de estudar o que é apresentado com a identidade de Todo se vê, já no ponto de partida, obrigada a destacar alguma coisa e indicar as sucessivas etapas de investigação das partes que deverão ser percorridas para se chegar ao Todo. Nesse caso, o todo deixou de ser o Todo para surgir como uma "realidade" em que as partes precisam ser tratadas de modo integrado. Enquanto unidade metafísica de todas as coisas, o Todo só pode dar origem a teorias insuscetíveis de avaliação empírica.

A construção de uma explicação tem início com a observação seletiva, prossegue com a reconstrução da identidade do objeto apreensível pelo senso comum e, quando possível, chega a uma generalização que apresenta os casos particulares como subsumíveis a uma lei. A alternativa às generalizações empíricas seria operar com procedimentos de elaboração de tipos-ideais como os propostos por Weber. A teoria que se pretende científica parte da atividade descritivo-reconstrutiva devotada a identificar o que pode se tornar objeto de explicação. Sem que se alcance uma efetiva compreensão, não há como conferir existência de um modo epistemicamente justificado ao que quer que seja.

O fato de variados modelos de explicação serem adotados em ciências sociais coloca o desafio de escolher o que se mostre capaz de gerar resultados e justificá-los. Em ciências sociais, os debates em torno de como prover a melhor explicação extravasam as fronteiras dos debates indutivismo versus dedutivismo, uma vez que é necessário lidar com a peculiaridade de os fatos da vida associativa se oferecerem *pré-interpretados* à observação do pesquisador. As explicações sociais têm tendido a ignorar as dificuldades especiais suscitadas pelos fatos que se apresentam acompanhados das interpretações sobre eles criadas pelo homem comum. Também a explicação genética, vinculada a investigações de cunho histórico e voltada para a identificação de como e por que determinado objeto — grupo, instituição — veio a ter certas características como resultado de sua evolução a partir de entidades ou estados antecedentes, negligencia esse traço distintivo dos fatos sociais.

As vertentes holistas raramente operam com o modelo estatístico-probabilístico ou com o nomológico-dedutivo. Suas metodologias se inspiram principalmente nas teses basilares da dialética hegeliana e na versão materialista forjada por Marx. Na avaliação de Lukács, o holismo é a essência da via metodológica empreendida por Marx. A pretensão de abranger e explicar o todo conferiria caráter revolucionário ao marxismo. Postular a existência da totalidade nada encerra de revolucionário, uma vez que o crucial é forjar teorias que provem ter o poder de explicá-la.

Teorias que carecem de comprovada capacidade de explicar fatos e eventos, entes e propriedades, se prestam a todo tipo de manipulação ideológica. Perfilhamos a tese, contrária à de Lukács, de que um enfoque é inovador não por introduzir uma nova categoria, e sim por conseguir criar um contexto problemático para algo que, até então, não fora tematizado como objeto de conhecimento por falta de teoria com potencial para explicá-lo. Por privilegiar a escolha ontológica, descurando que sua justificação é epistemológica, Lukács (1960, p. 48) afirma que "o reino da categoria de totalidade é o veiculador do princípio revolucionário na ciência".

De um ponto de vista epistemológico, nada há de revolucionário na introdução de uma nova categoria, já que o decisivo é saber que tipo de tratamento metodológico se pode a ela aplicar de modo a sobre ela alcançar-se conhecimento. Nesse sentido, o que está em questão é saber se o método dialético defendido por Lukács se revela apto a prover a confiável reconstrução explicativa dos fenômenos genericamente subsumíveis à categoria de totalidade. O método empírico é inaplicável na pesquisa devotada a explicar a totalidade que, em vários autores, descamba para uma espécie de "predicação irresponsável" através da qual são feitas atribuições de qualidades antropomorfizadoras e de poder causal a entidades supraindividuais. As querelas ontológicas em ciências sociais resultam, em boa parte, de se operar com noções de existência como a adotada por Lukács. Quando carece de respaldo empírico, o inventário do mobiliário do mundo nada mais faz que conceder prioridade metafísica às partes ou ao todo:

> Diz-se que um 'todo' é diferente de suas 'partes' ou até mesmo de sua soma. Como se compõe, no entanto, apenas dessas partes e não pode existir sem elas, o todo não pode ser distinguido, clara e inequivocamente, como uma 'coisa' diferente das 'coisas' que são suas partes a não ser por um artifício puramente intelectual. (Allport, 1965, p. 31)

Como destaca Gellner (1973, p. 252) "quando um historiador discorre sobre a manutenção ou crescimento de uma instituição, um linguista sobre mudança fonética, um antropólogo sobre a manutenção de um sistema de estrutura de parentesco, esporadicamente fazem referência a disposições individuais". Isso ocorre porque suas teorias versam sobre fatos irredutíveis ao que se passa no plano da existência individual. Resta saber se relações que se complexificam ao longo do tempo formam um Sistema que, passando a ter propriedades próprias, se torna objeto de estudo do historiador, linguista ou antropólogo. Sendo esse o caso, é justificável adotar um quadro ontológico no interior do qual se tenha de lidar com o problema relativo a como de escolhas de indivíduos, articuladas no interior de grupos, se formaram estruturas e processos com dinâmica própria.

As ontologias se rivalizarão inconclusivamente enquanto se mantiverem dependentes de molduras metafísicas. Às vezes se invoca um plano considerado mais abrangente da vida social como forma de criticar e retificar outras visões. É o que faz Lévi-Strauss (1970, p. 50) quando afirma que "uma interpretação como a de Radcliffe-Brown isola arbitrariamente certos elementos de uma estrutura global que deve ser tratada como tal". À primeira vista, essa passagem pode dar a impressão de que Strauss faz restrições ao fato de Radcliffe-Brown estar omitindo a estrutura econômica, o sistema político ou a existência de cultos ancestrais. Malgrado pareça promover uma reviravolta ontológica, Strauss se limita a incorporar apenas duas outras relações — a relação de irmão com cunhado e a de pai com filho. Constata-se, assim, que quatro, em vez de duas, relações permitem a Strauss falar de "toda a estrutura". Por maior que seja a guinada interpretativa causada pela duplicação das relações, procedendo dessa maneira não se está tratando da totalidade. Ademais, se não se perder de vista o fato de que "o sistema social", "o sistema de parentesco" etc. são constructos, mais do que *todos* concretos, mais problemática ainda se tornará a defesa das formas genéricas de estruturalismo com ingredientes holistas.

É difícil distinguir, de modo preciso, os modos de expressão holistas explicativamente necessários dos expletivos. Apesar de muitos predicados serem apresentados como exclusivamente grupais ou coletivos — como, por exemplo, estabilidade, coesão, sistema de parentesco etc. — o individualista pode se sentir tentado a traduzi-los para predicados sobre indivíduos. O êxito só poderá ser avaliado caso a caso. Segundo insignes cientistas sociais, os grupos apresentam regularidades de comportamento que não teriam como ser explicadas pelas decisões e ações individuais. Regularidades e constâncias nos grupos permitiriam deles falar como se tivessem uma estrutura estável, independente dos indivíduos reais que os compõem. O fato de existirem papéis sociais que podem ser desempenhados por diferentes pessoas em diferentes momentos indicaria a existência de mecanismos sociais irredutíveis às escolhas e decisões individuais.

A atenção ao emergentismo descritivo e explicativo não leva o cientista social a se extraviar por caminhos metodologicamente pantanosos. O perigo reside em se transitar do emergentismo cuidadoso para modalidades de discurso holista que, explorando a sintaxe logicamente frouxa das línguas naturais, aplica livremente predicados a todos nebulosamente identificados. Como indicou Carnap, as línguas naturais possuem uma sintaxe que autoriza construções — à semelhante de "César é um número primo" — que despontam incapazes de veicular qualquer tipo de informação. As teorias sociais formadas por proposições cujos sujeitos carecem de referentes ou têm existência nebulosa muito se parecem com as teorias metafísicas abstrusas que, em alguns casos, descambam para o sibilino e oracular. Proclamar, como faz Heidegger, que "*Das nicht nichtet*" (*O nada nadifica*) se presta a causar efeito "literário" emotivo, mas não a produzir cognição. Em termos puramente linguísticos, pode ter um equivalente em *A sociedade socializa*. Poder-se-ia ao nihilismo "existencialista" expresso com verve retórica contrapor o otimismo vazio de "*O Tudo tudifica*".

Quando se depara com enunciados do tipo "a modalidade agrária de vida familiar tende a perpetuar padrões machistas de comportamento", o individualista, no intuito de evitar a relação nebulosa entre o sujeito gramatical e seu *referente*, tende a vertê-lo para "Como resultado da existência de determinada visão de mundo, de tais e tais objetivos, disposições e crenças individuais, a forma agrária de organização familiar exibe a permanência de atitudes machistas". A tradução, em muitos casos, enseja também a passagem da voz passiva para a ativa, já que as instituições, se encaradas como formadas a partir do comportamento dos indivíduos, não têm de ser sujeitos da ação.

No fundo, o que está em questão é saber se em busca da afirmação de sua singularidade a teoria sociológica precisa postular o poder de estudar propriedades irredutíveis ao plano psicológico do comportamento humano. É importante analisar criteriosamente enunciados do tipo "os grupos coesivos tendem a ser mais estáveis", "os grupos estratificados tendem a ser mais eficientes" com o fito de avaliar se é epistemologicamente legítima a aspiração de estabelecer, no plano descritivo, relações entre conceitos grupais e, no plano explicativo, formular leis macroscópicas.

O individualismo descritivo acalenta a pretensão de explicar a coesividade e a estabilidade em termos de fatos e fatores que se passam no plano da conduta individual. Consoante esse enfoque, um grupo é concebido como coesivo se cada membro prefere se relacionar com cada um de seus demais integrantes a se relacionar com pessoas fora do grupo. Um grupo é estável quando cada um de seus componentes realiza muitas atividades reiteradas durante longos períodos. Já o individualismo explicativo se empenha em demonstrar a vantagem de substituir a lei sociológica, que estabelece uma relação funcional entre os dois conceitos anteriores, por uma lei psicossocial relativa à conduta dos indivíduos. Isso envolve comprovar, por exemplo, que a estabilidade de um grupo depende do nível de recompensas que seus membros obtêm em seu interior; ou que a coesão é função da capacidade que cada membro tem de recompensar os demais.

Esse tipo de operação de tradução almeja transformar os predicados que pretensamente se referem a conjuntos sociais em teorias nas quais os predicados se reportam a indivíduos. Todo macroconceito — como, por exemplo, o de classe — deveria ser redefinido de modo a se tornar simples expressão da agregação dos comportamentos intencionais dos indivíduos. Na maioria das vezes, pressupõe-se que só no plano microteórico podem ser alcançadas autênticas leis. Nesse caso, é imperioso demonstrar que se podem derivar as macrogeneralizações das microgeneralizações sem perda de conteúdo explicativo. O desafio é ir além de teses generalistas como a advogada por Watkins (1973a, p. 153): "a compreensão de uma situação social complexa é sempre derivada do conhecimento das disposições, crenças e relações dos indivíduos".

Lazarsfeld (1970, p. 619) elenca três propriedades que descrevem coletivos: analíticas, estruturais e globais. As estruturais são as propriedades dos coletivos identificadas pela execução de uma operação sobre os dados concernentes às relações de cada membro com alguns ou todos os outros membros. Globais são aquelas em que os coletivos são caracterizados por propriedades que não se baseiam em informações sobre propriedades dos membros individuais. Discorrer sobre coletivos com identidade nebulosa é uma forma metodológica descuidada de postular propriedades globais. Concentrando-se na apreensão dessas propriedades, os holistas acusam o individualismo de assumir uma tácita posição de endosso da ordem político-econômica capitalista na medida em que a fragmentação da vida social em unidades separáveis seria uma estratégia ideológica para legitimar a dominação. Com esse tipo de argumentação, o holismo pretende se apresentar como uma teoria crítico-revolucionária. O individualismo metodológico seria a versão mais sofisticada da visão de mundo que a burguesia originariamente adotou com o fito de fazer prevalecer sua ideologia. Independentemente do substrato metafísico esposado, as teorias devem ser aferidas por sua proficuidade explicativa e não pela visão política de mundo a que podem ser associadas:

> A ciência burguesa [...] considera sempre os fenômenos sociais do ponto de vista do indivíduo. E o ponto de vista do indivíduo não pode levar a qualquer totalidade [...] apenas a 'fatos' sem ligação entre si ou a leis parciais abstratas. (Lukács, 1960, p. 48-9)

Quando o individualismo se vincula a metodologias que destacam o papel da observação em associação com a indução, a teoria precisa resultar do fidedigno registro dos fatos e de sua criteriosa generalização. Se o potencial de se submeter ao crivo da evidência empírica capaz de determinar a verdade, falsidade ou probabilidade caracteriza as hipóteses aptas a postular cientificidade, o holismo é impermeável a esse tipo de aferição. Isso não quer dizer que o único tipo aceitável de discurso sobre o social é o que fica atrelado a indivíduos e a seus comportamentos externamente acompanháveis. Caso se privilegie a linguagem observacional, composta de termos que denotam propriedades e relações observáveis ensejando a descrição de estados de coisas, a maioria das explicações de cunho holista carece de cientificidade por ser infensa a crivos *empíricos.*

Concebida como formada por termos que denotam eventos inobserváveis, aspectos ou características inobserváveis dos eventos, a linguagem teórica tem uma presença tão destacada na história das ciência sociais que faz pairar a dúvida de se aparece vinculada a uma genuína linguagem observacional. Incapazes de estabelecer as pontes necessárias entre o teórico e o observacional, as teorias sociais despontam mais especulativas que empíricas.

A tese de que fazemos observações sempre à luz de uma teoria continua a reservar papel crucial à evidência que, por meio de contraexemplos, detém o poder de refutar teorias. Apesar de serem selecionadas e guiadas por holofotes teóricos, as observações dão acesso a informações que definem a aceitação provisória ou a rejeição peremptória de uma hipótese. Sendo as teorias livremente criadas, a salvo de "determinismo" observacional, cabe aferi-las por meio de testes concebidos preferencialmente como tentativas de refutação. A liberdade de criação de teorias científicas é contrabalançada pela submissão das teorias ao diuturno escrutínio crítico. A permanente busca do contraexemplo, da evidência adversa, é a única forma de se evitar o estabelecimento de uma relação de cumplicidade viciosa entre teoria e fatos. Mesmo operando como um holofote alumiando algumas coisas e colocando outras na penumbra, a teoria pode ser refutada pelo fato que colocou em destaque. A teoria holista é incapaz de especificar falsificadores potenciais que, caso se materializassem, decretariam seu abandono.

De acordo com as teses *metacientíficas* holistas derivadas das obras de Quine e Duhem, as teorias devem ser vistas como totalidades insuscetíveis de dissecação epistêmica atomista. Testar a teoria parte por parte, como advogavam os empiristas lógicos à exceção de Neurath, seria inviável em virtude das relações de mútua sustentabilidade que os componentes mantêm entre si. A profunda interpenetração entre os constituintes de uma rede teórica não admitiria o emprego de qualquer procedimento dedicado a avaliar unidades isoladas. De um ponto de vista semântico, todo termo usado em um sistema explicativo tem seu significado determinado pela totalidade do contexto teórico em que ocorre. Kuhn e Feyerabend criticam as técnicas metodológicas tradicionais, centradas na verificação ou refutação de hipóteses individuais, por estarem convencidos de que os sistemas teóricos formam unidades explicativas nas quais as partes contraem relações de imbricação posicional e sistêmica.

Como as teorizações científicas constroem complexas relações entre os componentes *concretos* e os *inferidos*, entre os dados e o que a partir deles se deriva, mostra-se descabido exigir observabilidade de tudo que possa se fazer presente em um objeto de estudo. A constatação de que o observacional é sempre teoricamente veiculado não justifica um tipo de pesquisa que incorra em teorismo especulativo. Só quando se abraça a tese, como faz Feyerabend, de que a distinção entre o teórico e o observacional se tornou injustificada, pode-se desprezar a preocupação com a controlabilidade empírica dos enunciados que compõem uma teoria científica. O teorismo abre espaço para os modos problemáticos de holismo associáveis a sistemas metafísicos idealistas como o de Hegel.

Inexiste justificativa para o holismo considerar desnecessário que suas explicações comprovem seu enraizamento nos fatos por mais que estes sejam sempre teoricamente apreendidos. Sendo inviável apresentar um inventário ontológico como perfeitamente coincidente com o que *de fato* existe, é inapropriado desqualificar a priori uma ontologia, ainda que suscite a impressão de fazer predicações sobre entidades com vida puramente ficcional. Cada inventário ontológico merece uma análise específica baseada nos méritos e deméritos explicativos da teoria à luz da qual é feito.

As complexas e sinuosas relações entre a dimensão teórica e a observacional só podem ser avaliadas caso a caso. Tentar explicar "fatos" nos indivíduos, como a *significatividade* presente em suas ações, também envolve construir teorias de difícil controlabilidade empírica. A confecção de explicações não tem como se adstringir ao que se oferece, como *concretum*, à observação. É injustificado exigir, aplicando o "método do desafio" de Hume, que uma teoria indique o tempo todo de que percepção derivou cada um de seus conceitos fundamentais.

Weber salientou que por mais profícuo e adequado que seja o uso que se faz dos conceitos coletivos em ciências sociais só há um modo de testá-los — referindo-os à conduta individual. Isso não significa que possam sempre ser redefinidos em termos individuais, e sim que enunciados sobre coletivos só podem ser verificados ou refutados acompanhando-se o que acontece no plano da conduta individual. A atenção deve preferencialmente recair sobre fenômenos que emerjam dos processos de interação entre os indivíduos. Cumpre, além disso, ter presente que parte significativa da confusão conceitual que se faz presente em algumas modalidades de teoria holista é resultado do uso ambíguo, por vezes vago, de palavras como "todo", "totalidade" e análogas:

> Há uma ambiguidade fundamental no uso da palavra 'todo' na recente literatura holista. É usado para denotar (a) a totalidade de todas as propriedades ou aspectos de uma coisa, e especialmente de todas as relações subsistentes entre suas partes constitutivas e (b) certas propriedades ou aspectos especiais da coisa em questão como, por exemplo, os que fazem aparecer uma estrutura organizada ao invés de um mero aglomerado. (Popper, 1976, p. 76)

O fato de as teorias operarem recortes seletivos no domínio dos fatos e eventos torna metodologicamente problemático postular um Todo genérico que metafisicamente se confunde com Ser Social. A postulação de *todos* se revela, em um bom número de casos, empiricamente infundada. Encarado como a totalidade de todos os objetos e propriedades, o Todo não tem como se tornar "campo de investigação" empiricamente delimitado. Há, no entanto, propostas de metodologia que fazem consistente defesa da realização de pesquisas centradas em "variáveis sistêmicas":

> Enquanto no passado, a ciência tentava explicar os fenômenos observáveis reduzindo-os à interação de unidades elementares investigáveis independentemente umas das outras, na ciência contemporânea aparecem concepções preocupadas com o que pode ser um tanto vagamente chamado de 'totalidade', isto é, problemas de organização, fenômenos que não se resolvem em eventos locais, interações dinâmicas manifestadas na diferença de comportamento das partes quando isoladas ou quando em configuração superior etc. Em suma, 'sistemas' de várias ordens, que não são compreensíveis mediante a investigação de suas respectivas partes isoladamente. (Bertalanffy, 1969, p. 36-7)

Valendo-se desde o início de uma óptica teórica e de um quadro valorativo que o levam a selecionar seu objeto de estudo, o pesquisador centra sua atenção nas partes que sua teoria destaca no todo. Uma acurada análise de representativos textos holistas evidencia que fazem pirotecnia conotativa com os termos básicos do vocabulário empregado. Por esse motivo, as críticas mais contundentes ao holismo têm natureza mais sintático-semântica que ontológica. *Coletivos* caracterizados por meio de conceitos nebulosos e referentes inidentificáveis geram proposições incapazes até mesmo de veicular significado cognitivo. A falta de conteúdo empírico é, antes de tudo, consequência do uso logicamente problemático de palavras como "coletivos", "*todos*" e seus derivados. A crítica aos holismos pela falta de base empírica deve ser precedida de *análise linguística*, uma vez que *todos* e coletivos estão sujeitos às armadilhas da reificação fomentadas pela frouxidão lógica da sintaxe das línguas naturais.

A problemática da emergência de novidades quando são contraídas relações ou estabelecidos processos de interação em conjuntos ordenados pode gerar a impressão de que é o Todo que faz isso acontecer. Visto que a combinação de átomos produz uma substância com propriedades emergentes, cumpre lidar com a questão referente ao grau de autonomia que a nova entidade social tem frente às partes. A pressuposição de total independência do todo sobre as partes que o originam pode levar à crença questionável de que o todo causa as partes. Fosse esse o caso, o todo seria causa de si mesmo. Como base nessa moldura metafísica, se acredita que o todo determina a natureza das partes em virtude de deter o poder de determinar a si mesmo, seu ser, sua própria natureza. Nunca fica demonstrado que as partes não têm como ser entendidas caso sejam isoladamente apreendidas e analisadas. Sempre fica faltando a embasada explicação capaz de evidenciar de que modo a parte é epifenômeno do todo.

À pergunta "Qual deve ser o conteúdo do *explanans* de uma ciência social ou histórica?" pode-se, a princípio, dar uma resposta de tipo holista, emergentista ou individualista. O individualismo metodológico apregoa que os processos e eventos sociais devem ser explicados a partir das crenças e disposições que regem as condutas dos indivíduos em situações definidas de interação. Nada impede que a pesquisa se dedique à localização de fatos com o objetivo de formular leis com pretensão de apreender as condições "macroscópicas" de reprodução da sociabilidade. Sendo esse o caso, é fundamental seguir um roteiro de pesquisa que torne obrigatório sempre localizar o fato social no corpo do *todo*. A falácia da concreção deslocada envereda pela personificação dos coletivos quando os trata como se fossem "superindivíduos" portadores de arremedos de faculdades cognitivas e volitivas. *Todos* podem se tornar genuínos objetos de estudo desde que as teorias despontem avaliáveis em termos de seu valor explicativo. Buckley (1976, p. 66) é vago quando advoga que o enfoque centrado em sistemas deveria se mostrar atraente para a sociologia por prometer desenvolver "uma técnica para lidar com a grande e complexa organização"; e mais ainda quando afirma que "um enfoque sintético em que não é possível a análise feita aos poucos em virtude das intrincadas interrelações das partes, que não podem ser tratadas fora do contexto do todo".

É difícil determinar o que a personalidade de cada pessoa deve às estruturas e aos processos sociais sobre os quais os envolvidos têm, quando muito, conhecimento apenas circunstancial e parcial. Greenstein (1969, p. 47) chama a atenção para o fato de que "se os indivíduos variam em personalidade, mas atuam de modo idêntico quando expostos aos mesmos estímulos, então podemos claramente dispensar o estudo de suas diferenças de personalidade: uma variável não pode explicar uma uniformidade".

Vincular o que se pode com sentido dizer sobre o social ao que se pode explicativamente comprovar, é uma forma de evitar o Cila da "naturalização" do indivíduo, defendida com base em sua observabilidade, e o Caribde da reificação de noções levada a cabo pelo holismo substancializador. Como observa Runciman (1966, p. 17), há quem exija que a formulação de uma proposição sobre uma coletividade se mostre capaz de especificar a ação social concreta que a proposição indica: "com isso, não só vemos como dada proposição pode, pelo menos em princípio, ser falsificada, mas também evitamos tratar a coletividade como se fosse um objeto tangível — a 'falácia da reificação' que exaspera os individualistas". O fato é que a querela entre holistas e individualistas precisa ser *desontologizada* para que os conflitos entre as postulações de existência deixem de resultar do desafio de determinar o que tem realidade própria e ativa e o que tem realidade derivada e passiva.

A credibilidade epistêmica das teorias sociais independe da ontologia escolhida, mas da capacidade de *explicar* fatos e eventos que, em tese, podem ser "localizados" nos indivíduos, coletivos, classes ou todos. Essencial é reconhecer que a atribuição de existência precisa ser justificada por meio da construção de teorias possuidoras de fidedignidade descritiva e poderio explicativo. O emergentismo metodologicamente passível de boa fundamentação deve sempre ser preferido à ontologia holista que tenta compensar a falta de capacidade explicativa com a instrumentalização política do ideal coletivista de vida (e ordem) social. A retórica ideologicamente instrumentalizada transforma em objeto de conhecimento coletivos, classes sociais e *todos* sem se preocupar em indicar como podem ser empiricamente acompanhados:

> Devemos, portanto, supor que os processos naturais têm o caráter a eles atribuído pelo analista mais do que o caráter holista que os inimigos da análise apregoam ter. Não afirmo que o mundo holista seja logicamente impossível, e sim que não poderia dar origem à ciência ou a qualquer conhecimento empírico. (Russell, 1939, p. 142)

Os mais importantes argumentos a favor do emergentismo enfatizam a existência de regularidades estatísticas que não teriam como ser localizadas no plano discriminável como sendo o das ações individuais. O holismo durkheimiano, no que tem de mais defensável, é uma tentativa de provar que há tendências à reprodução de comportamentos que só podem ser explicadas por fatores sociais erigidos em variáveis independentes. Falaciosos são os argumentos que confundem a reiteração padronizada de comportamentos com a existência em si de coletivos. Assumir a existência de coletivos ou *classes* como independentes de agência externa não se torna justificada apenas porque há fatos e propriedades de difícil atribuição a entes particulares. As generalizações que visam a dar conta da distribuição de certas propriedades por todo um conjunto de indivíduos não justificam atribuir sua gênese e sua reprodução a determinantes provindos dos coletivos ou todos. Se todas as proposições holistas forem redutíveis a generalizações, deixarão de ter sujeitos gramaticais pensados como correspondendo a um tipo de ente constitutivo de um domínio ontológico distinto do formado por indivíduos e seus atributos em processos *típicos* de interação. A aferição do que se afirma sobre coletivos ou *todos* exige o recolhimento de evidência confirmadora ou infirmadora difícil de ser detectada fora do campo das condutas individuais.

O mais geral é, às vezes, ilusoriamente invocado como via para a justificação de *todos*. Se partirmos da proposição singular "João estudará na UFRJ" em direção a proposições gerais de crescente generalidade como "O grupo de estudo de João estudará na UFRJ", "A turma 402, a que pertence João, estudará na UFRJ", "O Colégio todo de João estudará na UFRJ", cada proposição só poderá ser verdadeira se a(s) proposição(ões) anterior(es) o for(em). Neste caso, há subsunção, não causação. A inclusão por generalização não autoriza a supor que o particular (o indivíduo) sofre determinação causal exercido pelo geral (o coletivo). Ademais, as proposições que se assemelham àquelas subsequentes à inicial podem ser traduzidas, a não ser que seus sujeitos sejam classes abertas, para proposições do tipo precedente. Partes e todos, membros dos posteriores, dependem, para existir, da existência dos membros anteriores:

> Não há razão lógica ou fatual para que as sentenças causais sejam, em suas orações antecedentes (ou consequentes), restritas em seus sujeitos a itens do tipo que só apareceriam no começo da série. (Gellner, 1973, p. 263)

É controverso que *todos* tenham o poder de moldar o ser das partes e de causar-lhes mudanças de estado e identidade geradoras de fatos que se convertem em ocorrências sistêmicas criadoras de formas e conteúdos que infundem sentido e direção à conduta dos indivíduos. Se estruturas e forças impessoais causam acontecimentos capazes de alterar direta ou indiretamente a conduta dos indivíduos, o princípio da causação atua unidirecionalmente dos coletivos, ou do *todo*, para os indivíduos. Como o *todo* é concebido como sendo mais do que a soma das partes, seu *surplus* de realidade se converte no poder de determinar muito do que se passa no plano das unidades discretas.

Assim sendo, a superioridade ontológica expressa por meio do enunciado "*A tem mais ser do que B*", se transmuta, no plano epistemológico, em poder de causação. Para o holismo de tipo marxista, o que está em questão é demonstrar o encadeamento causal unidirecional que vai do modo de produção capitalista — do pertencimento a uma classe social — para o comportamento dos indivíduos. O que os indivíduos são, pensam e fazem não resulta de traços de personalidade, e sim da relação que mantêm com os meios de produção. As relações sociais de produção — cindidas entre os detentores e os os desprovidos dos meios de produção — é que conferem a identidade (social) básica dos indivíduos.

Se o *significado* da ação resulta, no essencial, do pertencimento do indivíduo a uma classe social que o submete a determinantes materiais e simbólicos, então o processo de causação vai necessariamente do coletivo para seus membros. Ao se conferir esse poder causal a um coletivo, fica difícil evitar a substancialização que o transforma em superentidade e superagência submetida a mecanismos propulsores próprios. O que cada pessoa é, o que faz e o que pensa se explicam por seu pertencimento a um coletivo. No caso de a vida social se desenrolar em consonância com a prevalência da dimensão econômica sobre as demais, isso implica que só as estruturas de produção se reproduzem por meio de mecanismos sistêmicos imanentes.

A ontologia proposta pelo marxismo é relacional no sentido de que o que alguém é (capitalista) é determinado por vínculos de interdependência com o ser do outro (proletário). O valor posicional é definido por imperativos funcionais do Sistema. Patrões e operários são o que são porque há um modo de produção originador de estruturas sociais geradoras de classes que conferem aos indivíduos a identidade que têm. Os *tipos* de indivíduos — capitalista e operário — contraem relações internas, qualificadas de necessárias, que plasmam os comportamentos individuais em virtude de definirem as condições materiais e simbólicas de sua ocorrência:

> Coisas ou indivíduos mantendo relações internas — a exemplo de senhores e escravos, capitalistas e operários — são o que são somente em virtude de sua localização em um conjunto de relações que forma as condições de sua existência. (Weldes, 1989, p. 367)

As estruturas são vistas como conjuntos de componentes internamente relacionados de acordo com imperativos sistêmicos: preexistem aos indivíduos e proporcionam as condições necessárias ao *tipo característico* de atividade social que executam. Essa visão estriba-se no princípio de que os entes sofrem alterações fundamentais em seus modos de ser originais a partir do momento em que se veem constrangidos a contrair determinadas relações. Em sua versão forte, chega-se até a afirmar que A, B, C, são entes portadores de uma identidade quando isolados e assumem outra(s) distinta(s) quando se inter-relacionam. Esse tipo de posição pode acarretar circularidade viciosa na medida em que estabelece que os entes A, B, C criam a identidade do todo do qual são partes e dele recebem a identidade. Bradley (1930, p. 31) sustenta que quando a entidade *A* contrai uma relação com a entidade *B* ou *C* adquire uma propriedade, *p**, como consequência dessa relação. Sem a relação, *A* seria portadora de outra identidade — não seria o que é ou seria diferente do que é —, já que seria destituída da propriedade fundamental *p**. A questão é que as relações, por mais reais que sejam, não têm como existir independentemente dos *relata*.

De maneira análoga, é problemática a crença de que os objetos podem existir sem, de alguma forma, contrair relações.

O perigo de hipostasiar conceitos como o de relação sempre ronda o trabalho explicativo em ciências sociais. Se todas as relações são internas, como supõem alguns holistas, então definem, ao menos parcialmente, a identidade dos objetos. Se forem vistas como extrínsecas merecerão estatuto ontológico separável da realidade dos objetos. Em termos psicossociais, entes diferentes em interação são, de alguma maneira, afetados pelas relações que contraem. A teoria das relações internas não só se compromete com a tese controversa de que as entidades são *necessariamente* alteradas pelas relações que contraem, como também com a concepção ainda mais discutível que faz de uma relação causal, à maneira da de Weldes (1989, p. 148), uma relação *naturalmente necessária.* O holismo não se torna metodologicamente mais viável quando se apresenta defensor de uma ontologia posicional ou de uma causação necessária promovida por relações internas:

> A dificuldade que surge relativamente às relações internas é a de explicar como é possível obter-se qualquer verdade particular. Na medida em que há relações internas tudo deve depender de tudo. No entanto, se esse for o caso, nada podemos conhecer sobre algo até que tenhamos conhecido tudo sobre o resto. Estamos, portanto, obrigados a dizer tudo de uma vez. (Whitehead, 1959, p. 147)

Outra restrição que poderia ser feita à Teoria das Relações Internas concerne ao fato de que nem todos os traços exibidos por uma entidade são distintivos. Há características meramente acompanhantes que, por mais que se façam sempre presentes, não definem a identidade da entidade. Sendo assim, a admissão de que toda relação da qual *A* participa determina algum aspecto de *A* não legitima supor que uma característica assim determinada seja decisiva para a *definição* de sua *identidade.* Nada desautoriza pensar que *A* pode entrar em uma relação sem sofrer transformações que promovam alguma alteração essencial em sua identidade. Se para ter conhecimento de um fato ou evento social é preciso identificar todas as relações mantidas com outros fatos ou eventos, uma vez que cada relação afeta a identidade, disso se segue que inexiste conhecimento setorial, localizado e especializado. Na medida em que *tudo* pode ser visto como se relacionando com tudo, só do Todo se pode alcançar conhecimento. A questão é saber se esse tipo de conhecimento é de fato conquistável:

> Podemos, de fato, admitir que quando uma coisa particular é parte de um todo possui um predicado que, de outro modo, não possuiria — o de que é parte desse todo. Mas o que não pode ser admitido é que esse predicado altera a natureza ou passa a fazer parte da definição da coisa que a possui. (Moore, 1962, p. 33)

Uma forma de se opor à Teoria das Relações Internas é argumentar que se essas relações alteram de modo substancial a identidade das entidades isso é difícil de detectar tendo em vista que as mais importantes coisas e eventos sociais se assemelham a elos de cadeias relacionais. Como as entidades só existem de modo inter-relacional, como membros de um sistema formador de vínculos estruturais e processuais, isso faz com que mereçam atenção as qualidades *especiais* capazes de emergir a partir da constituição de teias relacionais.

Por mais que a ação seja concebida e executada de maneira individualizada, sua dimensão social a torna relacional. A ação costuma fazer parte de um sistema de hábitos ou costumes formados no seio de culturas específicas. Mesmo a ação inovadora — na arte, na ciência ou alhures – parte de conquistas anteriores e ocorre em contextos mais ou menos receptivos a novidades. Mesmo os modos mais singulares de agir são respostas a desafios surgidos no palco da vida social. A discussão se arrasta entre os que advogam que a atenção principal deve recair sobre a ação e os que sustentam a centralidade do ator. A dimensão relacional da ação desponta inequívoca quando se tem presente que sua compreensão precisa ser contextualizada e analisada como parte de uma rede de interações. Os hábitos e costumes são respostas rotineiras que, seguidas pelos atores, servem para padronizar suas condutas e, no plano coletivo, para gerar e preservar expectativas. Um novo modo de agir envolve criatividade e a tentativa de dar uma resposta diferente a velhos desafios.

Para a maioria de seus defensores, o holismo só é imprescindível nas ciências sociais e biológicas. Alguns pensam, com base na Teoria Geral dos Sistemas, que a abordagem holista deve ser vista como uma necessidade epistemológica da ciência contemporânea. Tenta-se evitar discorrer sobre misteriosas totalidades, coletivos personificados e todos animizados dando-se existência a sistemas vistos como complexos de propriedades submetidos a determinados padrões organizacionais e funcionais. Isso é proposto com base na alegação de que atributos sistêmicos deixam de ser apreendidos caso a teoria seja capaz apenas de identificar os predicados ostentados pelas partes. A grande dificuldade é que a palavra "sistema" ao entrar em moda nas ciências sociais serviu também para tentar dar sustentação científica à retórica generalista sobre intangíveis processos e estruturas. O enfeitiçamento pelas palavras, pelo seu dom de "criar" realidades, faz com que se discorra sobre o que é inferido como se tivesse *realidade nas coisas*.

Da tese de que o todo é *mais do que* a soma das partes se passa para a de que o todo *determina* a natureza das partes, de tal maneira que deixa de ser possível saber o que são as partes sem que se tenha apreendido o todo e compreendido como se reproduz. Nunca se logrou comprovar que partes carecem de identidade própria, que estão submetidas à dinâmica do todo, que seu ser é puramente funcional/ /posicional. O aspecto de ser considerado um *complexo ordenado* com identidade de sistema autárquico tem sido destacado em defesa da tese de que o todo é insuscetível de dissecação como a proposta pelo método empírico tradicional.

Mais que reconhecer que a formação de relações gera fatos novos, inexistentes no plano das unidades discretas, é necessário explicar como e por que isso ocorre. A simples proclamação de que *coletivos* detêm o poder de determinar a identidade e a atuação dos membros nada explica. No entanto, a atribuição de realidade própria ao *todo* é feita como se implicasse infundir-lhe mais realidade e poder de determinação sobre as partes. Considerada a informação presente no *todo* maior e mais importante que a subsistente nas partes, o poder de determinação causal do todo sobre as partes nunca é invertido, uma vez que unidades jamais definem o ser ou o vir-a-ser do *todo*.

As teorias sociais ainda enfrentam o desafio de converter pressupostos metafísicos em hipóteses integrantes de teorias empiricamente controláveis. A crença de que o processo da vida associativa está submetido às funcionalidade emanadas do todo representa apenas a opção por uma metafísica social:

> Sempre que elementos quaisquer se combinam dando origem, pelo fato mesmo de se combinarem, a fenômenos novos, cumpre conceber esses fenômenos como resultando não dos elementos isolados, mas do todo formado por sua união. (Durkheim, 1949, p. xvi)

Nunca ficou causalmente demonstrado de que maneira da associação das partes emerge uma nova *nova realidade*. Nos processos de interação social sistêmica, identidades institucionais se formam sem que se tenha êxito em indicar de que modo isso se dá, qual a contribuição dos indivíduos. A dificuldade é identificar, recorrendo à metodologia confiável, quais informações e significados novos a vida social acrescenta ao que é pensado e feito pelos indivíduos associados. Digno de atenção especial não é tanto o que a sociedade faz o indivíduo ser com seu poder modelador, mas sim como ela consegue conferir realidade a modos de ser que poderiam ter permanecido adormecidos como potencialidades. De qualquer maneira, a identificação do que a vida social faz emergir como *novidade* precisa ir além de genéricas afirmações da ascendência do Todo sobre as partes. Se o conjunto não é anterior aos membros, cabe compreender como se formando a partir deles pode depois causalmente lhes direcionar as ações.

Não tendo o todo como preexistir à existência dos membros, e sendo pouco plausível que resulte da soma associativa das partes para depois emergir como seu determinante, disso se segue que a atribuição de *mais ser* ao *todo* resulta de ter formado uma identidade própria com poder de afetar as partes e suas relações a ponto de determinar suas identidades. Não tendo a vida social como ser reduzida ao mero somatório justapositivo das identidades das partes, tendo o todo vida própria, as novidades nascem no e do *todo.* O holismo envereda pela metafisica quando supõe que o todo tem *mais ser* e constitui outro *ser* detentor de efetividade causal sobre as partes. Em contraposição, a suposição de que o todo passa a existir pela agregação das partes permite atentar para o aumento de informação que ocorre quando se forma um sistema de relações sem precisar conferir ao todo estatuto similar ao que a metafísica tradicional atribui ao Ser. A busca por estabelecer o encadeamento causal entre os fatos sociais, entre os fatores pessoais e os grupais, não torna necessário pressupor a precedência ontológica do *todo* sobre as partes.

Se as partes obtivessem sua "*raison d'être*" apenas no interior do *todo*, deixariam de ter identidade singular. Como se fora da totalidade, antes de a comporem, sequer tivessem como ser identificadas. Carentes de vida própria, ao se tornarem parte do *todo* adquirem no *todo* a identidade do *todo.* Nesse caso, abraça-se a tese discutível de que só totalidades têm existência e funcionalidade intrínsecas. Esposar uma concepção unidirecional de causalidade — sempre do todo para as partes — leva à crença de que os pensamentos e as ações dos indivíduos são "programados" por estruturas sociais. A posição de Marx (1973, p. 84) é emblemática: "quanto mais profundamente mergulhamos na história, mais o indivíduo e, portanto, o indivíduo produtor, aparece como dependente, como pertencendo a um todo maior". Marx e Engels (1956, p. 53) advogam que não está em questão determinar o que este ou aquele operário, ou o proletariado como um todo, considera o objetivo a ser alcançado: "se trata de saber o que o proletariado é e o que, em consonância com seu ser, será historicamente compelido a fazer; sua finalidade e ação histórica estão traçadas, de modo tangível e irrevogável, em sua própria situação de existência bem como em toda organização da sociedade burguesa atual".

Marx e seus seguidores não se limitam a conceber as classes sociais como grupos cuja identidade é determinada pelas relações de propriedade. Não se contentam em apregoar que a divisão da sociedade em classes concerne à ocupação de posições vinculadas a um sistema de privilégios, vantagens e regalias que não decorre de necessidades ou determinações biológicas. Além de tomar a propriedade dos meios de produção e o trabalho assalariado como determinantes da divisão da sociedade em classes, Marx conferiu às classes projetos de ação histórica atrelados à identidade de cada uma e à sua inserção no processo de interação entre a *Bau, a estrutura,* e a *Überbau, a superestrutura,* do modo de produção capitalista:

> Marx é um *coletivista metodológico.* Acredita que é o 'sistema das relações econômicas', como tal, que dá origem às consequências não pretendidas — um sistema de instituições que, por seu turno, pode ser explicado em termos dos 'meios de produção', mas que não é analisável em termos de indivíduos, suas relações e suas ações. Em oposição a essa postura, sustento que as instituições (e as tradições) devem ser analisadas em termos individualistas, isto é, em termos das relações dos indivíduos agindo em certas situações e das consequências não pretendidas de suas ações. (Popper, 1971, p. 323-4)

O holismo em Marx representa a defesa de uma visão político-econômica na qual os imperativos do método são meros coadjuvantes. Por esse motivo, fica difícil aceitar a opinião dos poucos que sustentam que Marx tem sido injustamente caracterizado como um dos principais defensores do *totalismo* metodológico-ontológico e do coletivismo com todos seus desdobramentos ideológicos. No entender de Elster (1985, p. 7), na obra de Marx pode ser encontrado um "individualismo intermitente":

> Não obstante sua crítica ao individualismo abstrato e a polêmica anti-humanista que podemos encontrar em numerosas passagens de suas obras de maturidade, Marx deve ser considerado, do ponto de vista ético e metodológico, um individualista. (Tucker, 1983, p. 19)

Se por individualismo metodológico se entende a doutrina de que todos os fenômenos sociais, nas suas dimensões sincrônica e diacrônica, são explicáveis por meio de teorias que se centram nos indivíduos, em seus atributos, nas crenças e objetivos pretendidos e não pretendidos de suas ações, não há como compatibilizá-lo com o materialismo histórico. Não passa de contorcionismo dialético afastar Marx das teses do coletivismo metodológico segundo o qual há entidades supraindividuais que são ontologicamente anteriores aos indivíduos e determinantes de suas ações. Não é pura coincidência política o fato de a maioria dos filiados à tradição marxiana de pensamento tender a endossar a posição de Lukács (1981, p. 69) de que subsiste completa vinculação entre "método dialético e a predominância metodológica da totalidade sobre os momentos particulares". Por mais que coletivos e *todos* — ou mesmo a totalidade — sejam entendidos de diferentes maneiras no interior da tradição marxista, subsiste amplo consenso em torno da crítica contundente às várias formas de individualismo:

> Do mesmo modo, o produtor individual, ou o indivíduo como sujeito elementar da produção, que os mitos do século XVIII imaginavam estar na origem do desenvolvimento econômico da sociedade, esse "cogito econômico", não aparece, na sua aparência mesma, senão na sociedade capitalista desenvolvida, isto é, na sociedade que mais desenvolveu o caráter social da produção. (Althusser, 1965, p. 200)

Os modos pelos quais os homens agem e pensam só se tornam explicáveis se atrelados às relações que são obrigados a contrair no interior do sistema de produção. O que causa mutações no sistema de produção não decorre de decisões e ações situadas no plano da vida individual. Explicam-se fatos relativos aos sistemas de produção fazendo referência a outros fatos pertencentes ao mesmo sistema. Explicam-se fatos relativos aos indivíduos com base naqueles concernentes ao sistema de produção. Sendo assim, não se explicam fatos relativos ao sistema de produção recorrendo ao que se passa na esfera dos comportamentos dos indivíduos. É vão tentar explicar um fato sobre o comportamento individual invocando outros que pertençam à estrita esfera da conduta individual:

> O que [os indivíduos] são coincide, por conseguinte, com sua produção, tanto com *o que* produzem quanto com *o modo pelo qual* produzem. O que os indivíduos são depende, portanto, das condições materiais que determinam sua produção. (Marx & Engels, 1978, p. 150)

Sendo os valores, os conhecimentos e as ações determinados pelo lugar ocupado no palco de relações históricas definidas segundo o roteiro da luta de classes, a questão relativa ao que o indivíduo é em si mesmo perde sua relevância. Tal posição é antipódica ao individualismo, que rechaça a visão da determinação, em última instância, do sistema econômico sobre a esfera ético-axiológica. Por essa óptica, mesmo no plano político e cultural, a atuação dos indivíduos é impotente para influenciar a direção dos eventos. O conjunto das instituições gravita essencialmente em torno da reprodução da dominação de classe. É necessário malabarismo ontológico e epistemológico para se qualificar de individualista a posição de Marx:

> De fato, o método de Marx é caracteristicamente individualista; assim é porque os mecanismos motores que estabelecem os vínculos entre os importantes aspectos estruturais de cada período histórico (isto é, relações de produção e meios de produção) e constituem a base da explicação marxista de transformação social são as escolhas que indivíduos racionais fariam se tivessem a intenção de proteger e fomentar seus interesses individuais. (Tucker, 1983, p. 19-20)

Tendo a máquina da história um só motor — a luta de classes —, só há um timoneiro possível: uma das classes em pugna até que se chegue à sociedade sem classes. Se a individualidade é vista como expletiva é porque a "lógica" do que se pensa e faz está fora dela, fora de seu controle. Proclamar que o proletariado, quando direcionado para a realização de suas finalidades libertário-igualitaristas, é a única classe capaz de promover a conquista das melhores potencialidades dos indivíduos equivale a supor que são impotentes as buscas pessoais de liberdade e autodeterminação:

> As vidas, os caracteres e os atos dos indivíduos são regidos pelos 'todos' aos quais pertencem [...]. Para compreendermos por que os indivíduos ou grupos agem, pensam ou sentem de um modo mais do que de outro, devemos primeiramente procurar entender a estrutura, o estado de desenvolvimento e a direção desses 'todos' [...] uma vez conhecidos, o comportamento dos indivíduos [...] poderia quase que logicamente ser deduzido. (Berlin, 1969, p. 63)

Em Marx, o que está em questão é a explicação dos mecanismos responsáveis pela reprodução do sistema de produção, de tal forma que os fatos sobre o comportamento dos indivíduos se explicam por intermédio de fatores determinantes da vida econômica, jamais o contrário. Desse modo, não há como explicar um fato sobre o comportamento individual sem recorrer a uma dimensão ontológica supraindividual. Sendo a natureza da ação e do pensamento condicionada pela classe à qual pertence o indivíduo, no palco da vida social são protagonistas as forças sistêmicas e não os atores movidos por suas razões e propósitos:

> As sociedades são unidades complexas estruturadas nas quais as unidades de análise não são os indivíduos, mas o grupo, a comunidade, a classe. Engels incorre em grave erro quando escreve sobre a história em termos de 'conflito entre muitas vontades individuais' e a sociedade como o 'agregado' dessas vontades, pois assim adentrou no campo dos individualistas metodológicos. (Swingewood, 1975, p. 36)

Pode-se reconhecer que as partes estão submetidas à interdependência relacional capaz de modificar seus modos de ser e pensar sem renunciar ao individualismo metodológico. A crença de que os *relata*, os relacionados, têm sua identidade essencial determinada pelas relações que contraem equivale a conceder às relações o mesmo poder causal que o holismo credita aos *todos* sobre as partes. A tentativa de elucidar o que as relações podem acrescentar aos *relata* precisa lidar com a dificuldade de identificar *o que é* uma coisa antes e depois de contrair uma relação com outra(s). Sem falar que soa irrealista pensar um ente social fora de qualquer tipo de relação. No interior da tradição marxista, tem-se recorrido a uma noção de interdependência relacional pouco elucidativa:

> A categoria de totalidade significa, portanto, que a realidade objetiva é um todo coerente de tal forma que cada elemento está, de uma ou de outra maneira, em relação com cada outro elemento. Essas relações formam, na própria realidade objetiva, correlações concretas, conjuntos, unidades vinculadas entre si de maneiras totalmente distintas, mas sempre determinadas. (Lukács, 1970, p. 180)

Quando não se dá a devida atenção à complexidade do processo que parte do imediatamente dado para desaguar na construção de uma explicação, é grande o risco de se optar por uma moldura individualista ou coletivista apenas com base em preferências metafísicas. A teoria que recai em hipóstases, em personificação de coletivos, representa uma espécie de *romance da sociedade*, pouco tendo a ver com pesquisa empírica. Se *todos* são postulados, como quase sempre ocorre, sem base em teorias com efetiva capacidade explicativa, tende-se a resvalar para atribuições de propriedades à margem de controles metodológicos seguros. A prevalência de propósitos político-ideológicos costuma desaguar na animização de *todos* ou coletivos.

O melhor antídoto contra a ideologização que personifica coletivos é fazer valer a exigência de que o inventário ontológico seja feito por teoria que prove seu poder explicativo. Do contrário, a querela entre individualismo e coletivismo se presta às mais diferentes formas de manipulação ideológica. Filosoficamente, individualismo e coletivismo dão suporte a projetos políticos vinculados a diferentes ideais de ordem econômica e política. Uma coisa é o modelo que defende que a sociedade deve se reproduzir encarando o indivíduo como um fim em si mesmo, outra bem diferente é o modelo para o qual deve prevalecer uma ordem política e uma funcionalidade econômica calcadas no primado do coletivo.

É questionável a tese de Homans (1967, p. 103) de que a boa metodologia só deve reconhecer genuinidade epistêmica às teorias exclusivamente debruçadas sobre o que se manifesta no circuito dos comportamentos dos indivíduos. O fato de a existência dos indivíduos possuir coordenadas espaço-temporais identificáveis não torna mais fácil compreender seus comportamentos. Explicar a inteligibilidade de suas ações envolve sempre ir além do acompanhamento de seus gestos e movimentos visíveis. Se algumas dificuldades são encontradas para verificar ou falsificar proposições sobre o coletivo, outras se fazem presentes quando se procura avaliar as teorias sobre fatos localizáveis no plano do agir individual.

A alternativa segura à tendência a hipostasiar coletivos não consiste em obrigar a pesquisa a confinar a busca das causas dos fatos e eventos sociais ao domínio da ação individual e das relações contraídas de modo deliberado ou não. Trata-se de truísmo o reconhecimento de que os fenômenos sociais, por si mesmos, são incapazes de se reproduzirem sem a mediação do pensar e agir dos indivíduos. Tese mais complexa é a que apregoa que no mundo social só o que é *ativo* pode ter efetividade causal. Mesmo esse pressuposto ativista é "metafísico" caso deixe de ser justificado no âmbito de teorias empíricas com comprovada capacidade explicativa.

Os mecanismos intencionais não se tornam visíveis nos comportamentos publicamente observáveis. Por mais que os chamados fenômenos sociais se exteriorizem através de pessoas agindo; por mais que eventos, condições e processos sociais dependam do que as pessoas pensam e fazem, é discutível que se justifique encará-los como ontologicamente caudatários de ações e atitudes individuais. Essencial é que a teoria se mostre capaz de evidenciar os nexos postulados entre os fatos e apta a explicar os mecanismos que governam a conduta dos indivíduos. A tese de que a base ontológica do individualismo é a suposição de que a sociedade consiste realmente apenas de indivíduos é pouco elucidativa porque ignora que relações geram fatos de difícil redução ao que se passa no universo mental e decisional dos envolvidos. É comum boas teorias físicas postularem a existência de entidades teóricas às quais não se tem acesso observacional. Um pesquisador não tem como adstringir suas teorias ao que se pode perceptualmente apreender. Se tivesse de ficar preso ao concretamente dado, sem jamais enveredar pela postulação de entidades inferíveis. pouco conseguiria explicar. Mais defensável é o argumento de Watkins (1973b, pp. 168-9) de que "a suposição central da posição individualista [...] é a de que inexiste tendência social que não possa ser alterada *caso* os indivíduos envolvidos, de posse da informação apropriada, queiram alterá-la".

Ancorar a teoria na existência empiricamente apreensível do indivíduo não é precondição para que se torne científica. Esse tipo de individualismo pode fracassar em explicar as causas das deliberações e ações individuais por deixar de conectá-las a fatos sociais. O antídoto adequado para combater a tendência a dar vida própria a coletivos ou a *todos* não é confinar a teoria ao comportamento manifesto dos indivíduos. O individualismo sempre se defronta com o desafio de justificar teorias que, indo além do observável, procurem, por exemplo, apreender as intenções perseguidas pelos agentes e capturar os sentidos subjetivos que atribuem às ações. Não sendo a cientificidade da teoria determinada por sua escravização ao que é empiricamente localizável, o fundamental é a capacidade de explicar o que se supõe, observável ou não, existente no mundo dos fatos sociais. O fato de indivíduos terem existência palpável, diferentemente de *todos*, não significa que as causas determinantes de sua conduta sejam observacionalmente identificáveis e possam facilitar a construção de embasadas explicações. Para que se exercite a controlabilidade epistêmica não é necessário que as proposições versem apenas sobre o que é observável.

Uma teoria se compõe de diferentes tipos de proposição — algumas podem ser avaliáveis pela evidência empírica dada, outras estabelecem apenas relações indiretas com os fatos. O que torna a teoria passível de controle metodológico são principalmente os conflitos potenciais que mantém com a experiência. Teorias sobre indivíduos e seus comportamentos manifestos não são, por si mesmas, mais científicas que as que flagrantemente se afastam do que pode ser diretamente acompanhado. O intento de se destacar no objeto de estudo o que é observável negligencia que se escondem da percepção as intenções e os sentidos que são dados às ações perceptíveis. O individualismo que se ajustar aos requisitos de cientificidade formulados pelo *empirista* se comprometerá com uma concepção de sociabilidade para a qual categorias como as de intenção e sentido subjetivo devem ser deixadas de lado como "metafísicas". O importante é fazer prevalecer o reconhecimento de que é tão difícil determinar a observabilidade para o que se passa no plano do agir intencional (individual) quanto para o que se desenrola na dimensão macroscópica da "vida dos coletivos".

Autores como Goldstein (1973, p. 271-6) têm chamado atenção para o fato de que o individualismo metodológico mostra particular dificuldade para lidar com os processos de mudança social. As versões de individualismo que teorizam sobre a vida social como se fosse um sistema de fatos que tendem a se reproduzir solidariamente deixam em segundo plano o enfoque diacrônico voltado para a identificação das mudanças, reais e potenciais. A investigação rigidamente centrada nas ações dos indivíduos descura da problemática das mudanças estruturais por meio das quais ocorre a transição de determinado estado do sistema social para outro imprevisto. A vulnerabilidade à crítica tanto do individualismo que "naturaliza" os indivíduos quanto do holismo que personifica *todos* decorre da diminuta capacidade explicativa da maioria de suas teorias. É parcamente esclarecedor apregoar que a construção da teia social vai do grupo para o indivíduo ou de um indivíduo para outro caso as teorias careçam do demonstrado poder de explicar de que modo isso se dá. Causa confusão conceitual assumir compromissos ontológicos que ficam presos ao que tem existência tangível ou, *a contrario sensu*, que ousam conferir existência a *todos* inacessíveis à avaliação empírica, seja direta ou indireta.

Para o individualista, o desafio é comprovar a solidez do "modelo de baixo para cima" à luz do qual se defende, como o faz Homans

(1967, p. 108), que "o comportamento dos indivíduos cria as características dos grupos". Com seu modelo inverso, de "cima para baixo", o holista precisa demonstrar que os coletivos possuem propriedades intrínsecas com poder causal sobre seus membros. Conceder vida própria a coletivos seria inócuo se carecessem do poder de determinar o que pensam e fazem os indivíduos. Na versão mais preocupada com a cientificidade, o holismo prega que o comportamento deve ser explicado com base em leis macroscópicas que, irredutíveis às leis microscópicas da psicologia, se aplicam à sociedade vista e tratada como totalidade. O que o indivíduo pensa e faz é essencialmente fruto das posições ocupadas e das funções cumpridas no sistema social.

Seja qual for o problema com o qual pretenda lidar — da ordem, da mudança, dos constituintes da ação etc., — o holismo é pouco defensável quando tenciona lidar com coletivos ou *todos* vistos como portadores de uma identidade *una* resultante da rígida interpenetração entre seus atributos. Inexiste teoria geral sobre totalidades que se mostre testável à luz de ocorrências sobre fatos e eventos particulares. Uma teoria pode *ficar* infrutiferamente presa a um inventário ontológico caso seja incapaz de demostrar sua capacidade de *explicar* o que supõe existente.

Para o holismo de talhe marxista, os processos de mudança *podem* atender a uma finalidade última que se revela independente das intenções (subjetivas) dos atores. Tendo as forças históricas natureza sistêmica, fatos sociais explicam fatos sociais sem que haja a necessidade de também recorrer aos mecanismos localizáveis no plano da conduta individual. As diferentes teorias da ordem e da mudança sociais são desenvolvidas em função da adoção de premissas holistas ou individualistas. A ordem pode ser vista como um problema de integração sistêmico-funcional ditada pelo *todo* e a mudança, nesse caso, é encarada como uma alteração abrangente condicionada pela transformação das circunstâncias de funcionamento do sistema. Se forem os indivíduos vistos como autodeterminados, a ordem representa uma adesão pactuada com vistas à proteção mútua e à conquista de certos objetivos compartilhados.

Sendo impossível observar tudo e muito menos o todo, é colocado em destaque o que é selecionado pelo quadro teórico com o qual se opera. Sendo os óculos teóricos sempre seletivos, são inaplicáveis às tentativas de observar a totalidade. Disso se segue que só se torna objeto de estudo o que a teoria consegue ontologicamente fatiar para poder explicar. Só teorizações "metafísicas", que se acreditam capazes de dar conta da Realidade, elaboram discursos sobre *todos* despreocupados com a mensuração de seu valor explicativo. Problemas passíveis de solução são os localizáveis em "domínios da realidade" bem delimitados. Quando afirma que não conhece um único sociólogo que estude as modernas sociedades como totalidades, Ginsberg (1968, p. 59) salienta indiretamente que a retórica holista tem esbarrado em grandes dificuldades para se transformar em pesquisa empírica.

A teoria social precisa ser formada por enunciados verificáveis e/ou falsificáveis ou ao menos por proposições que se mostrem indiretamente avaliáveis pelas relações inferenciais e explicativas mantidas com as que são confirmáveis ou refutáveis. Não é a ontologia que privilegia o todo, como pensava Lukács, que torna obrigatória uma metodologia (a dialética), mas o contrário. Os excludentes compromissos ontológicos fisicalistas, compreensivistas ou coletivistas só podem ser julgados no interior das teorias sociais que os assumem. Só as teorias podem ser aferidas em termos de seus méritos relativos, em termos de suas respectivas capacidades de explicar fatos sociais. Uma teoria do conhecimento empirista recusa a postulação de coletivos ou todos com base na alegação de que a única ontologia admissível é a que só reconhece a existência de entidades concordantes com o princípio de que todo conhecimento autêntico provém da experiência. O problema é que, no processo de construção de explicações, toda teoria vai além das informações que são perceptualmente recolhidas.

Quando associado ao historicismo, o holismo apregoa que a "atual realidade" é apenas uma etapa da história, passível de ser *superada* por meio da construção de uma nova ordem social. O endosso do essencialismo epistemológico o leva a acreditar poder chegar à explicação última e definitiva com base na qual faz tanto a crítica da *atualidade* quanto a promessa de construção de um "mundo melhor". Esposando teses gerais historicistas, o holista vê justificação em defender uma ampla e irrestrita recusa da realidade dada. A sociedade tal qual hoje existe é um simples momento do movimento histórico em curso. Defeituosa, a funcionalidade só pode ser transcendida através de transformações revolucionárias voltadas para a criação, liderada pela universalidade proletária, de um novo mundo.

O recurso ao essencialismo epistemológico permite ao holismo se afirmar possuidor da *teoria verdadeira* em condições não só de criticar as compreensões do senso comum como também as teorizações que, consideradas incapazes de apreender essências, se tornam reféns das aparências gerando conformismo diante do *status quo*. Por supor que dispõe da explicação definitiva das causas das disfunções da vida coletiva, o engenheiro social dá como certa a conquista de um mundo melhor que o existente. Quando uma vertente de pensamento faz uma distinção entre essência e aparência, apresentando-se como capaz de apreender os determinantes ocultos da realidade social, acusa as demais de permanecerem enredadas no espetáculo especioso do imediatamente em virtude de encararem a ordem vigente como *natural*. O recurso ao essencialismo serve para legitimar o duplo e radical questionamento dos sistemas explicativos alternativos com base na acusação de que se mostram prisioneiros do jogo das aparências e de que se comprometem com o *status quo*. Ocorre, porém, que o senso comum e a pseudociência, se falhos, não o são por se cingirem ao "mundo das aparências especiosas", e sim por produzirem teorias descritiva e explicativamente ineptas.

Consoante o esquema essencialista, só uma explicação é admissível, já que só uma pode apreender aquilo que a realidade esconde, para além das aparências, como sua essencialidade. Tudo mais é ideologia. Mesmo que seja possível comprovar que uma teoria desponta lógica e empiricamente superior às suas rivais, isso não autoriza a supor que tem acesso ao "plano essencial" da realidade. Como a comparação se restringe ao conjunto das teorizações forjadas, fica difícil evidenciar que a acolhida como superior chega ao âmago do real. Pode bem ocorrer de a maior capacidade de uma teoria de explicar a realidade ser relativa aos defeitos das outras e não à sua efetiva "correspondência" com os objetos estudados. Mesmo porque o nível do que hoje desponta como compatibilidade de uma teoria com a realidade pode ser superado por outra explicativamente mais minuciosa ou por outra que, reconstruindo diferentemente a realidade, acabe por propor correspondência com itens da realidade deixados de lado pelas alternativas.

Se uma teoria tivesse o condão de chegar ao núcleo essencial de um universo de fatos, isso lhe permitiria postular o monopólio explicativo. Ficando as outras vias de investigação confinadas ao mundo das aparências, a teoria dita científica já antes mesmo de plenamente constituir-se consegue saber onde está o que tem mais ser ou até o ser enquanto tal. Supõe-se saber onde está a essência antes mesmo de se começar a pesquisa. Não fosse assim, a essência teria de ser vista como *dependente* de uma teoria em virtude de uma teoria só poder ser vista como capaz de atingir a essência no sentido relativo de que vai, de maneira epistemicamente relevante, além das anteriores ou rivais em termos de alcance explicativo.

As dificuldades nas quais se enreda o essencialismo têm sido contornadas por meio da suposição de que a teoria (científica) sabia o que era determinante antes mesmo de criar sua tessitura explicativa. Nesse caso, o essencial é considerado uma dimensão da realidade cuja apreensão em nada depende da óptica interpretativa que assim o caracteriza. Com isso, imagina-se que a "realidade" seja composta de camadas de tal forma estratificadas que as mais imediatamente dadas configuram o plano mais aparente e as mais recônditas, a dimensão essencial oculta, inacessível ao desamparado senso comum. Isso representa a defesa *antiteórica* de uma ontologia: sabe-se *o que há*, e como se estratifica, antes mesmo de serem construídas teorias aptas a desvendar o que subsiste para além do imediatamente dado.

Sendo a função precípua cumprida pelas teorias explicar, os dois modelos de explicação que têm sido mais propostos, o indutivo-probabilístico e o hipotético-dedutivo, têm-se mostrado de difícil aplicação ao estudo dos fatos sociais. Daí ser comum a criação e utilização de construções explicativas alternativas. A hermenêutica e a dialética têm sido frequentemente apresentadas como as metodologias mais adequadas a lidar com as peculiaridades dos fenômenos sociais. Seriam as únicas capazes de confeccionar teorias em condições de ir além da mera enunciação de regularidades/uniformidades empíricas. A dialética se distingue por reivindicar o monopólio de explicar a totalidade na sua dimensão essencial.

Na maioria das vezes, o holismo fala dialetos que descendem dos troncos linguístico-metodológicos da hermenêutica e da dialética. Isso é compreensível na medida em que *todos* tendem a se mostrar refratários a tratamentos explicativos centrados na aplicação do modelo estatístico-indutivo ou do nomológico-dedutivo. A verdade é que a viabilidade metodológica do holismo, sobretudo quando se associa ao essencialismo historicista, depende da boa fundamentação de modelos explicativos derivados da tradição de pensamento hermenêutica ou dialética. Durkheim é um dos raros cientistas sociais que abraça uma ontologia holista em combinação com uma metodologia indutivista preocupada em fidedignamente observar "fatos" para cuidadosamente generalizá-los.

As teorias sociais têm se localizado entre o Cila do descritivismo e o Caribde do prescritivismo. É comum, desde Platão, a investigação do mundo social se iniciar com a descrição de como as "coisas" são/estão para, em um segundo momento, transmutar-se em diagnóstico das disfunções encontráveis na realidade existente. A terceira etapa consiste em prescrever remédios capazes de curá-la de seus males. O prescritivismo em parte resulta de no mundo das relações sociais o que se manifesta como realidade não precisa ser visto como inexorável ou definitivo. Visto que muito do que é a realidade atual pode, em princípio, ser mudado faz sentido encarar sua atual configuração como portadora de disfunções e falhas superáveis.

Acreditando que os fatores causadores de disfunções resultam de os homens estarem submetidos aos determinantes de um sistema socioeconômico iníquo, o holismo costuma defender uma forma de engenharia social, revolucionária, considerada apta a promover a remodelagem saneadora Esse tipo de visão leva a caracterizar o mundo no qual vigora o individualismo como movido por interesses pessoais egoístas deletérios. Nunca fica comprovada a identificação do individualismo com egoísmo e muito menos que dar primazia ao indivíduo acarreta menosprezar o "bem comum". É questionável a eficácia do remédio que se propõe a eliminar o egoísmo individualista por meio da *grande transformação* capaz de fazer com que passem a prevalecer em definitivo os interesses político-econômicos da coletividade. É frágil a avaliação ontológica e epistemológica do individualismo que, de forma caricaturesca, o torna indistinguível do egoísmo. A defesa ética do indivíduo não está sujeita às críticas feitas pela ideologia coletivista, que enxerga cada membro da sociedade como um egocentrista que faz do outro simples meio para a consecução de seus objetivos.

O fato de as teorias sociais tenderem, aberta ou veladamente, a passar da descrição para a prescrição confere importância ainda maior à exigência de avaliá-las em termos de seu poder explicativo. É claro que se a descrição for infiel aos fatos estudados, a explicação que precisa nela se basear se mostrará infundada. Na frase de abertura do *Manifesto Comunista*, Marx e Engels declaram de modo taxativo que "a história até hoje tem sido a história da luta de classes". Esse enunciado pretende ser descritivo, e é veiculado como se houvesse carradas de evidência empírica a torná-lo inquestionável. Essa descrição supõe que o protagonismo é sempre das classes sociais, e não dos indivíduos poderosos ou dos líderes carismáticos.

Estando em questão determinar a que fatores atribuir a luta endêmica entre as classes, a causa determinante, no entender de Marx e Engels, é a propriedade privada dos meios de produção. Ao operar a transição do plano descritivo para o explicativo em busca da identificação das causas, Marx e Engels tacitamente mostram preocupação em apontar o que pode propiciar a superação do conflito. Acabar com a propriedade privada dos meios de produção ensejará a criação de um mundo social no qual as relações humanas se caracterizarão pela completa cooperação e irrestrito compartilhamento. Nessa etapa da argumentação, Marx e Engels já adentraram no campo prescritivo. A construção de uma sociedade sem conflitos depende da Revolução que promoverá a destruição da ordem vigente e a entronização do socialismo. O roteiro marxista opera a transição da descrição para a explicação e depois para prescrição evidenciando que as teorias sociais, mesmo carecendo de poder instrumental, ambicionam se transformar em engenharia social. Essa "medicina social" nutre a pretensão de fazer o diagnóstico correto e aplicar a terapia curativa.

A concessão de primazia ao indivíduo é vista como forma de priorizar a vida atomizada para legitimar a propriedade *privada* dos meios de produção. O programa de Marx mostra que tudo que propõe como transformação revolucionária da sociedade depende dramaticamente de ser correta a explicação que oferece para a luta de classes supostamente endêmica na história. Se não for causada pela propriedade privada dos meios de produção, a crítica feita à realidade burguesa e a terapia coletivista perdem sua força argumentativa e sua eficácia praxiológica. Por tudo isso, reiteramos que a capacidade explicativa das teorias sociais cumpre papel decisivo na justificação das ontologias do ser social propostas. A proficiência dos diagnósticos e das terapias desponta ilusória se a teoria com base na qual são feitos carecer de poder explicativo. Desse modo, pouco adianta a contundência das críticas à realidade existente se a perfeição do mundo idealizado é mera construção do pensamento utópico.

A teoria de que só indivíduos podem acalentar objetivos e assumir responsabilidades não significa que se possam estudar os *contextos* sociais como simples soma, sem a emergência de novas informações, dos comportamentos individuais. Até porque muito do que se enxerga como descontinuidade entre o plano pessoal e o coletivo pode provavelmente resultar de falta de conhecimento. A completa dispersão dos conhecimentos e das informações entre os agentes não é superável por meio de simples soma porque inexiste a possibilidade de reuni-los na mente de um único agente. A dispersão do conhecimento que circula na sociedade está também associada aos diferentes papéis desempenhados pelos agentes. É controverso que se possa discorrer sobre o social fazendo-se referência apenas a sujeitos singulares como se não houvesse diferença relevante entre alguém desejar algo e se empenhar para conquistá-lo e a expressão dos "desejos" de grupo declarados de modo coordenado por anuência de seus membros. O endosso determinado por um conjunto dificilmente pode ser reduzido à preferência manifestada por cada membro. Estando os indivíduos longe de controlar as variáveis envolvidas nas escolhas feitas, mais ainda estão os grupos, que manifestamente são desprovidos de uma "mente central" diretora. Se por um lado apenas indivíduos podem ter interesses e objetivos próprios, por outro, há o fato de que membros de diferentes sociedades podem exibir diferentes propósitos condicionados por injunções da cultura na qual vivem.

Se apenas indivíduos podem forjar projetos e perseguir interesses, é sempre útil perquirir como os processos de interação os levam a seguir mais por uma direção que por outra, a buscar mais este que aquele modo de *viver.* Ademais, há tipos de ação que, derivando sua racionalidade da participação em uma rede de significados institucionalmente urdidos, só são esclarecidos através da identificação e acompanhamento de propriedades que emergem dos intrincados processos de interação. Nesse caso, fundamental é identificar o que há de "significado" socialmente cristalizado no comportamento sem atribuir de modo questionável vida própria ou desígnios próprios a coletivos.

Justifica-se rechaçar a teoria que dota o *todo* de finalidades superiores com base na alegação de que só assim a ação individual deixa de refletir interesses menores. A recusa da teoria que encara o indivíduo como um agente livre de condicionamentos e injunções contextuais não valida a antítese que o concebe como títere de determinantes sistêmicos, como perseguidor de desígnios que devem ser subordinados aos dos coletivos. Havendo duas teleologias, a dos coletivos é apresentada como superior à que se vincula à ação dos indivíduos em virtude de poder pretensamente promover o bem do *todo* por oposição aos dispersos interesses egoísticos. Com isso, a pessoa deixa de ser vista como um fim em si mesmo e passa a ser submetida à ética centrada no primado dos coletivos. O sujeito deixa de ser um receptáculo passivo diante da experiência, como o era para Locke, e passa a ser diante da sociedade que o molda.

Contra a teoria que encara os papéis dos indivíduos como meros efeitos das funções que desempenham no interior das instituições sociais, o individualismo defendido por Watkins (1973b, p. 168) ressalta que "mesmo as explicações completas de fenômenos de larga-escala só são alcançadas quando se chega a deduzi-las de enunciados sobre disposições, crenças, recursos e inter-relações entre indivíduos". Inexiste razão para constranger epistêmica e ontologicamente o Pensamento Social a só reconhecer como seus objetos de conhecimento os indivíduos e o que se pode observacionalmente acompanhar em seu comportamento. Admitir que a pesquisa tem de dispensar atenção aos motivos, aos valores, às capacidades cognitivas e, em especial, aos modos de os indivíduos darem sentidos (subjetivos) às suas ações envolve ir além daquilo que se pode diretamente registrar nas condutas. Ademais, grupos encerram regularidades e padrões de conduta que autorizam conceder-lhes uma estrutura estável de produção de "significados" a despeito do número flutuante de seus membros e dos modos variáveis de vivenciarem o que ocorre nas situações de interação. Em contraposição, a necessidade de determinar o impacto dos fatos sistêmicos sobre os comportamentos dos indivíduos não justifica dar existência aos coletivos de um modo que acabe por reificá-los.

Quando se afirma que coesividade, estabilidade, estratificação etc. são atributos que se aplicam a grupos ou à sociedade, torna-se, de saída, importante determinar que tipo de estatuto ontológico está sendo conferido a eles. Isso é fundamental para que se possa avaliar se essas propriedades são generalizações do que se passa no plano da conduta individual, propriedades pertencentes a um tipo de entidade emergente ou portadora de existência autárquica. Em qualquer dos casos, é o poder de explicação da teorização proposta que vai tornar defensável a assunção deste ou daquele tipo de compromisso ontológico.

O fato de parecer um despropósito conceitual caracterizar um indivíduo como estratificado ou coesivo não autoriza supor que esse tipo de predicação oferece razão para postular a existência em si de coletivos. Esse modo de predicação sugere que faz sentido supor a existência de atributos específicos a grupos e coletivos desde que isso não leve a substancializá-los. Cumpre, no entanto, ter presente que tal forma de predicação pode se mostrar dispensável à construção de autênticos modelos explicativos caso exista um modo bem-sucedido de traduzir os predicados aplicados a grupos em termos daqueles presentes em indivíduos. O individualismo precisa se mostrar capaz de enfrentar as dificuldades envolvidas na tentativa de transformar predicados de grupos em individuais contando com procedimentos de tradução capazes de gerar explicações, sem perda de conteúdo, do que se passa no plano coletivo a partir dos comportamentos dos indivíduos. Só assim, o "predicado grupal" passaria a ser visto como resultante da articulação de múltiplas ações de indivíduos. Nesse caso, poderiam ser propostas traduções do seguinte tipo: "A maior recompensa disponível para os membros do grupo acarreta sua maior estabilidade".

> Não é a sociedade que recompensa seus membros, mas outros membros ou organizações, e são eles, e não a sociedade, que têm necessidades específicas; ou melhor, são eles que querem coisas, mesmo que delas não precisem. (Homans, 1967, p. 67)

Os procedimentos de tradução de proposições com sujeitos coletivos para proposições com sujeitos individuais precisam evidenciar que é sempre descabido tratar — com objetivos explicativos — o coletivo como se tivesse estatuto existencial de um ator especial. Talvez o mais adequado seja defender a tradução alegando que a reprodutibilidade funcional dos coletivos depende crucialmente das faculdades cognitivas e volitivas de seus membros. A atividade de traduzir enunciados sobre coletivos para enunciados sobre indivíduos requer tanto a comprovação de preservação de conteúdo quanto a de proficuidade explicativa. Do contrário, se poderá ficar com a impressão de que a tradução objetivava apenas a realização do capricho ontológico de se privilegiar este e não aquele tipo de ente. Promover tradução envolve saber, ao fim do processo, se houve perda de capacidade explicativa ou empobrecimento das informações antes veiculadas. Sem falar que é preciso afastar a possibilidade de se estar diante de linguagens atreladas a propostas teóricas incomensuráveis que não têm como ser avaliadas, em termos de seus méritos explicativos, à luz de critérios epistêmicos compartilhados. Só teorias empíricas passíveis de aferição crítica logram defender consistentemente os compromissos ontológicos assumidos.

CAPÍTULO 4

INDIVIDUALISMO E HOLISMO: ENTRE A ESPECULAÇÃO METAFÍSICA E AS TEORIAS TESTÁVEIS

> As possíveis atitudes últimas diante da vida são irreconciliáveis. A luta travada por elas nunca pode ser levada a uma conclusão final. Portanto, é necessário fazer uma escolha decisiva [...] Você serve a este deus e ofende o outro quando decide aderir a determinada posição.
>
> (Weber, 1952, pp. 151-2)

Popper advoga que é injustificável negar à metafísica a capacidade de conferir sentido às suas proposições em virtude de seu potencial — historicamente comprovado — de contribuir para a eventual formação de teorias científicas. Popper (1989, p. 38) chega a sustentar que "historicamente falando, todas, ou quase todas, as teorias científicas se originaram de mitos; mesmo porque um mito pode conter antecipações importantes de teorias científicas". Alegando que a metafísica tem se constituído em fonte de inspiração para a formação de teorias científicas, ele rechaça a posição que a desqualifica acusando-a de só forjar especulações abstrusas ou ininteligíveis. Contra a proposta de *eliminação da metafísica por meio da análise lógica da linguagem*, Popper pretende promover a reabilitação da metafísica invocando o *fato* — encontrável na história da ciência — de que algumas de suas noções, ou visões gerais da realidade, foram transformadas em conceitos ou teorias científicas. A comprovação de que serviu para gerar explicações científicas seria suficiente para "refutar" a tese de que a metafísica está condenada a produzir discursos sem sentido:

> Contra o positivismo, tenho enfatizado que a ciência natural se originou historicamente de uma espécie de *precipitado* de ideias metafísicas, com frequência, as teorias científicas se originam historicamente da metafísica, da qual diferem em virtude de serem seus *precipitados* falsificáveis. Toda a minha metodologia consiste na constatação de que as ciências naturais tentam encontrar uma realidade escondida atrás das aparências [...] se quisermos submeter nossas hipóteses testáveis ao rigoroso teste da experiência, como Kepler fez, essas hipóteses precisam deixar de ser metafísicas para se tornarem hipóteses científicas que nos permitam aprender com nossos erros. (Popper, 2007, pp. 76-7)

Na avaliação de Popper, a história da ciência revela que algumas ideias metafísicas foram aproveitadas pela ciência, que as reelaborou construindo teorias testáveis. Nesse caso, a metafísica é revalorizada por poder servir de ponto de partida para a ciência, por suas ideias poderem em alguns casos ser reprocessadas e transformadas em explicações com lastro empírico:

> Há uma realidade por trás do mundo tal qual se nos apresenta; possivelmente uma realidade de muitas camadas em que as aparências são as camadas mais externas. O que o grande cientista faz é corajosamente buscar adivinhar, ousadamente conjeturar, com que se parecem essas realidades internas. Isso se assemelha a produzir mitos. Historicamente, podemos fazer as ideias de Newton remontar — via Anaximandro — a Hesíodo; e as ideias de Einstein — via Faraday, Boscovich, Leibniz e Descartes — a Aristóteles e Parmênides. A ousadia pode ser aferida pela distância entre o mundo da aparência e a realidade conjeturada, as hipóteses explicativas. (Popper, 1974, p. 980)

Nosso intento é mostrar que por mais que existam evidências históricas indicando que a teoria carente de conteúdo empírico pode vir a adquiri-lo quando migra da metafísica para as ciências naturais, o panorama é bem diferente com relação às disciplinas sociais. A despeito de absorverem ideias de diferentes matrizes filosóficas, as ciências sociais ficam longe de completar o ciclo que transmuta em teoria empiricamente controlável o que, na origem, é especulação formada por intuições muitas vezes nebulosas. *Defendemos* que a tese popperiana do reaproveitamento da metafísica pela ciência deixa de ser corroborada quando se passa a dar atenção ao evolver das disciplinas sociais em virtude de vários fatores. Advogamos que as ciências sociais enfraquecem o projeto popperiano que almeja *revalorizar* a metafísica por meio da invocação do fato de que tem (tido) serventia para a ciência. O *caso* emblemático envolvendo o longevo debate entre individualistas e holistas/coletivistas evidencia que deixa de se operar, na história das ciências sociais, a conversão do metafísico em teorias acolhidas e reconhecidas como científicas por toda a comunidade de pesquisadores.

Cumpre entender por que no processo de construção de teorias sociais está praticamente ausente o roteiro por meio do qual o componente especulativo se transmuta em teoria acolhida como empírico-científica por diferentes *Escolas* de pensamento. Talvez isso se deva ao fato de as diferentes *Escolas* exibirem, para afirmar e firmar sua identidade, um elevado grau de dependência à metafísica adotada. Por mais que intuições metafísicas estejam na origem de teorias sociais, não se têm mostrado reprocessáveis de uma maneira que as converta em teorias consensualmente reconhecidas como científicas. Se "o conhecimento, desde o início, deve ter um elemento especulativo", como prega Bachelard (1968, pp. 13-4), nas ciências sociais tem parecido mais difícil traduzi-lo para a linguagem das teorias empiricamente controláveis.

Sendo por um lado relativamente fácil constatar que a gênese de algumas das mais importantes teorias sociais pode ser rastreada em conceitos filosóficos, por outro, deixa-se de comprovar que nelas ocorra a tradução, tão decantada por Popper, do metafísico para o empírico. Mais que nas ciências naturais, é nas sociais que se pode detectar uma constante importação de conteúdos filosóficos e/ou metafísicos. O que deixa de ocorrer é a conversão — consensualmente reconhecida — do *insight* especulativo em teoria testável. Isso faz com que Popper se veja obrigado a recorrer quase que exclusivamente a exemplos cosmológicos em defesa da tese do aproveitamento da metafísica pela ciência. Assim sendo, deixa de assentar seus argumentos em prol da recuperação da metafísica nos tantos e notórios casos de "absorção" de conteúdos filosóficos pelas disciplinas sociais em virtude de nelas a teoria de uma *Escola* — por exemplo, a psicanálise — ter seu estatuto de cientificidade diuturnamente questionado por outra *Escola*, por exemplo, o behaviorismo.

Pode-se conjeturar que diferentes conceitos filosóficos têm sido importados pelas diversas vertentes das ciências sociais com base apenas em suas respectivas necessidades de acolher determinado conjunto de *pressuposições absolutas* para enquadrar os fatos nos *tipos* de explicação buscados. Se esse for o caso, não cumprem a função de trampolim capaz de levar à formulação de teorias refutáveis, de tal maneira que deixa de se completar o ciclo que transmuta em teoria social empiricamente controlável o que, na origem, é puramente especulativo.

O fato de a metafísica ocasionalmente ter inspirado a formação de explicações nas ciências naturais sequer é suficiente para evitar que suas proposições sejam colocadas no limbo da falta de significado denunciada pelo positivismo lógico. Os vários casos em que ocorreu a conversão do metafísico em científico podem ter se devido à incidência de fatores heurísticos fortuitos estudáveis no âmbito da psicologia ou sociologia da criação intelectual. Nesse caso, pode se mostrar questionável a pretensão de devolver *significatividade* às proposições metafísicas invocando a história da ciência.

Antes mesmo da formação do movimento conhecido como *empirismo lógico*, Mach instou os cientistas a eliminarem de modo indiscriminado todas as questões metafísicas, independentemente de serem consideradas insolúveis no atual momento ou sem sentido para sempre. Para Mach (1914, p. 369), "tudo que podemos querer conhecer é dado pela solução de um problema de modo matemático ou pela averiguação da interdependência funcional entre os elementos sensoriais; esse conhecimento exaure o conhecimento da 'realidade'". Contra a formulação de um critério que reduz as teorias metafísicas a conglomerados de palavras incapazes de veicular sentido, ininteligibilidades proferidas com pompa retórica para encobrir o vazio informativo, Popper acredita ser suficiente invocar os casos em que os *insights* metafísicos foram precursores de teorias científicas.

No entender de Popper (1992, p. 89), o fato de o critério da verificabilidade ir além do estabelecimento de fronteiras entre ciência e metafísica e/ou pseudociência, gera a necessidade, "reconhecida pelo próprio Círculo [de Viena, núcleo inicial do empirismo lógico] ,de outro critério capaz de distinguir entre significado e falta de significado; daí ter sido adotada a verificabilidade, que passou a ser vista como equivalente à *provabilidade* por meio de enunciados observacionais". Para Popper, a falta de conteúdo empírico, de capacidade explicativa intrínseca, da metafísica não justifica condená-la à incapacidade de produzir *significado* (*cognitivo*), como faz o critério da verificabilidade. Popper (1959, p. 314) apregoa que seu "critério de demarcação, centrado na falsificabilidade dos enunciados, é suficiente para introduzir a distinção, com a requerida precisão, entre os sistemas teóricos das ciências empíricas e os da metafísica (e os sistemas convencionalistas e tautológicos)"; e que isso pode ser feito sem que se torne necessário decretar que "a metafísica é destituída de significado, uma vez que a metafísica pode ser vista, de um ponto de vista histórico, como fonte a partir da qual brotam as teorias das ciências empíricas".

O fato é que Popper atribui significatividade a um tipo de discurso metafísico, não à metafísica em geral, com base em evidências históricas esparsas aptas apenas a indicar que a metafísica encerra o potencial de sugerir, com pioneiras intuições e visões de mundo, caminhos explicativos à ciência. Popper (1974, p. 981) reconhece que "a transição da metafísica para a ciência não é nítida: o que era uma ideia metafísica ontem pode se tornar uma teoria científica testável amanhã". Dando a impressão de se desdizer, Popper em alguns textos advoga que a maioria das teorias metafísicas é imprestável. Chega a usar como epígrafe a passagem do *Discours de la Méthode* (1987, p. 16) em que Descartes afirma que "nada se saberia imaginar de tão estranho e tão pouco crível que não tenha sido dito por um filósofo". Sem contar que Popper (1971, p. 299) reverbera a retórica do Wittgenstein II, o das *Investigações Filosóficas*, quando enfatiza que "devemos combater os sistemas metafísicos que tendem a nos *enfeitiçar* e confundir" sem, no entanto, deixar de ressalvar que "devemos claramente fazer o mesmo com os sistemas não metafísicos e antimetafísicos que exibam essa perigosa tendência". Nas passagens em que sustenta que a metafísica se compõe, em um número significativo de casos, de construções abstrusas e insuscetíveis de reciclagem teórica, Popper parece endossar parcialmente as críticas que os empiristas lógicos assacaram contra a metafísica. Contudo, os ataques que dirige às filosofias sibilinas e oraculares em nada enfraquecem sua convicção de que os casos em que ocorreu a transformação do conteúdo especulativo em teoria científica são suficientemente representativos para devolver *significatividade* às proposições metafísicas em geral.

Por mais que as teorias não precisem de uma gênese observacional para que possam aspirar a ser científicas, a verdade é que são poucas as amplamente *reconhecidas* como tendo tido uma progênie metafísica. Ademais, é questionável que determinadas teorias científicas *deixariam de ser* elaboradas sem as formulações precursoras da metafísica. Negligenciando as dificuldades semânticas envolvidas na viabilização das traduções de noções especulativas para teorias genuinamente empíricas, Popper intenta recuperar a metafísica com base apenas na coleta de evidências históricas de que várias importantes teorias das ciências naturais se formaram *a partir* de especulações. Somos de opinião que a efetiva compreensão de como se deu a transição do metafísico para o empírico fica dificultada se são negligenciados os mecanismos sintático-semânticos de tradução envolvidos no processo:

> O sistema copernicano, por exemplo, foi inspirado em uma adoração neoplatônica da luz do Sol, que tinha de ocupar o "centro" por causa de sua

> nobreza. Isso indica como os mitos podem desenvolver componentes testáveis. Podem, no decurso da discussão, se tornar fecundos e importantes para a ciência [...] vários exemplos de mitos que se tornaram importantes para a ciência, entre eles o atomismo e a teoria corpuscular da luz. Dificilmente contribuiria para a clareza, se disséssemos que essas teorias são um palavreado sem sentido em um estágio do seu desenvolvimento e que, de repente, adquirem sentido em outro. (Popper, 1989, pp. 257)

Somos de opinião que a história das ciências *sociais* não confirma a visão popperiana de que há casos emblemáticos de ter-se tornado científico — *consensualmente* assim reconhecido — o que na *origem* é metafísico. As filosofias que estão na origem das diferentes Escolas presentes nas disciplinas sociais — por exemplo, o hegelianismo em Marx, o kantismo em Weber e o empirismo baconiano-milliano em Durkheim — foram reelaboradas sem dar origem a teorias amplamente reconhecidas como testáveis. Por essa razão, cumpre avaliar se o que nelas há de metafísico assim se mantém indefinidamente. Visto que quando advoga em prol do potencial de a metafísica dar origem à ciência Popper pouco se reporta às disciplinas sociais, justifica-se supor que isso se deve ao fato de o componente metafísico servir mais para *conferir identidade* às diversas Escolas abrigadas nas disciplinas sociais e menos para fomentar a formação de teorias científicas. Mais que fornecedora de versões seminais de explicações que se tornaram científicas, a metafísica faz parte das teorias individualistas e holistas de uma maneira que se revela fundamental para que uma se *diferencie da outra*. O problema é que, deixando de ser traduzido, mantendo-se como parte inalterada das teorias sociais, o componente metafísico pode se constituir em barreira à elaboração de teorias testáveis. Se a "irrefutabilidade nunca é uma virtude, mas um vício", como apregoa Popper, e sendo irrefutáveis as proposições metafísicas, as disciplinas que abrigam teorias cujos ingredientes metafísicos estruturais despontem intraduzíveis para a linguagem empírica mantêm-se impermeáveis à evidência positiva ou negativa e, *ipso facto*, incapazes de atingir a cientificidade.

Forjando teorias nas quais é marcante a presença de conteúdos genericamente classificáveis de metafísicos, as ciências sociais estão até hoje presas ao que Bendix & Berger (1959, pp. 92-118) batizaram de *paired concepts*. Dualismos como natureza e convenção (que remontam aos pré-socráticos), indivíduos e coletivos, cooperação e conflito, consequências pretendidas e não pretendidas das ações etc. persistem dando a impressão de que fomentam polarizações metafísicas impermeáveis a reprocessamentos empíricos.

A absorção de noções filosóficas na sociologia, psicologia e economia é tão rotineira que cabe colocar em discussão se a grande importação de filosofia é fomentada pelos tipos de fato estudados pelas disciplinas sociais ou pelas dificuldades de submeterem suas teorias a crivos eficientes. Se cada Escola abrigada nas disciplinas sociais é caudatária de um conjunto de *pressuposições metafísicas* que lhe *definem* a identidade explicativa deixa de se viabilizar a conversão da metafísica em uma teoria consensualmente reconhecida como científica. Nesse caso, a reelaboração de conteúdos metafísicos é interna a cada Escola, sem reprocessamentos que levem a uma *empiricização* capaz de desembocar em uma certificação consensual de cientificidade. Na falta de convergência em torno de quais devem ser os filtros de cientificidade, e até mesmo do que deve ser considerado um problema legítimo e uma solução aceitável, "as categorias filosóficas e as filosofias "exploradas" pelas ciências humanas são por essas ciências — como destaca Althusser (1967, p. 38) — praticamente utilizadas como substituto ideológico da base teórica de que carecem".

Popper (1996, p. 159-60) é genérico quando afirma "descrer de qualquer coisa que se pareça com uma nítida demarcação quando ciência e metafísica estão envolvidas, uma vez que a ciência tem sido em todas as épocas profundamente influenciada por ideias metafísicas; certas ideias e problemas metafísicos [...] têm dominado o desenvolvimento da ciência por séculos como ideias reguladoras; e outras [...] têm aos poucos se transformado em teorias científicas". Acreditamos que as dificuldades enfrentadas pela tentativa de "salvar" a metafísica das críticas sintáticas e semânticas persistem por mais que se invoque o fato de que a metafísica se mostrou, em alguns casos, importante para a criação de teorias científicas. Ainda que o "material genético" da metafísica tenha sido decisivo para a gestação de importantes teorias científicas, é discutível que isso, *per se*, baste para conferir sentido às proposições da metafísica em geral.

É difícil conciliar a tese de que as proposições metafísicas produzem sentido com o reconhecimento de que apenas poucas versões do discurso especulativo exibem a capacidade de desembocar na confecção de teorias científicas. Pode-se facilmente constatar que muito pouco da metafísica tem sido reciclado e absorvido pelas ciências naturais, e que nas sociais é difícil apontar casos de *conversão* em que uma teoria especulativa — reprocessada — tenha sido aceita como científica por pesquisadores vinculados a diferentes correntes da psicologia, sociologia ou politologia. Está longe de ter sido elucidado por que, a despeito de grandes importadoras de filosofia, as disciplinas sociais constroem teorias que carecem do reconhecimento — feito por diferentes Escolas — de que operaram uma bem-sucedida transição do metafísico para o científico. Acreditamos que a inexistência de casos emblemáticos de conversão da metafísica em teorias sociais consensualmente reconhecidas como científicas pode ser creditada ao fato de a metafísica absorvida tender a permanecer inalterada em virtude de ser *parte essencial do substrato* que diferencia cada Escola aninhada nas disciplinas sociais.

O fato de serem esporádicos nas ciências naturais, e praticamente inexistentes nas sociais, os casos em que conteúdos especulativos passam por transformações que levam à formação de teorias empíricas tira o viço da argumentação popperiana em prol da metafísica. A inexistência de casos representativos que ilustrem a ocorrência da conversão de ingredientes metafísicos em teorias sociais, psicológicas ou econômicas universalmente *acolhidas* como científicas sugere também que as *pressuposições absolutas* adotadas podem estar se constituindo em obstáculos à pesquisa empírica. A despeito de revalorizar a metafísica, Popper (1976, p. 59) nunca deixa de indigitar — em especial, nos trabalhos dedicados às ciências sociais — os perigos que representa: "além de nos ajudar na tarefa fundamental de selecionar problemas, a abordagem tecnológica impõe uma disciplina às nossas inclinações especulativas que, especialmente no campo da sociologia, são suscetíveis de nos levar para o campo da metafísica; por isso nos força a submeter nossas teorias a padrões definidos, como o da clareza e o da testabilidade prática". Passagens como esta indicam a necessidade de um subcritério de demarcação capaz de separar a boa da má metafísica, a testabilidade teórica da prática.

Malgrado evite buscar sustentação na história da ciência para suas teses epistemológicas, ele a invoca a fim de comprovar que vários são os casos marcantes de teorias metafísicas irrefutáveis que se tornaram teorias testáveis e, *eo ipso*, científicas. A *ambivalência historiográfica* exibida por Popper com relação ao tipo de crivo avaliador que a história da ciência pode exercer sobre as teorias elaboradas *sobre* a ciência vem à tona quando confrontamos suas declarações defensoras de uma postura de indiferença diante das evidências providas pela história da ciência com as que a invocam como uma espécie de *tribunal superior* capaz de julgar o que se proclama sobre a ciência. Há passagens de sua obra em que Popper (1971, p. 12) recorre à história da ciência como fornecedora de evidências capazes de legitimar suas teses: "essa visão [a sua] de método científico é corroborada pelo desenvolvimento da ciência". Na mesma linha, Popper (1990, p. 49) advoga que "concebemos as teorias e as destruímos criando assim novos problemas e chegando a uma situação em que, quando possível, concebemos novas teorias; resumidamente, é isso a ciência e a história da ciência". Em contraposição, há textos nos quais Popper (1990, p. 54) apresenta o prescritivo como independente do descritivo: "sê inventivo e crítico [...] trata-se de lei normativa, não uma descrição da história da ciência, antes um conselho aos cientistas para que melhorem a situação da ciência". Seu posicionamento a-histórico fica nítido quando Popper (1981, pp. 99-100) assim se pronuncia: "meu evangelho não é 'científico', não pertence à ciência empírica; é, ao contrário, uma *proposta* (normativa)". Ademais, Popper (1996, p. xxv) rejeita a visão de que "a metodologia é uma disciplina empírica a ser, talvez, testada pelos fatos da história da ciência; trata-se, ao contrário, de uma disciplina filosófica — metafísica — talvez, em parte, até mesmo uma proposta normativa":

> Inclino-me a afirmar que deveríamos tentar estabelecer o que [os cientistas] 'deveriam' fazer. 'Deveriam' aqui não é obviamente uma questão de ética, a despeito de a ética estar também aqui envolvida, mas o "deveriam" que faz parte de um imperativo hipotético. A questão é: 'como deveríamos proceder caso desejássemos contribuir para o crescimento do conhecimento científico?' A resposta é: 'nada poderia ser melhor que proceder em conformidade com o método crítico de tentativa (conjectura) e de eliminação de erro, buscando testar, ou refutar, conjecturas' [...]. Penso que não devemos nos voltar para a questão (sociológica) sobre o que os cientistas realmente fazem ou dizem. (Popper, 1974, p. 1036)

A ambiguidade de Popper (1996, p. xxxi) aparece assim sintetizada: "minha teoria da ciência não pretendeu ser histórica, uma teoria sustentada por fatos históricos ou outros fatos empíricos [...] duvido, no entanto, que exista teoria da ciência capaz de lançar mais luz sobre a história da ciência do que a teoria da refutação seguida por reconstrução revolucionária, porém conservadora". É importante determinar em que medida Popper recorre à historiografia apenas como fonte ilustrativa de suas teses sobre o aproveitamento da metafísica. Impacta sua filosofia das ciências sociais, o fato de Popper (1986, p. 185) exibir uma ambiguidade que por um lado o leva a sustentar que "somente quem compreende a ciência (isto e, os problemas científicos) pode compreender sua história" e, por outro, a declarar que "só quem tem alguma compreensão real de sua história (a história de suas situações-problema) pode compreender a ciência".

1. Da produção de sentido ao discurso verdadeiro ou falso

Talvez seja cabível pensar que Popper — para além dos casos extraídos da história da ciência — caracteriza o discurso metafísico de uma maneira que permite aproximá-lo do *logos semantikos* ao qual

Aristóteles (*De Interpretatione* 4, 17a) contrapõe o *logos apophantikos*. Assim se pronuncia o estagirita: "toda sentença possui significado não por meios naturais [...], mas por convenção; entretanto, nem toda sentença é uma proposição, só o são aquelas nas quais se pode encontrar o verdadeiro ou o falso; a prece é uma sentença, mas não é nem verdadeira nem falsa". Partindo dessa dicotomia, justifica-se encarar o discurso metafísico como um *logos semantikos* passível de ser convertido em um *logos apophantikos* científico. Aquiescendo que "as formulações metafísicas são frequentemente abstrusas e infelizes (como mostra o exemplo-padrão dado pelos positivistas "O Absoluto é perfeito")", Popper (1974, p. 966) discorda que "sejam agramaticais como é o caso de 'Sócrates é idêntico', exemplo dado por Wittgenstein". Dando a impressão de que tem em mente algo parecido com o que estamos caracterizando como tradução de um *logos semantikos* para um *logos apophantikos*, Popper (1974, p. 966) argumenta que "é bem possível que os que fazem a afirmação 'O absoluto é perfeito' desejem dizer que o mundo, se adequadamente compreendido, não poderia ser melhor. Isso me parece falso, mas não sem sentido, uma vez que o enunciado 'Um mundo em que há campos de concentração, tortura e guerra é altamente imperfeito', parece-me perfeitamente verdadeiro, e sua negação falsa, o que faz com que seja, de qualquer modo, significativo".

Justifica-se pensar que aqui Popper faz a tradução, ainda que forçada, de um *logos semantikos* para um *apophantikos* em razão de, no caso em tela, estar sendo proposta uma *leitura* cuja admissibilidade se deve ao fato de lidar com um discurso *aberto*, que se destaca por poder ser interpretado de várias maneiras. A vaguidade da asserção enseja as mais diferentes compreensões sem que se possa determinar qual a correta em virtude de nada de informativo estar sendo veiculado. O que os positivistas lógicos sempre ressaltaram é que, na falta de referentes identificáveis, a especificação de uma leitura não passa, de puro "exercício linguístico-especulativo".

Por mais justificada, a desvinculação feita por Popper entre significatividade e cientificidade não implica que a diferença estabelecida pelo positivismo lógico entre significado cognitivo, negado à metafísica, e significado emotivo possa ser ignorada. Em muitos casos, só por meio da atuação de mecanismos psicológicos, o emotivo logra sugerir conteúdos traduzíveis para o discurso avaliável em termos cognitivos. Revisando a posição radical da fase inicial do positivismo lógico, expressa por meio da "versão bastante simplificada segundo a qual algumas teses metafísicas são 'sem sentido'", Carnap (1963, pp. 45-6) ressalta que só mais tarde se deu conta da "importância de se distinguirem os vários componentes do significado a fim de se poder, consequentemente, afirmar mais precisamente que essas teses [metafísicas] carecem de significado cognitivo ou teórico, mas que frequentemente têm outros componentes de significado como, por exemplo, o emotivo ou motivacional que, embora não cognitivo, pode produzir fortes efeitos psicológicos". Os debates entre individualistas e coletivistas estão permeados de conteúdos emotivos e motivações políticas.

Os poucos exemplos em que se realizam as condições que tornam possível um discurso passar da condição de *logos semantikos* metafísico, capaz apenas de ser *compreendido*, para a de *logos apophantikos* científico, suscetível de ter sua verdade ou falsidade estabelecida, deixam de prover a devida sustentação à tentativa de devolver significatividade — não meramente emotiva ou motivacional — à metafísica. O problema é determinar por que muito pouco na história da *cosmologia* — de onde Popper extrai seus principais exemplos — se revela capaz de oferecer "sugestão explicativa" transformável em ciência. Em muitos casos, o elemento especulativo presente em algumas filosofias suscita dúvida quanto à possibilidade de ser efetivamente *compreendido* e mais ainda quanto a seu potencial de ser cientificamente reciclável.

O fato de certas proposições metafísicas suprirem molduras categoriais e sugerirem "encaminhamentos" explicativos, de se constituírem em um *logos semantikos* suscetível de ser traduzido em um *apophantikos*, carece da recorrência e da abrangência indispensáveis para se comprovar que a metafísica *em geral* tem relevância para a ciência. O ocasional aproveitamento da metafísica por ciências como a física é insuficiente para demonstrar que o discurso especulativo é um *logos semantikos* frequentemente passível de ser convertido em um *logos apophantikos.* Nesse debate, desponta crucial a problemática das transformações, principalmente semânticas, que precisam ocorrer para que intuições metafísicas se convertam em hipóteses testáveis.

Se a metafísica supre *pressuposições absolutas* que permanecem como substrato organizador e provedor de identidade das teorias sociais, fica mais fácil entender por que deixa de se desencadear o processo de *empiricização* por meio do qual ocorre a conversão do *logos semantikos* em *apophantikos.* Se a metafísica acompanha sempre a ciência, se é parte constitutiva dela, isso se torna mais visível, como destaca Kuhn, quando da substituição de um paradigma por outro portador de uma visão de mundo diferente. Inexistindo substituição de paradigma nas disciplinas sociais, fica mais difícil identificar o substrato metafísico. Justifica-se supor que os conteúdos metafísicos apropriados pelas disciplinas sociais são impermeáveis a transformações capazes de dar origem a explicações consensualmente aceitas como científicas em virtude de serem absorvidos por teorias caracterizadas pela opacidade referencial. É o caso, por exemplo, do conceito de alienação que, durante muito tempo, teve marcante presença na sociologia.

Mais que despontar *geneticamente* importante para o advento de uma teoria empírica, a metafísica adotada por uma Escola do pensamento social é essencial para distingui-la de outras Escolas. A existência de Escolas nas disciplinas sociais resulta, em boa parte, dos pilares metafísicos adotados, que cumprem a função de prover e firmar a identidade de cada *ismo* encontrável na psicologia, sociologia, politologia etc. Sendo cabível supor que uma teoria científica, por exemplo, astronômica, acabaria sendo formulada com ou sem o *insight* metafísico que a inspirou, no caso das disciplinas sociais, uma teoria muitas vezes só é formulada por obra e graça de uma metafísica, de uma imagem de homem ou de um ideal de sociedade. Em parte, isso ajuda a explicar por que uma teoria social pode se mostrar infensa a transformações que dela expurguem a "carga genética" metafísica.

Popper (1959, p. 277) sustenta que "as teorias que estão em um nível muito alto de universalidade (isto é, muito afastadas do nível atingido pela ciência testável da época) podem dar origem a um 'sistema metafísico'". As teorias sociais também abrigam muitas generalizações irrestritas – a exemplo de "toda ação humana é egotista" — a despeito das grandes dificuldades para submetê-los a controles empíricos eficazes. Algumas dessas teorias se parecem com o que Mills chamou de *Grande Teoria.* Indagando se pode ser reduzida a "verbiagem confusa ou se cabe considerá-la veiculadora de alguma coisa", Mills (1959, p. 34) acredita "na tradução da *grande teoria* para versões 'testáveis'". No entanto, isso tem ocorrido raramente.

2. Presas a molduras metafísicas, são as teorias sociais criticáveis?

A partir de 1949, as conferências de Popper alteram o modo de aferir a metafísica: passam a enfatizar sua relevância de uma maneira que vai além da tese de que pode estar na origem de teorias científicas. Com a guinada, Popper passa a conferir à metafísica a capacidade de formular teorias criticáveis bem como a de indicar problemas e soluções na ciência. Faz isso sem abandonar o *núcleo duro* de sua metodologia, que erige a testabilidade, a submissão a tentativas de refutação, em precondição para uma teoria aspirar à condição de conhecimento. Mesmo em *Conjectures and Refutations*, Popper (1989, p. 257) deixa claro que continua operando com uma tricotômica classificação: "há teorias bem testáveis, parcamente testáveis e não testáveis; estas últimas carecem de interesse para os cientistas empíricos; podem ser descritas como metafísicas". Está longe de ser fácil aferir em qual dessas categorias cabe situar as teorias sociais que, vinculadas a diferentes Escolas, se mostram pouco testáveis a ponto de se poder afirmar que, nesse aspecto, parecem mais próximas das construções metafísicas tradicionais que das teorias das ciências naturais. Sem falar que as disciplinas sociais se envolvem com frequência em confusões semânticas — geradas pelo uso abusivo de termos com opacidade referencial — que criam a ilusão de serem divergências em torno da explicação de fatos. Ao sustentar que "as ciências naturais se mostram bastante livres da discussão verbal, ao passo que o verbalismo era, e continua a ser, descontrolado nas ciências sociais", Popper (1992, p. 18) concorda, ao menos parcialmente, com o diagnóstico "sintático-semântico" — elaborado pelos empiristas lógicos — de que os estudos dos fatos sociais costumeiramente se enredam em "ciladas linguísticas".

Popper valoriza ainda mais a metafísica quando passa a considerar suas teses não só importantes para a ciência como passíveis de crítica. Bartley (1968, p. 50) se pergunta como e por que as ideias de Popper sobre a metafísica mudaram de modo tão significativo. Reportando-se a *Logik der Forschung*, Popper (1992, p. 173) afirma que antes "não tinha compreendido que uma posição metafísica poderia ser racionalmente criticada e discutida a despeito de não ser testável". A seu juízo, a discussão racional de questões metafísicas se deve à possibilidade de avaliação crítica das respostas dadas a elas. Fazendo referência a *Conjectures and Refutations*, Popper (1992, p. 174) advoga que "teorias metafísicas são suscetíveis a críticas e argumentos, uma vez que são tentativas de resolver problemas — problemas talvez abertos a soluções melhores ou piores". Nos textos em que vai além da tese do eventual aproveitamento da metafísica pela ciência, Popper passa também a defender que conteúdos metafísicos fazem parte da dinâmica de produção da ciência, uma vez que são importantes no direcionamento da pesquisa. Sem falar que também podem ser criticamente aferidos, isto é, aceitos ou rejeitados *com base em razões*:

> Não penso mais que exista uma diferença entre ciência e metafísica no que concerne ao ponto mais importante. Encaro uma teoria metafísica como similar a uma científica. É sem dúvida mais vaga e inferior em muitos aspectos; e sua irrefutabilidade ou falta de testabilidade é seu maior vício. Entretanto, podendo uma teoria metafísica ser racionalmente

criticada, inclino-me a levar a sério sua implícita reivindicação de ser considerada, tentativamente, verdadeira. (Popper, 1982, p. 199)

Quando muda sua visão a respeito da diferença, e da relação, entre ciência e metafísica, Popper passa a encarar a segunda como similar à primeira no sentido de que também a metafísica pode reivindicar para suas teorias a condição de tentativamente verdadeiras. A despeito de defeitos como o de tender a incorrer em vaguidade e carecer de testabilidade, a metafísica pode, no entender de Popper, ser aproximada da ciência em virtude de também ser criticável. É questão controversa que a metafísica, carente de falsificadores potenciais, seja passível de crítica objetiva e que as divergências entre suas teorias possam ser superadas por meio da crítica. Encarar a metafísica como criticável é uma visão que pode ser ainda mais questionada caso avaliemos sua presença nas disciplinas sociais.

O substrato metafísico da psicanálise, por exemplo, tem sido fortemente atacado por outras Escolas que, longe de desejarem com ele entabular intercâmbio crítico, ambicionam eliminá-lo. O behaviorismo rejeita as *pressuposições absolutas* que levam, por exemplo, à postulação da existência do inconsciente sem se preocupar em superar as dissonâncias cognitivas com a psicanálise. Em entrevista dada a Evans (1968, p. 5), Skinner diz que "o aparato mental freudiano não faz sentido para mim apesar das importantes contribuições de Freud". Uma teoria social raramente se esforça para tornar a outra (mais) testável. Fica a impressão de que as Escolas congelam suas diferenças substantivas e metodológicas em razão de adotarem molduras metafísicas impermeáveis à crítica. Os principais alvos críticos de Popper nas ciências sociais, o holismo/coletivismo e o historicismo, sofrem ataques baseados em posições metodológicas, políticas e éticas incapazes de eliminar a dúvida de se a aferição da metafísica subjacente a uma vertente do pensamento social pode ser feita sem que se recorra a uma metafísica alternativa.

Apesar de abrir mais espaço para a metafísica ao considerar suas teses criticáveis, Popper continua a chamar de metafísico o que é insuscetível de teste/refutação e desprovido do tipo de valor cognitivo reivindicado pela ciência. Alargando as bitolas de seu critério de demarcação, Popper é levado a encarar a criticabilidade, e não mais a estrita falsificabilidade, como o que permite a uma teoria se apresentar como uma proposta *tentativa* de postulação da verdade (provisória). Deixa, entretanto, de indicar de forma precisa a modalidade de crítica em condições de funcionar como mecanismo capaz de promover a aceitação ou a eliminação consensual de conteúdos que vão além do empiricamente constatável em disciplinas de cientificidade controversa como as sociais. A tese de que o conteúdo especulativo é passível de ser criticamente discutido por meio da contraposição de argumentos deixa de encontrar respaldo nas disciplinas sociais marcadas por disputas metodológicas e substantivas cuja inconclusividade em boa parte resulta da petrificação de escolhas metafísicas.

Difícil aferir a eficiência da atividade de criticar, em comparação com a de testar, principalmente quando estão envolvidas ideias metafísicas agrupadas de modo a formar um sistema explicativo cuja avaliação dificilmente pode ser feita parte por parte. À diferença das visões gerais de natureza, as de sociedade são menos permeáveis às críticas objetivas na medida em que a existência de várias Escolas faz com que ataquem umas às outras acolhendo *pressuposições absolutas* eivadas de valores e ideologias. O arrazoado de Popper de que a metafísica é criticável negligencia o fato de que nas disciplinas sociais predomina a "*negação*" da alteridade em detrimento da efetiva aferição crítica.

Zahar (2007, p. 207) sublinha que "um enunciado é, no fim das contas, científico, isto é, empiricamente falsificável, ou irrefutável e metafísico; nesse caso, temos duas classes disjuntas que parecem não deixar espaço para uma categoria intermediária". Na falta da categoria intermediária, torna-se complicado entender de que modo ocorre a tradução que enseja verter o metafísico em científico. Por essa razão, pensamos que a posição de Popper se envolve com o pressuposto de que há uma espécie de "fantasma especulativo" no "corpo empírico" da ciência. Isto porque os testes empíricos — sempre capazes de levar à refutação — não têm como incidir diretamente sobre a metafísica que organiza e direciona uma teoria científica.

Conceber as teorias metafísicas, tanto quanto as científicas, como criticáveis, como tentativas de resolver problemas, exige determinar por que tem se revelado difícil propor soluções, ainda que superáveis e provisórias, para os problemas metafísicos suscitados pela pesquisa social. Não sendo criticáveis nos mesmos termos, nem passando pelos mesmos tipos de controle que as teorias das ciências naturais, as sociais são confeccionadas no interior de Escolas que, com suas pressuposições metafísicas idiossincrásicas, propõem modos conflitantes ou excludentes de enfrentamento dos problemas. Temos assim um quadro parecido com o que pode ser encontrado na história da filosofia. Ademais, as críticas de uma Escola à outra, seja na metafísica ou nas disciplinas sociais, coloca em dúvida se a avaliação externa, escorada em outras *pressuposições absolutas*, é eficaz na indicação objetiva de erros e defeitos. A dificuldade de selecionar a melhor quando há proliferação sugere que cada teoria social se protege no casulo da tradição metafísica à qual se vincula. Reiteramos nossa tese de que as teorias sociais preservam seu núcleo metafísico não só por falta de indicação clara de falsificadores potenciais, mas principalmente por necessitarem defendê-lo para formarem e firmarem suas identidades.

Toda essa discussão também conduz à intrincada problemática de se as teorias devem ser aferidas parte por parte, proposição por proposição ou se formam totalidades explicativas irredutíveis às partes componentes. Nas disciplinas sociais, os propositores do método dialético, por exemplo, entendem que as teorias são irredutíveis ao escrutínio separativo executado pelos procedimentos verificacionistas, confirmacionistas ou refutacionistas. Popper se mostra ambivalente quanto ao que vai da metafísica — *insights* isolados ou quadros gerais sobre a realidade — para a ciência. Na fase em que acredita ser a metafísica passível de avaliação crítica, Popper parece descrer da migração de conteúdos separados a ponto de defender que a metafísica, à semelhança da ciência, se dedica a solver problemas, e que a avaliação metodológica se volta para conjuntos de problemas interligados:

> Se uma teoria metafísica é uma asserção mais ou menos isolada, não mais do que o produto de uma intuição ou um insight que nos chega sob a forma do imperativo "pegue-a ou largue-a", então pode ser impossível discuti-la racionalmente. Contudo, o mesmo seria verdadeiro de uma teoria 'científica'. Se alguém nos apresentar as equações da mecânica clássica sem primeiro explicar que problemas se propõem a resolver, então seremos incapazes de discuti-los racionalmente [...]. Em outras palavras, qualquer teoria racional, independentemente de se científica ou metafísica, é racional apenas porque se liga a outras coisas, porque é uma tentativa de resolver certos problemas, e pode ser discutida racionalmente apenas em relação à situação-problema à qual está vinculada. (Popper, 1982, p. 200)

Contra a visão de que o que leva ao abandono de uma tradição científica por outra proclamada superior é, no essencial, a descoberta de novos fatos, Butterfield (1959, p. 1) advoga que casos clássicos de redefinição de rumos em ciência devem ser encarados como um processo no interior do qual são manipulados basicamente os mesmos fatos. A diferença fundamental é a de que os fatos, concatenados consoante um novo sistema de relações, geram uma estrutura explicativa diferente, portadora de outra identidade. As tantas teorias elaboradas pelas diversas Escolas das ciências sociais podem ser vistas como diferentes maneiras de reconstruir explicativamente os mesmos fatos. Deixa de ocorrer uma efetiva aferição metodológica quando coexistem indefinidamente várias ópticas sem que uma delas desponte superior em termos explicativos. Nas ciências naturais, a introdução de um novo modo de encarar velhos fatos é episódica e, se acolhida, pode representar a eclosão de uma revolução, ao passo que nas sociais é constante a proposta de um "novo olhar" sem que ocorram as grandes mudanças teóricas desencadeadas pela proposição de novas formas de encarar velhos fatos.

Essa visão de que uma nova teoria científica poder ser vista como lidando com os mesmos fatos, porém os enquadrando em novos sistemas relacionais — capazes até de redefinir a teia ontológica da qual fazem parte — atribui à metafísica o potencial de ser importante na provisão de ópticas globais inovadoras. As teorias sociais têm aberto diferentes janelas de observação da realidade sem, no entanto, introduzirem "reconstruções dos fatos" aceitas *consensualmente* pela comunidade científica como revolucionárias, como subversoras de modos consolidados de entender o que se passa na realidade. Ao multiplicarem ópticas sem que seus respectivos méritos relativos sejam objetivamente estabelecidos, as disciplinas sociais favorecem não só a formação de Escolas, mas também seu entrincheiramento em torno de pressupostos exclusivos. Óculos *reconhecidos* como provedores de acesso a novas "realidades" estão ausentes das disciplinas sociais na medida em que o avanço apregoado por uma Escola deixa de ser avalizado por outras.

Fazendo parte de visões de mundo, os conteúdos metafísicos são importados pelas disciplinas sociais sob a forma de quadros ontológicos — por exemplo, individualistas ou holistas —, imagens de homem, ideais de sociedade etc. Deixando de ocorrer a migração para a ciência pela via da inoculação de conteúdo empírico em componentes metafísicos específicos, o reprocessamento para a linguagem empírica se torna intrincado. Mesmo porque o que se transfere para a ciência é uma inteira moldura metafísica. Se não ocorre a absorção de conteúdos isoláveis da metafísica, as ciências sociais acolhem *sistemas* de *pressuposições absolutas* por meio dos quais enquadram e organizam os conteúdos empíricos.

A partir das conferências de 1949, Popper (1992, pp. 172-5) emprega a expressão "*programas metafísicos de pesquisa*", que só vai aparecer nos escritos posteriores a 1958. Depois de apresentá-los como uma possível plataforma para teorias científicas testáveis, Popper (1982, p. 195 e p. 161) diz chamá-los de "programas de pesquisa" por incorporarem, junto com uma visão geral de quais são os problemas mais prementes, uma ideia geral do que seria uma solução satisfatória. Em sua opinião, esses programas resultam de visões gerais da estrutura do mundo e, ao mesmo tempo, de visões gerais das situações-problema na cosmologia física. Podem ser descritos como física especulativa ou talvez como antecipações especulativas de teorias físicas testáveis.

No entender de Popper (2001, p. 161), a cosmologia de Parmênides — em associação com sua epistemologia, lógica e metodologia — corporifica um *programa metafísico de pesquisa* na medida em que "sugere não só novos problemas a investigar, mas também que tipo de solução para esses problemas seria considerado satisfatório". Para reforçar a defesa da metafísica, Popper (1982, p. 32) faz referência aos "programas de pesquisa da ciência que até o presente momento despontam insuscetíveis de teste". Apesar de enfatizar que esses *programas* "são pertinentes à ciência e desempenham papel crucial em seu desenvolvimento", Popper lhes atribui *utilidade* apenas *potencial* na medida em que "normalmente ainda não possuem o caráter de teorias científicas testáveis". Por nada mais encerrarem que a possibilidade de se tornarem empiricamente controláveis "são muito mais difíceis de criticar do que as teorias e muito mais fáceis de reter de modo acrítico".

Popper deixa de especificar de modo unívoco o que caracteriza os *programas metafísicos de pesquisa* e de problematizar a origem e a causa das pronunciadas diferenças nos modos com que ciências naturais e sociais lidam com o que não é testável e nos procedimentos empregados para tentar expurgá-lo ou *empiricizá-lo*. Popper (1974, p. 984) se limita a apregoar que seu critério de demarcação "é suficientemente acurado para fazer uma distinção entre muitas teorias físicas e teorias metafísicas como a psicanálise ou o marxismo (no caso deste, sua atual formulação, distinta da original)". Chega a apresentar essa como uma de suas principais teses, e que alguém que não a tenha entendido não pode dizer que compreendeu sua teoria. Tornando-se defensor da identificação do método científico — pelo menos em uma primeira aproximação — com o *método crítico*, Popper passa a advogar que a metafísica também é criticável, por mais que ressalve que suas teorias são insuscetíveis de teste. Em razão de entender que "o método da ciência consiste na escolha de problemas e na crítica de nossas sempre tentativas e provisórias buscas de solução para eles", Popper (1977, p. 98) vislumbra um lugar para a metafísica — por considerá-la criticável — no interior da própria ciência.

Sem deixar de continuar a identificar "metafísico" com não falsificável, Popper (1982, pp. 162-4) enumera os dez mais importantes e influentes programas metafísicos de pesquisa na *história da física*: 1) A tese de Parmênides de que o universo é uma esfera homogênea e imutável; 2) O atomismo; 3) O programa de geometrização de Platão e outros; 4) A concepção de Aristóteles das propriedades e potencialidades essenciais; 5) A Física do Renascimento de Kepler, Galileu e outros; 6) A teoria do universo como um relógio proposta por Descartes e outros; 7) A teoria de que o universo consiste em forças (Newton, Leibniz, Kant, Boscovich); 8) A teoria do campo, associada a Faraday e Maxwell; 9) A ideia de um campo unificado (Einstein e outros); 10) A teoria indeterminista das partículas associadas à interpretação da teoria quântica de Born. Além desses, Popper (1982, pp. 192-211; 1990, pp. 1-26) aponta o esboço daquele que seria o décimo primeiro programa metafísico de pesquisa — capaz de incorporar elementos de todos os dez programas supracitados — para o qual o universo consiste em um campo unificado de propensões.

Visto que na lista inexiste caso tirado das disciplinas sociais, Popper deveria ter discutido a que se deve a dificuldade de *programas metafísicos de pesquisa* darem origem a sistemas explicativos reconhecidos como científicos por diferentes Escolas de pensamento presentes nas ciências sociais. Se a conversão da metafísica em ciência pode ser verificada na física, cumpre tentar elucidar as causas de isso deixar de ocorrer na psicologia ou sociologia. Em seus influentes escritos sobre temas político-sociais, Popper não nos oferece um exemplo emblemático de uma teoria metafísica originadora de uma teoria social amplamente acolhida como científica. Em razão de o tipo de recuperação da metafísica tentado por Popper poder ser questionado por falta de respaldo em exemplos extraídos da história das disciplinas sociais, ficou faltando discutir as causas de os conteúdos metafísicos que ingressam nas disciplinas sociais se revelarem pouco permeáveis à crítica baseada em critérios compartilhados. Reiteramos nossa tese de que a metafísica deixa de suprir *insights* criticáveis às ciências sociais devido ao fato de ser essencial à construção da *identidade* das diferentes Escolas. Pode-se dizer que cada Escola se singulariza pela adoção de *quadros metafísicos* — misturados a componentes semânticos, metodológicos e ontológicos — incomensuráveis com os de outras Escolas.

Reportando-se à longa história do aproveitamento da metafísica na construção do conhecimento da natureza, Popper sustenta que "de Tales a Einstein, do atomismo antigo à especulação de Descartes sobre a matéria, das especulações de Gilbert, Newton, Leibniz e Boscovich acerca das forças às de Faraday e Einstein em torno dos campos de forças, as ideias metafísicas têm apontado o caminho". Para Popper (1959, p. 19), é um fato "que as ideias puramente metafísicas — e, portanto, filosóficas — têm-se mostrado da maior importância para a cosmologia". Tendo em vista que os exemplos de programas metafísicos de pesquisa originadores de teorias científicas se circunscrevem ao campo da física, da astronomia, da cosmologia em geral, quando se reporta às ciências sociais Popper faz menção a um só caso, o da psicanálise, sem deixar de ressalvar que tem sido incapaz de superar o status de programa metafísico de pesquisa. Isso equivale a reconhecer que o potencial de teorias metafísicas se transformarem em teorias consensualmente acolhidas como científicas nunca se tornou realidade nas disciplinas sociais. Reportando-se às teorias de Freud e Adler, Popper (1989, p. 37) emite nos anos 1960 o veredicto de que "são simplesmente não testáveis, irrefutáveis; inexiste comportamento humano concebível que as contradiria". Uma década depois, Popper (1974, pp. 984-5) reitera essa avaliação dando a entender que para as disciplinas sociais se tornarem científicas há um só caminho: a adoção dos procedimentos metodológicos do racionalismo crítico.

Apresentando a psicanálise como exemplo de programa metafísico de pesquisa, Popper (1974, p. 985) faz questão de ressaltar que tem permanecido nessa condição: "é uma metafísica psicológica interessante, que contém alguma verdade, como muito frequentemente ocorre com as ideias metafísicas, mas que nunca foi uma ciência". Por mais que nunca tenha conseguido superar o estado de programa metafísico de pesquisa, a psicanálise contém, no entender de Popper, noções e afirmações que possuem o potencial de reprocessamento capaz de vir a originar uma teoria testável. Na qualidade de programa metafísico de pesquisa, alguns de seus *insights* podem vir a ser traduzidos para proposições empiricamente aferíveis:

> O que impede suas teorias [de Freud e Adler] de serem científicas é muito simplesmente o fato de que não excluem qualquer comportamento humano fisicamente possível. O que quer que uma pessoa possa fazer é, em princípio, explicável em termos freudianos ou adlerianos [...] a teoria é compatível com tudo que possa acontecer — mesmo sem recorrer a qualquer tratamento especial de imunização. (Popper, 1974, p. 985)

Popper (1974, p. 984) classifica a psicanálise e o marxismo de teorias metafísicas sem deixar de indigitar uma diferença fundamental: a psicanálise tem o defeito de buscar a todo custo proteção contra o risco de refutação enquanto o marxismo é acusado de procurar se imunizar contra a evidência desfavorável por meio do lançamento artificial de hipóteses *ad hoc*, que "salvam" a teoria ao custo de abandonar completamente sua base empírica original. Criticando essas influentes teorias por adotarem a metodologia errada, Popper (1992, p. 43) afirma ter ficado chocado com o fato de os marxistas, que postulavam a condição de cientistas sociais, e os psicanalistas, de todas as escolas, interpretarem qualquer evento concebível como uma verificação de suas teorias: "esse quadro juntamente com meu critério de demarcação levou-me a esposar a visão de que apenas refutações tentadas, mal sucedidas como refutações, devem ser consideradas 'verificações'".

Diferentemente da psicanálise, o marxismo foi um dia ciência na medida em que elaborou uma teoria que acabou refutada por fatos que colidiram com suas previsões. No entender de Popper (1974, pp. 984-5), deixou de ser ciência "por ter quebrado a regra metodológica que estatui que a falsificação precisa ser aceita". Isso significa "que se imunizou contra as refutações mais flagrantes de suas previsões".

Segundo Popper: "desde então, pode ser descrito como não ciência, como um sonho metafísico casado com uma realidade cruel". Na avaliação comparativa, Popper (1974, p. 985) advoga que "enquanto o marxismo tornou-se não científico em virtude de adotar uma estratégia de imunização, a psicanálise se mostrou imunizada desde o início e assim permaneceu". Contrastando-os com a maioria das teorias físicas, Popper sustenta que estas se apresentam "completamente livres de táticas imunizadoras e são altamente falsificáveis desde o começo; excluem, em regra, uma infinidade de possibilidades concebíveis".

Além de "um quadro possível de referência para teorias científicas testáveis", os *programas metafísicos de pesquisa* são por Popper (1992, p. 195) reputados indispensáveis à ciência por mais que não tenham como integrar, dada sua falta de testabilidade, o corpo de teorias passíveis de ser chanceladas como científicas. Na nova fase de "salvamento" da metafísica, Popper (1982, p. 161) sublinha que "ao usar este termo *'programas metafísicos de pesquisa'* pretendeu chamar a atenção para o fato de que em quase todas as etapas do desenvolvimento da ciência estamos sob a influência de ideias metafísicas, isto é, insuscetíveis de teste":

> Originalmente, todos eram metafísicos, em quase todos os sentidos da palavra (embora, com o tempo, alguns se tenham tornado científicos); eram vastas generalizações, baseadas em várias ideias intuitivas, a maioria das quais nos parece agora equivocada. Eram imagens unificadoras do mundo — do mundo real. Eram altamente especulativos e, originalmente, não testáveis. Na verdade, de todos podemos dizer que se assemelhavam mais aos mitos ou aos sonhos do que à ciência. No entanto, ajudaram a dar à ciência seus problemas, seus propósitos e sua inspiração. (Popper, 1982, p. 165)

Indo além da tese do reaproveitamento da metafísica pela ciência, Popper (1982, p. 161) sustenta: "ideias metafísicas servem não apenas para definir os problemas a explicar, que são escolhidos, mas também os tipos de resposta que devem ser considerados adequados, satisfatórios ou aceitáveis, e de que modo representam melhorias ou avanços em relação às respostas anteriores". A conclusão de Popper é a de que "a discussão desses programas ocorre apenas ocasionalmente e que, o mais das vezes, permanecem implícitos nas teorias, atitudes e julgamentos dos cientistas". Resta saber por que nas disciplinas sociais, que enfrentam desafios especiais para (a)firmarem sua cientificidade, os programas metafísicos de pesquisa se mantêm impermeáveis à *conversão empírica.* Se as Escolas ficam sem uma linguagem empírica compartilhada é porque disputas metodológicas e substantivas se mantêm dependentes de diferentes substratos metafísicos. Deixa de existir a travessia para teorias refutáveis se a metafísica é fundamental para prover *identidade* "última" às teorias sociais.

3. O sucesso explicativo das ciências sociais depende de imitarem o método das naturais?

Popper acalentou o objetivo de colocar em debate as relações entre as teses epistemológicas abraçadas e as posições assumidas no campo da filosofia política que, estando em discussão o individualismo ou o coletivismo, podem se associar ao reformismo gradualista ou à engenharia social pesada devotada à consecução de finalidades redentoras em que pesem as consequências não projetadas e os efeitos indesejados das decisões tomadas e das ações executadas.

Popper (1992, p. 139) deixa claro que as ciências sociais nunca exerceram sobre ele a mesma atração que as naturais. O interesse maior pelas ciências naturais pode ser atribuído, em boa parte, ao fato de suas teorias se mostrarem de mais fácil submissão ao esquema metodológico crítico-refutacionista adotado. Por outro lado, Popper (1992, p. 129) afirma que por muito tempo esteve pensando nos métodos das ciências sociais: "afinal de contas, em parte foi uma crítica ao marxismo que me colocou, em 1919, a caminho da elaboração da *Logik der Forschung*". O livro *The Poverty of Historicism* representava, na avaliação de Popper à época, "uma espécie de aplicação das ideias da *Logik der Forschung* aos métodos das ciências sociais". O interesse menor pelas ciências sociais fica ainda mais patente quando Popper (1992, p. 139) declara que "a única ciência social teórica que o atraía era a economia". Isso não o impede de reputar fundamental comparar as ciências naturais com as sociais com o fito, entre outros, de determinar se os métodos que empregam são os mesmos ou se a existência de fenômenos como o da *self-fulfilling prophecy* (profecia que se autocumpre) e o da *suicide prophecy* (profecia suicida), além da significatividade intrínseca dos fatos sociais, exigem que as disciplinas sociais adotem procedimentos distintivos.

Mesmo sendo defensor da unidade do método, mesmo reconhecendo que a *profecia que se autorrealiza* e a *profecia suicida* geram dificuldades metodológicas especiais, Popper (1989, p. 38) introduz a expressão "efeito Édipo" para apontar "a influência de uma teoria, expectativa ou predição *sobre o evento que prevê ou descreve*: há de ser lembrada a cadeia causal — iniciada pela predição desse evento pelo oráculo — que leva Édipo a cometer parricídio". Esse tipo de fenômeno ocorre porque a compreensão que os indivíduos têm das situações em que se encontram faz parte do que é investigado. Como observam Stokes & Shearmur (2016, p. 22), Popper acredita ser possível contornar esse tipo de dificuldade por meio da construção de um modelo ideal — a *lógica da situação* — que em razão de adotar o pressuposto da completa racionalidade do agente se habilita a identificar padrões de comportamento e a prever o que fará determinado agente bem como explicar qualquer desvio do modelo. Nos casos em que se conforma amplamente ao modelo, o comportamento é explicado; quando se afasta há duas possibilidades a considerar: terá sido o modelo refutado ou é preciso buscar explicar como e por que o desvio ocorreu.

Popper deixa de lidar com a questão espinhosa de como e por que a marcante presença de polarizações — por exemplo, explicar o *comportamento manifesto* versus apreender o sentido subjetivo da ação —dificulta a transmutação de conteúdos metafísicos em teorias sociais empíricas. Em escritos devotados a temas das ciências sociais,

Popper (1976, pp. 128) costuma usar o adjetivo metafísico de modo depreciativo: "há algumas razões lógicas para descrever a crença em tendências absolutas como não científica ou metafísica". Para Popper, o "caráter 'metafísico' da crença em tendências que não são específicas, caso das tendências gerais, se deve ao fato de os enunciados que expressam essa crença não poderem ser testados". Fica a impressão de que a metafísica é sempre mal avaliada quando presente nas disciplinas sociais ou quando molda teorias rivais à sua.

Popper (1977, p. 102) pensa que "a investigação lógica dos métodos da economia culmina em um resultado que pode ser aplicado às ciências sociais: existe um método puramente objetivo nas ciências sociais que pode ser chamado de método da compreensão objetiva ou lógica situacional [...] que consiste em entender que a ação foi objetivamente apropriada à situação":

> Por análise situacional entendo certo tipo de explicação tentativa ou conjectural de alguma ação humana que recorra à situação em que o agente se encontra. Pode ser uma explicação histórica no sentido de que se pode querer explicar como e por que determinada estrutura de ideias foi criada. Deve-se admitir que nenhuma ação criativa pode ser plenamente explicada. No entanto, podemos tentar elaborar, de modo conjectural, uma reconstrução idealizada da situação-problema em que o agente se encontrava, de tal maneira a tornar a ação 'compreensível' (ou racionalmente compreensível), ou seja, adequada à sua situação tal qual vista por ele [...]. A tarefa da lógica situacional seria distinguir entre a situação tal qual vista pelo agente e a situação tal como era. (Popper, 1986, p. 179)

Ao conferir ao seu individualismo metodológico o status de científico, Popper como que se considera dispensado de lidar com sua matriz metafísica. Parece acreditar que sua teoria social precisa ser acolhida pelas diferentes Escolas do pensamento social como a única apta a aspirar à condição de científica. Sustentando que "a maioria dos problemas metafísicos pode ser reformulada de modo a se tornar um problema de método científico", Popper (1976, p. 27) parece crer que o *Methodenstreit*, que confronta diferentes e inconciliáveis propostas de procedimentos metodológicos nas disciplinas sociais, é superável caso se adote seu racionalismo crítico. Talvez por isso se mostre despreocupado com o fato de não apontar um só caso de transformação exemplar de uma metafísica em uma explicação consensualmente reconhecida como científica nas disciplinas sociais. O fato é que diferentes e excludentes ontologias e metodologias continuam sendo propostas para lidar com a problemática da relação entre indivíduos e sociedade sem que se justifique creditar à resistência filosófica, ou mesmo ideológica, a falta de consenso até com referência à natureza dos móveis — individuais, grupais ou coletivos — da ação humana.

A tendência entre os propositores do naturalismo metodológico é a de atribuir as dificuldades das disciplinas sociais de se tornarem científicas ao fato de se enredarem em ciladas metafísicas que as impedem de livrar suas teorias de insidiosas teias especulativas. Mesmo incapazes de apontar de modo consensual o método posto efetivamente em prática por ciências consagradas como a física, os defensores da imitação das ciências naturais sempre viram na infiltração da metafísica o Cavalo de Troia a minar a credibilidade epistêmica das teorias sociais. Para Durkheim (1949, p. 14), as regras do método "não implicam qualquer concepção metafísica, qualquer especulação sobre o recôndito dos seres; tudo que exigem é que o sociólogo adote o estado de espírito dos físicos, químicos e fisiologistas quando penetram em uma região ainda inexplorada de seu domínio científico".

Em consequência das grandes dificuldades em se indigitar como *de fato* procedem ciências como a física, em se identificar o método mais apto a lidar com as peculiaridades exibidas pelos fatos sociais, tem-se mostrado inócua a pregação em prol de as ciências sociais imitarem as naturais. Descrendo na existência de um método universal, ou universalizável, Kuhn (1970, p. 58) se coloca contra o naturalismo sublinhando que tanto a História quanto seus conhecimentos o fizeram "duvidar de que os praticantes das ciências naturais possuam respostas mais firmes ou mais permanentes para tais questões [natureza do método e problemas científicos legítimos] do que seus colegas das ciências sociais". A verdade é que têm se mostrado vãs as propostas de se recorrer à metodologia supostamente empregada pelas ciências naturais para barrar a infiltração de ingredientes filosóficos na construção de teorias sociais.

Para Durkheim (1949, p. 27), manter a metafísica afastada das ciências sociais depende apenas de se perceber que "os fenômenos sociais são *coisas* e devem ser assim tratados, e que para demonstrar essa proposição é desnecessário filosofar sobre sua natureza". Contrário a esse "coisalismo", Popper (1977, p. 90) identifica o naturalismo metodológico com a defesa de uma epistemologia de extração empirista, que prega "que se parta de observações e mensurações; o que significa, por exemplo, começar pela coleta de dados estatísticos para, em seguida, se chegar, por meio da indução, a generalizações e à formação de teorias". Em um esquema metodológico desse tipo, é inevitável que todo e qualquer ingrediente metafísico seja sempre visto como pernicioso. Popper endossa a visão de que todas as ciências fazem uso do mesmo método — o proposto por ele — baseado no lançamento de conjecturas ousadas seguidas de implacáveis tentativas de refutação. Supondo que a tese da unidade do método esteja certa, é lícito esperar que as disciplinas sociais tenham o mesmo potencial das naturais de promover o aproveitamento de conteúdos metafísicos. Como isso não ocorre, justifica-se questionar ou bem a tese da unidade do método ou bem a visão de que a metafísica é reaproveitável pela ciência em geral.

Torna-se difícil explicar a *inexistência* de exemplos emblemáticos de transformação de programas metafísicos de pesquisa em teorias sociais científicas em virtude de Popper (1977, p. 89) esposar a tese da *unidade do método*: "o método das ciências sociais, assim como o das naturais, consiste em buscar soluções tentativas para os problemas dos quais partem nossas investigações; soluções são propostas e criticadas, de tal maneira que se uma solução proposta não está aberta à crítica objetiva, então é excluída, embora talvez apenas temporariamente, como não científica". Sendo o método o mesmo, os sempre questionados resultados obtidos no estudo da vida psíquica e social resultam ou bem do emprego do método equivocado ou de as peculiaridades dos fatos sociais dificultarem a aplicação do método apropriado.

As disciplinas sociais têm historicamente apresentado duas grandes vertentes metodológicas. Para a corrente chamada de *Verstehen*, os fenômenos sociais precisam ser *compreendidos* fazendo-se referência aos sentidos atribuídos pelos agentes às suas ações. Sendo assim, os estudos sociais precisam operar com procedimentos metodológicos diferentes dos das ciências naturais. A ação humana, diferentemente do comportamento classificado por Weber de *blos reaktive*, dos puros movimentos corpóreos, está sempre impregnada dos sentidos a ela conferidos. Na busca de compreensão das ações não há como deixar de lado razões, propósitos ou motivos, uma vez que não têm como ser associados em uma relação exclusivamente causal. Em contraposição, a vertente da *Erklären* acredita que os fatos sociais, como quaisquer outros, podem também ser submetidos à explicação causal. Tendo em vista que as disciplinas sociais têm necessidade de fazer uso da *Verstehende Technik* — para lidar com *fatos pré-interpretados* — resulta mais difícil a conversão de conteúdos metafísicos em científicos.

4. É o enraizamento metafísico do debate entre individualistas e coletivistas suprimível?

O confronto entre individualismo e coletivismo pode ser tratado como um estudo de caso exemplar capaz de evidenciar como as divergências metodológicas e ontológicas nas disciplinas sociais conduzem ao entrincheiramento filosófico e não à transformação em ciência do que originariamente tem impregnação metafísica. Desde a inauguração das ciências sociais, as dissensões metodológicas e ontológicas entre individualistas e holistas têm se mostrado incapazes de promover avanços explicativos. As dificuldades da proposta de Popper de resgatar a metafísica por sua eventual utilidade para a ciência podem ser emblematicamente identificadas por meio do exame dos impasses ontológicos e substantivos subsistentes entre o individualismo e o coletivismo metodológico.

Indagando qual a tarefa das ciências sociais e como podem ser úteis, Popper se coloca contra duas influentes modalidades de teoria da sociedade. A primeira advoga que as disciplinas sociais estudam o comportamento de *todos* sociais representados por grupos, nações, classes, sociedades, civilizações etc. Esses *todos* sociais são concebidos como os objetos empíricos estudados pelas ciências sociais da mesma maneira que a biologia se volta para animais e plantas. Popper (1989, p. 341) sustenta que "a crença na existência empírica de *todos* sociais ou de coletivos, caracterizada como coletivismo ingênuo, tem de ser substituída pela exigência de que os fenômenos sociais, incluídos os coletivos, sejam analisados em termos de indivíduos e de suas ações e relações". Alerta, entretanto, para os equívocos gerados pelo individualismo atomista que, em nome da exigência de se centrar a análise nos agentes, resvala para a teoria da conspiração, que encara tudo o que acontece na sociedade — incluindo coisas das quais as pessoas costumam desgostar, como a guerra, o desemprego, a pobreza, a escassez — como resultado do desígnio direto de alguns indivíduos ou grupos poderosos.

Ao descartar as propostas historicistas e holistas de abordagem dos fatos sociais, Popper se mostra convencido de que são portadoras de componentes metafísicos condenados a se manter *intraduzíveis* para a ciência. É questionável que Popper tenha sido bem-sucedido em transformar em teorias testáveis suas teses gerais em defesa do individualismo metodológico. A versão que propõe para o individualismo metodológico está longe de poder ser considerada a única apta a fazer com que as disciplinas sociais construam explicações em condições de reivindicar o estatuto de científicas.

Reportando-se às "tantas especulações cosmológicas que, especialmente em suas formulações iniciais, não têm como ser empiricamente testadas ou falsificadas", Popper (1982, pp. 31-2) ressalta que "essas importantes teorias cosmológicas encerram caráter programático na medida em que moldam e determinam muitas vezes o curso e o desenvolvimento da pesquisa científica". "Possuidoras de caráter metafísico por serem insuscetíveis de teste", as especulações cosmológicas se assemelham às visões de sociedade e de homem que, nas disciplinas sociais, programam e direcionam a pesquisa com a diferença de que conservam indefinidamente sua natureza metafísica original. Sustentando que tais programas metafísicos de pesquisa — por ora insuscetíveis de teste — podem ser encontrados em toda parte, Popper (1982, p. 32) sublinha que "*certamente pertencem à ciência* e desempenham papel crucial no desenvolvimento da ciência; entretanto, carecem em geral do caráter das teorias científicas testáveis; podem se tornar teorias científicas, e isso ocorrendo deixa de haver razão para chamá-los de programas de pesquisa". Popper nunca oferece uma maneira eficiente de enfrentar o desafio de por que o processo de conversão do metafísico em científico tem estado ausente das disciplinas sociais. O fato de os programas metafísicos de pesquisa "serem muito mais difíceis de criticar do que as teorias e muito mais fáceis de reter de modo acrítico", como advoga Popper (1982, p. 32), fica ainda mais nítido quando se avalia sua presença nas disciplinas sociais.

Os conceitos filosoficamente impregnados e as categorias ontológicas a que as disciplinas sociais têm recorrido tornam patente a necessidade, no debate individualismo versus coletivismo, de se identificarem as razões pelas quais as divergências de base metafísica têm permanecido congeladas. Os substratos metafísicos que dão identidade às várias versões do individualismo e do coletivismo parecem impermeáveis a críticas que indiquem de que modo devem ser reelaboradas ou substituídas. Por mais que uma ou outra teoria pareça empiricamente mais controlável, inexistem resultados explicativos — sem dependência a enraizamentos metafísicos específicos — aceitos indistintamente por individualistas e coletivistas.

Mesmo tendo boas razões para qualificar de "metafísico" o holismo que atribui vida e dinâmica próprias a coletivos submetendo-os a nexos causais ou a mecanismos de reprodução independentes das ações individuais, Popper deixa de mostrar de que modo seu individualismo metodológico logrou converter uma metafísica do "ser social" em uma teoria empírica. O que a história das ciências sociais evidencia é que o desafio de elaborar teorias empíricas dotadas de poder explicativo está longe de ter sido superado tanto pelos coletivistas quanto pelos individualistas, de tal maneira que a transformação do metafísico em científico ainda está por ser feita.

Sem a conversão dos componentes metafísicos em teorias testáveis se conservará insuperável o debate entre a óptica estribada na "ação propositada dos indivíduos" e a que concede existência própria, e poder de determinação causal, a coletivos e a seus mecanismos intrínsecos de reprodução. Tornando-se refém de uma metafísica, cada corrente do pensamento social fica sem conseguir *empiricizar* suas teorias. No caso em que a moldura ontológica é escolhida independentemente da teoria, da avaliação de seu potencial de explicar o que supõe existente, a metodologia fica a reboque da ontologia gerando incomensurabilidade com as teorias que optam por outros inventários ontológicos. A ausência de critérios compartilhados faz com que os procedimentos metodológicos adotados por uma Escola se ajustem aos compromissos ontológicos por ela assumidos. Nesse caso, as escolhas ontológicas se tornam decisivas para conferir identidade às teorias sociais dificultando, ou mesmo inviabilizando, a transformação de programas metafísicos de pesquisa em teorias testáveis. Tomando as ciências sociais como referência, desponta mais defensável a tese de Dilworth (2006, p. 184) de que são os princípios ontológicos — e não dados empíricos — que constituem o núcleo da ciência: "esses princípios devem se situar em um nível mais fundamental do que os fatos que os pressupõem".

Para Ruben (1985, p. 3), o individualismo metafísico envolve "duas doutrinas: 1) inexistem entidades sociais irredutíveis e 2) inexistem propriedades sociais irredutíveis". Desse tipo de metafísica não emergiram teorias reconhecidamente testáveis. O levantamento das causas capazes de elucidarem por que deixam de ocorrer transições da metafísica para a ciência nas disciplinas sociais é particularmente complicado quando se acompanha o longevo debate entre os que apregoam que podem explicar os fenômenos em termos de entidades e propriedades de natureza intrinsecamente social e os que advogam que as únicas explicações adequadas são as que remetem, em última análise, ao plano empiricamente controlável dos indivíduos e suas ações. Se "os eventos sociais são causados por pessoas", como sustenta Watkins, a explicação deve se centrar obrigatoriamente nas ações executadas por indivíduos e na identificação de seus móveis e motivações. Para Watkins (1973b, p. 168), "toda situação, instituição ou evento social complexo é o resultado de uma configuração particular de indivíduos, de suas disposições, situações, crenças, recursos físicos e do ambiente". Esses "lugares comuns metafísicos", como os denomina Watkins, levam à consequência metodológica de que os fenômenos de grande escala — como inflação e revolução política — devem ser explicados em termos de situações, disposições, crenças e inter-relações de indivíduos. Do individualismo ontológico se deriva o metodológico, mas também pode ocorrer o contrário.

O embate entre individualistas e holistas pouco avança quando se acolhem teses generalistas como a de que só se podem conhecer as entidades sociais por meio do estudo das ações dos indivíduos em virtude de serem as únicas observáveis. Não é preciso ser holista, para reconhecer que ações dificilmente são *compreendidas* sem que se dispense atenção a mecanismos intangíveis como, por exemplo, os propósitos e os sentidos subjetivos que acompanham as ações. A despeito de a força da gravidade só ser observável pelo acompanhamento de seus efeitos, isso não faz com que a teoria que a identifica e explica seja questionada quanto à sua empiricidade. Se o inobservável fosse recusado em virtude de não se ter como estabelecer de forma direta sua existência, muitas das boas teorias das ciências naturais seriam *in limine* rechaçadas. Nesse sentido, a inobservabilidade dos *todos* e coletivos não impede que, em tese, se tornem objetos de estudo de teorias passíveis de controle empírico. Se por um lado faltam razões para rejeitar a priori a postulação de entidades sociais inobserváveis, por outro, é cabível questionar a capacidade explicativa de teorias que conferem vida própria a coletivos ou a *todos*.

Subordinando o que são e fazem os membros da sociedade a estruturas e processos muitas vezes tratados como em si mesmos subsistentes, os holistas são modelarmente representados por Durkheim com seu argumento de que os fatos sociais têm uma existência externa aos indivíduos com força para coagi-los a ser e a pensar de determinados modos. Dando ao fato social o estatuto ontológico de *chose* (coisa), Durkheim advoga que exerce poder causal irredutível sobre o que são e fazem os indivíduos. Posição diametralmente oposta defende que:

> Em prol da compreensão sociológica, essas entidades [coletivos] permanecem meramente como processos e contextos específicos da ação dos indivíduos, uma vez que apenas estes são passíveis de ser compreendidos como agentes de ação orientada por significados [...]. Para a sociologia, inexiste algo como a 'ação' de uma personalidade coletiva. Quando discorre sobre 'Estado', 'nação', empresa, 'família', 'forças armadas' ou sobre qualquer outro construto similar, está na verdade apenas se referindo a determinado tipo específico, real ou concebível, de ação social executada por indivíduos. (Weber, 2019, p. 90)

As indomesticáveis divergências entre holismo e individualismo fornecem evidência contrária à tese de que o especulativo se presta a fomentar a formação de teorias empíricas. A persistência de embates em que os componentes metodológicos se misturam nebulosamente aos ontológicos indica que os substratos metafísicos resistem às tentativas de traduzi-los para uma linguagem empírica. Mesmo a visão de que o que ocorre no *setting* social pode ser explicado dando-se atenção prioritária às propriedades emergentes não tem gerado pesquisas com resultados alvissareiros. As disputas metodológicas se acrescentam como um fator complicador na medida em que há cientistas sociais que propõem o individualismo em associação com uma abordagem compreensiva (*Verstehen*), caso de Weber, e há outros que advogam o holismo em combinação com uma metodologia empirista circunscrita ao observável e dedicada à elaboração de explicação causal (*Erklären*), caso de Durkheim. Isso ajuda a entender por que nas disciplinas sociais o potencial para uma teoria metafísica se converter em científica raramente se realiza.

O individualismo metodológico popperiano está longe de merecer ser visto como expressão do êxito da atividade heurístico-metodológica por meio da qual um programa metafísico de pesquisa é transformado em teoria testável. A tarefa atribuída por Popper à teoria social — construir e analisar modelos sociológicos em termos descritivos ou nominalistas, ou seja, *em termos de* indivíduos, de suas atitudes, expectativas, relações etc. — tem sido pouco abraçada a despeito de sua penetração na economia. É discutível que o individualismo metodológico seja eficaz em explicar fatos sociais sem precisar recorrer a fatos situados em uma esfera como a institucional. Justifica-se pensar que os pesquisadores já teriam universalizado o programa de pesquisa do individualismo metodológico, associado ao que Popper chama de *lógica situacional*, caso propiciasse explicações mais sólidas de fatos sociais fundamentais. Por essa razão, o caso específico do embate travado entre holistas e individualistas permite melhor identificar as razões pelas quais conteúdos metafísicos têm deixado de se transmutar em teorias consensualmente reconhecidas como científicas. Se a metafísica está enraizada a ponto de atuar na caracterização e enquadramento dos fatos sociais, mas sem dar origem ao tipo de pesquisa empírica capaz de superar impasses ontológicos e metodológicos, então o que nas disciplinas sociais é apresentado como científico é tão difícil de ser epistemicamente avaliado quanto qualquer tese metafísica pura.

Visto que desde os *Founding Fathers* das ciências sociais têm sido elaboradas explicações centradas nas ações individuais ou em coletivos ou *todos* sem que nenhuma tenha sido consensualmente reconhecida como científica, pensamos que a polarização entre individualismo e holismo torna sustentável a tese segundo a qual o substrato metafísico adotado por cada corrente não é constituído de noções específicas, mas da provisão de quadros gerais sobre o mundo das relações sociais. Por mais que os profundos desacordos entre individualistas e coletivistas se situem principalmente no campo da ontologia, as principais objeções de Popper (1976, p. 85) ao coletivismo são metodológicas: (a) descaso para com os experimentos gradualistas, fundamentais à conquista de conhecimento social, seja ele pré-científico ou científico; (b) diminuta capacidade de os experimentos holísticos contribuírem de modo significativo para nosso conhecimento experimental, de tal maneira que podem ser chamados de "experimentos" apenas no sentido em que este termo é sinônimo de uma ação cujo resultado é incerto, mas não no sentido em que é usado para denotar um meio de adquirir conhecimento por meio da comparação entre os resultados obtidos e os esperados. Sendo o coletivismo metodológico passível dessas críticas, cabe problematizar por que as teorias elaboradas com base no individualismo metodológico não conseguem se firmar como científicas.

As dificuldades metodológicas de se realizarem estudos bem fundamentados sobre coletivos ou *todos*, aos quais se costuma conferir identidade e vida próprias, levam Popper (1976, pp. 77-8) a uma conclusão peremptória: "não podem se tornar objeto de estudo científico", e isso é desconsiderado pelos holistas, mesmo por aqueles que admitem que a ciência costuma ser seletiva". Por mais que derivem de argumentos epistemológico-ontológicos, as críticas políticas de Popper aos holismos/coletivismos os vinculam a programas de amplo espectro de intervenção na vida social que acarretam diminuição da liberdade individual. Para Popper (1976, p. 79), "o método holístico está condenado a permanecer um mero programa na medida em que inexiste um só exemplo de descrição científica de um todo". Popper é taxativo na crítica epistemológica aos holistas: "planejam estudar a sociedade por um método impossível". E a condenação política se pretende definitiva: "também planejam controlar e reconstruir nossa sociedade 'como um todo'". Para Popper, o chamado método holístico nada tem de científico e descura que quanto maiores e abrangentes forem as mudanças introduzidas no funcionamento da sociedade, maiores serão as consequências não pretendidas e inesperadas.

Convencido de que o método que propõe — colocar o foco em problemas práticos, elaborar teorias que atuem como tentativas de resolvê-los para implacavelmente testá-las por meio da dura atividade crítica — é aplicável a quase tudo, Popper o invoca para equacionar tanto as questões metodológicas e ontológicas como também as políticas envolvidas no debate entre individualistas e coletivistas. Centrar a análise em indivíduos leva a uma proposta de enfrentamento dos problemas sociais diferente da que supõe que a vida associativa se explica essencialmente pela existência e atuação dos coletivos encarados como portadores de vida própria. A discussão contemporânea em torno, por exemplo, das questões de gênero adota claramente pressupostos — metodológicos e políticos — coletivistas. Por essa razão, os impasses entre individualismo e coletivismo repercutem no tratamento dispensado a muitos dos mais aflitivos problemas das sociedades contemporâneas.

Muitas das teorias que acreditam na existência de processos sociais que, uma vez desencadeados, se desenrolam com total independência da esfera das escolhas e decisões individuais, carecem de referentes objetivamente identificáveis e acompanháveis. A teoria dos indivíduos como marionetes de forças sistêmicas raramente aponta de modo preciso os *referentes* de suas proposições. Já o individualismo que sustenta serem as greves fenômenos sociais iniciados por indivíduos, com intenções específicas, precisa, para ter poder explicativo, *fazer referência* a efeitos que, fora da esfera das decisões individuais, fazem parte das consequências não pretendidas das ações.

Intentando ir além do truísmo de que "instituições não agem, apenas indivíduos nas, pelas e através das instituições", Popper (1977, p. 104) advoga que, mesmo sendo a análise situacional um método individualista, "a lógica situacional geral dessas ações será a teoria das quase ações das instituições". Tudo culminando na construção de uma "teoria das consequências institucionais, pretendidas e não pretendidas, da ação propositada". Desponta mais profícua a tentativa de Popper de evitar o individualismo atomista por meio da proposição de uma teoria das "quase ações" das instituições. A crença de que só indivíduos têm objetivos e responsabilidades é a mais compatível com a *via media* — apropriadamente chamada por Agassi (1975, pp. 144-154) de "individualismo institucionalista" — entre psicologismo e coletivismo. Mesmo despontando empiricamente mais controlável, o "individualismo institucionalista" não tem conseguido comprovar sua superioridade explicativa. Sem sucesso em sua tentativa de desalojar o holismo doutrinário e a metafísica que o acompanha, também enfrenta dificuldade para lidar com a intrincada relação entre sociologia e psicologia.

Reportando-se ao individualismo metodológico de Popper, Winch (1974, p. 895) considera "tentador encarar os objetivos dos indivíduos como primários e os objetivos atribuíveis às atividades como construções mais ou menos complexas a partir dos objetivos individuais". Winch pensa ser "claramente verdadeiro que há inúmeros objetivos visados por homens (e animais) completamente independentes da existência de quaisquer instituições sociais — por exemplo, comer, beber, manter-se aquecido, acasalar-se — por mais que a *forma* com que esses objetivos são perseguidos pelos seres homens desponte bastante dependente de fatores institucionais". Em sua visão, "parece igualmente verdadeiro que inexistem formas institucionalizadas de atividade às quais poderíamos atribuir objetivos sem que existissem seres humanos individuais executando ações com objetivos particulares visados". Reportando-se a uma terceira categoria, aponta a existência de "objetivos atribuíveis a indivíduos apenas porque vivem em uma sociedade que contém instituições, modos de fazer coisas, modos de pensar e formas de vida". Como exemplo, Winch assinala que "o objetivo de fazer, por exemplo, um curso superior requer a existência de uma instituição com regras idiossincrásicas às quais o indivíduo deve se submeter".

Em razão de encarnarem normas e definirem papéis, as instituições detém o poder de moldar *condutas* sociais *típicas* dos indivíduos sem determinarem suas ações específicas. É controversa a tese do determinismo acional exercido por processos e estruturas sociais a ponto de a esfera das escolhas, preferências e decisões individuais se tornar epifenomênica. Em que pese sua função diretiva e modeladora, as instituições se reproduzem sem eliminar a autonomia, ao menos relativa, de ação e decisão dos indivíduos. Apresentando as instituições sociais como o elemento mais importante da situação ao lado do ambiente físico, Popper (1994, p. 167) sublinha que se destacam por colocarem *limites* e *barreiras* à ação. Mais que programar as ações dos indivíduos, as instituições definem *o que não dever ser feito*: "proponho usar o nome 'instituição social' para todas aquelas coisas que estabelecem limites ou criam obstáculos aos nossos movimentos e ações, quase como se fossem corpos físicos ou obstáculos; as instituições sociais são por nós vivenciadas quase literalmente como fazendo parte do mobiliário de nosso habitat". As instituições colocam restrições às ações por meio de normas incumbidas de definir papéis com o propósito de promover o bom funcionamento da engrenagem social.

Este tipo de visão remete ao conceito *negativo* de liberdade elaborado pioneiramente por Hobbes (1971, p. 261): "ausência de oposição entendida como impedimentos externos ao movimento". Concebida como ausência de impedimentos, a liberdade só sobrevive caso as instituições se limitem a introduzir restrições reconhecidamente necessárias ao bom funcionamento da sociedade.

Contra a visão de que "incumbe às ciências sociais estudarem a estrutura, especialmente o movimento, o desenvolvimento e a história de 'corpos coletivos'", Popper (2008, p. 134) sustenta que "o coletivismo deve ser vinculado a visões como a de que o indivíduo é desimportante, ao passo que qualquer 'corpo coletivo' — tais como raça, classe ou nação — é de todo importante, se é que não é divino". Popper (1976, p. 75) reputa "a abordagem holística em ciências sociais como *pré-científica* em virtude de conter um elemento de perfeccionismo; se percebermos que não podemos criar o céu na Terra, mas só melhorar *um pouco* as coisas, dar-nos-emos conta de que podemos apenas melhorá-las *pouco a pouco*". Em razão de também vincular as teorias individualistas e coletivistas a diferentes propostas de intervir na vida social, Popper acusa o coletivismo metodológico de fomentar a engenharia social, que acalenta a pretensão desmesurada de remodelar as instituições com fito de fazer nascerem formas pretensamente mais justas e equilibradas de relacionamento entre os homens. Carentes de cientificidade, as teorias coletivistas nutrem a ambição de dar suporte a programas político-sociais intervencionistas ligados a projetos autoritários de poder. Da falta de justificação metodológica Popper deriva a ilegitimidade política. Nesse caso, molduras metafísicas se prestam facilmente a instrumentalizações ideológicas.

Advogando que muito do que constitui a vida social é viabilizado por variados tipos de instituição, Popper (1989, p. 342) se coloca contra o individualismo *atomista* argumentando que a principal tarefa das ciências sociais teóricas consiste em traçar as repercussões sociais não pretendidas das ações humanas intencionais. A atenção à problemática das consequências mais remotas das ações possíveis evita o voluntarismo cego, bem como a ética dos fins últimos — ou da *convicção* — que se dedica a uma causa que reputa justa sem preocupação com os efeitos possíveis não pretendidos e indesejáveis que podem ser gerados ao longo da caminhada em direção ao fim colimado. O individualismo metodológico de Popper se singulariza pela tese de que nem todas as consequências das ações são conscientemente projetadas e explicáveis em termos de necessidades, esperanças e motivos. Mesmo as que despontam resultantes das ações humanas conscientes e intencionais são subprodutos indiretos, involuntários e muitas vezes indesejados, das ações. Uma ação que se desdobre de acordo com a intenção não gera, para Popper (1971, p. 96), problema para a ciência social — a não ser que o pesquisador se defronte com a necessidade de explicar por que repercussões não intencionais deixaram de acontecer.

Ao serem dissociados da adoção de um método psicológico, os princípios do individualismo metodológico podem ser combinados, segundo Popper (1976, p. 142), "com a visão de que as ciências sociais são comparativamente independentes de pressupostos psicológicos, e que a psicologia pode ser tratada não como base de todas as ciências sociais, mas como uma ciência social dentre outras". Apesar de reputar "falsa a crença de que o 'psicologismo metodológico' é um corolário necessário do individualismo metodológico", Popper (1976, p. 30) rejeita a tendência a realizar o estudo de entidades sociais como o Estado, a ação econômica, o grupo social etc., por meio do coletivismo metodológico. Mesmo acreditando ser "completamente inatacável a doutrina de que devemos tentar entender todos os fenômenos coletivos como resultantes das ações, interações, objetivos, esperanças e pensamentos de homens individuais, e como decorrentes das tradições criadas e preservadas por homens individuais", Popper (1976, pp. 157-8) defende que o individualismo seja desvinculado do psicologismo.

Para Popper (1976, p. 158), a psicologia não é a base das ciências sociais porque é apenas uma delas. Pode-se contra-argumentar que, mesmo sendo apenas uma delas, nada a priori impede que se revele basilar. Menos discutível é a forma com que Popper ataca o psicologismo considerando-o "insustentável à luz de evidências como a de que 'a natureza humana' varia consideravelmente de acordo com as instituições sociais, de tal maneira que estudá-la pressupõe uma compreensão dessas instituições". Contra o primado da psicologia, Popper prega que as ciências sociais estão em grande parte preocupadas com as consequências ou repercussões não intencionais das ações humanas. No entender de Popper, "não intencional" não significa "não *conscientemente* pretendido", mas sim as repercussões que podem violar *todos* os interesses do ator, conscientes ou inconscientes. O exemplo de Popper é bem elucidativo: "embora algumas pessoas possam alegar que o gosto por montanhas e solidão é explicável psicologicamente, o fato é que se muitas pessoas gostam de montanhas acabam não podendo desfrutar de solidão; este não é um fato psicológico, mas gera um tipo de problema que está na raiz da teoria social".

Para Popper (1971, p. 91), o psicologismo está certo apenas na medida em que faz a defesa do chamado "individualismo metodológico", em que insiste que o "comportamento" e as "ações" dos coletivos, como Estados ou grupos sociais, devem ser reduzidos ao comportamento e às ações dos indivíduos humanos. Contudo, o psicologismo se equivoca quando abraça a crença de que a opção pelo método individualista torna obrigatória a escolha de um método psicológico. O fato de os indivíduos serem os principais agentes causais nos processos sociais não faz com que leis ou teorias sociais sejam redutíveis a leis concernentes a fatores da vida psíquica. Visto ser injustificável decretar que entidades sociais não possuem leis específicas, a psicologia não tem como questionar o grau de autonomia explicativa reivindicado pela sociologia. Popper (1971, p. 90) faz uma defesa da autonomia da sociologia de natureza institucionalista para a qual nenhuma ação pode ser adequada e exaustivamente explicada apenas por meio de motivos.

Não fica bem caracterizada a relevância do papel do fato(r) psicológico tendo em vista que Popper (1971, p. 98) recorre frequentemente a uma defesa genérica do individualismo metodológico — "todos os fenômenos sociais, especialmente o funcionamento de todas as instituições sociais, devem sempre ser compreendidos como resultantes das decisões, ações, atitudes etc. de indivíduos humanos". Ou a uma defesa vaga: "nunca devemos ficar satisfeitos com uma explicação em termos dos chamados 'coletivos' (Estados, Nações, raças etc.)". Popper fala de *insatisfação* com o coletivismo metodológico como se não o rechaçasse como "metafísico" e pseudocientífico. Ademais, atribui ao psicologismo o erro de presumir que a adoção do individualismo metodológico implica o programa de redução de todos os fenômenos sociais e regularidades sociais a fenômenos e leis psicológicos. As dificuldades de estabelecer de que modo se dá a articulação entre o plano individual e o institucional têm impedido o individualismo institucionalista de ser acolhido como científico.

Na discussão crítica do individualismo metodológico, é importante levar em conta as ponderações de Lukes (1968, p. 120) contra o "Atomismo Social Truístico" para o qual "uma sociedade é constituída por pessoas, os grupos consistem de pessoas e as instituições são formadas por pessoas mais regras e papéis; as regras são seguidas (ou, alternativamente, não seguidas) por pessoas e papéis são desempenhados por pessoas; em suma, tradições, costumes, ideologias, sistemas de parentesco, línguas, são maneiras de as pessoas agirem, pensarem e falarem". Para Lukes, "o 'atomismo social truístico' se compõe de proposições banais sobre o mundo, que são analiticamente verdadeiras em virtude do significado das palavras". A doutrina do individualismo metodológico tem sido avaliada por alguns pensadores, como destaca Lukes, como enunciadora do truísmo de que os fatos sobre a sociedade e os fenômenos sociais (individuais) devem ser explicados unicamente em termos de fatos sobre indivíduos.

Lukes também chama a atenção para a existência de uma versão de individualismo metodológico que se compromete com a teoria do significado que apregoa que cada enunciado sobre fenômenos sociais é um enunciado sobre seres humanos individuais ou é ininteligível e nada informa ou comunica. Essa teoria implica que todos os predicados aplicados a fenômenos sociais são definíveis em termos de predicados atribuídos apenas a fenômenos individuais, que todos os enunciados sobre os fenômenos sociais são traduzíveis, sem perda de significado, para enunciados inteiramente sobre indivíduos. Jarvie (1959, p. 57) formula assim a versão *linguística* do individualismo: "exército é meramente plural de soldado, e todos os enunciados sobre o exército podem ser reduzidos a enunciados sobre os soldados particulares que compõem o exército". Visto que Popper deprecia os critérios de significatividade, como o da verificabilidade, o tipo de individualismo que professa não deve ser associado à versão "linguística".

Em alguns textos, Popper dá a impressão de propor uma ontologia aferrada ao discutível pressuposto de que no mundo social apenas indivíduos são *reais*, no sentido de que só eles têm efetividade causal. Tal visão costuma levar à conclusão problemática de que os fenômenos sociais são construções da mente, desprovidos de existência própria, sem correspondentes na realidade. Se o que existe for reduzido ao que é observável acaba-se advogando a teoria falsa de que só os fenômenos *nos* indivíduos são reais e identificáveis; como se inexistissem fenômenos sociais observáveis e como se todos os fenômenos *nos* indivíduos — como atribuir sentido ou propósito à ação — fossem observáveis. Popper (1976, p. 140) se mostra ambíguo quando se contrapõe à concepção de "que entidades sociais como instituições ou associações são entidades naturais concretas, como multidões de homens" para advogar que são "modelos abstratos construídos para interpretar certas relações abstratas selecionadas entre indivíduos".

Na versão forte, o individualismo se aproxima da visão que encara o que se situa em um plano tido por supraindividual como resultante de atividade de pura abstração. Com isso, esposa um nominalismo para o qual apenas indivíduos são reais, identificáveis por meio de coordenadas espaço-temporais, não passando os coletivos de *meras ficções interpretativas*.

Se *o que existe* são apenas indivíduos, o *social* subsiste apenas na mente, como algo abstraído dos indivíduos de carne e osso. A concepção verbalista de '*todos* sociais' apregoa que, nada sendo que sopros da voz, estão condenados a receber tratamento metafísico. No entanto, o coletivismo pretende ser uma forma especial de realismo à luz do qual se mostra justificável supor que os 'todos sociais' são como as *choses* durkheimianas portadoras de mecanismos próprios de reprodução e capazes de afetarem as partes. Nesse caso, o todo social tem vida própria, está presente em todos os indivíduos, programando suas ações, a ponto de ser impossível dos *todos* separar as identidades das partes. Nesse sentido, o todo social é anterior (*ante rem*) às características e ações individuais, é o ente originário sem o acompanhamento do qual deixa de ser possível compreendê-las. Sendo a realidade no que tem de essencial, para além da diáspora dos particulares, confundida com o *todo*, este é o único objeto possível de conhecimento.

Somos de opinião que o individualismo metodológico, acoplado à lógica da situação, é um programa metafísico de pesquisa ainda à espera de transformações que o convertam em ciência. Sendo assim, pode-se aplicar no exame do individualismo metodológico de Popper seu próprio ferramental conceitual com o fito de determinar se superou a condição de programa metafísico de pesquisa. Não respalda o individualismo o fato de as teorias holistas costumarem se imunizar de modo mais visível da exigência de testabilidade, de fazerem afirmações difíceis de controlar empiricamente. Não justifica o individualismo metodológico o fato de as teorias que incorrem na *falácia da concreção deslocada*, promovendo a reificação — e até a personificação ou animização de coletivos como classes sociais — serem metafísicas talvez condenadas a permanecerem insuscetíveis de conversão em teorias empíricas.

As dicotomias metafísicas essenciais persistem nas disciplinas sociais em virtude de não se ter chegado a teorias capazes de comprovar que as ações humanas devem ser encaradas como programadas pelas estruturas/sistemas ou, ao contrário, que os fatos sociais devem ser vistos como resultantes de ações individuais — com suas consequências pretendidas e não pretendidas — em molduras institucionais definidas. Nem a causação ascendente — por meio da qual das ações individuais balizadas por arranjos institucionais se vai para a geração de fatos sociais — nem a causação descendente — em que a determinação é sempre das partes pelo Todo, dos indivíduos pelos coletivos — consegue demonstrar sua superioridade explicativa. Sobrevivendo em teorias que possuem um núcleo duro protegido de aferições empíricas, as metafísicas sociais servem de contraponto crítico umas às outras. O holismo que reifica e personifica entidades sociais é o exemplo mais forte do que tem inviabilizado nas disciplinas sociais o processo capaz de operar a transubstanciação do especulativo em empírico. Apesar de parecer fazer escolhas ontológicas mais acertadas, também o individualismo enfrenta sérias dificuldades para elaborar teorias testáveis sobre, por exemplo, ações que requerem a compreensão do sentido subjetivo a elas atribuídos.

Popper (1976, p. 70) questiona a credibilidade explicativa das metodologias de tipo coletivista convencido de que "sem a possibilidade de testes, qualquer alegação de que o método 'científico' está sendo utilizado se desvanece; a abordagem holística é incompatível com uma atitude verdadeiramente científica". Jamais ficou comprovado que o individualismo é efetivamente a opção adequada de ontologia e o único capaz de indicar o caminho metodológico a ser seguido para que resultados empiricamente controláveis se tornem alcançáveis.

Uma vez que propriedades emergentes deixam de ser capturadas pelas ontologias rigidamente individualistas e holistas, o desafio é identificar as *novidades* que surgem dos processos de interação institucionalmente balizados. O fato de os fenômenos chamados de sociais serem de segunda ordem — ou seja, não têm como ocorrer sem a ação individual — leva Popper à ambivalência de atribuir grande importância às instituições sem deixar de ressalvar que são *em si mesmas* incognoscíveis, que só podem ter a funcionalidade compreendida através do conhecimento que se tem dos indivíduos.

Popper considera um erro acreditar em "estados da sociedade" à maneira de Mill (1949, p. 595) e mais ainda quando, sistemicamente associados, são vistos como representando "o todo do organismo social" ou "todos os eventos sociais e históricos de uma época". É questionável o veredicto popperiano que reputa inviável aplicar uma abordagem sistêmica, que venha a se comprovar científica, aos objetos de estudo destacados por Mill. Não merece Mill ser caracterizado de coletivista e muito menos de ser um teórico que personifica classes sociais, coletivos, gêneros e raças. Na verdade, as teses metodológicas de Mill são uma alternativa ao individualismo rígido em virtude de proporem, para o estudo da vida social, uma abordagem emergentista, não coletivista, preocupada com as novidades que se formam quando partes interagem sistemicamente. Ademais, o emergentismo tem a vantagem de evitar dar vida própria, poder causal aos coletivos, deixando também de dotá-los de desígnios próprios e de finalidades intrínsecas colocadas, por alguns autores, em um plano ético superior ao dos indivíduos.

Tem se mostrado fundamental nos debates entre individualistas, e entre estes e os coletivistas, a problemática de se é possível entender por que os indivíduos agem de certos modos sem dar destaque à captação dos significados que atribuem ao que fazem. À diferença do coletivismo metodológico, o individualismo mais consistente dá a devida atenção a significados, razões e propósitos que levam as pessoas a agirem de determinados modos. Mesmo porque gera impasse localizar a investigação das causas e regularidades em uma dimensão social em si mesma existente e situar no plano individual a apreensão e compreensão dos significados que as pessoas dão às suas ações.

Se nenhum tipo de abordagem — individualista, coletivista ou emergentista — tem se firmado como o mais apto a gerar resultados com reconhecido valor científico, é importante averiguar por que as diferentes matrizes metafísicas deixam de ser traduzidas para teorias empiricamente controláveis. Pode se responsabilizar a falta de demonstrada capacidade explicativa pela multiplicação infrutífera tanto das teorias *from the bottom up* — das partes para os coletivos ou *todos* — quanto das *from the top down*, que advogam que a direção causal vai dos todos, ou mesmo do Todo, para as partes. A tendência das disciplinas sociais a atribuir a fonte primária do poder causal aos coletivos, com identidade ontológica nebulosa, tem dificultado sobremaneira a tradução de *pressuposições absolutas* metafísicas para teorias testáveis, mas sem que o individualismo metodológico possa apregoar que tem elucidado a natureza da interação entre os processos mentais de escolha e decisão pessoais e os mecanismos institucionais. Talvez por isso as disciplinas sociais se mantenham incapazes de converter o metafísico em científico.

CAPÍTULO 5

AS IMPLICAÇÕES ÉTICAS E POLÍTICAS DO INDIVIDUALISMO E DO COLETIVISMO

> Ainda que sejam movidos apenas pelo próprio interesse, os homens procuram se aproximar, combinar seus esforços, unir forças, trabalhar uns para os outros [...] Não seria correto dizer que o fazem apesar de seu próprio interesse; não, fazem-no por interesse próprio.
>
> (Bastiat, 1854, p. 378)

No domínio da ética, emerge o problema de se existe um agente moral acima do indivíduo e se há finalidades morais passíveis de ser perseguidas por coletivos ou pela Sociedade como totalidade. Na esfera política surge a questão relativa a se o poder encarnado pelo Todo, algumas vezes confundido com o Estado, tem legitimidade para perseguir metas que se coloquem acima dos direitos individuais. Tudo isso deixa claro que se por um lado premissas éticas podem levar a prestigiar um tipo de ontologia, por outro, escolhas ontológicas, feitas com pretenso respaldo da pesquisa científica, exercem influência sobre as concepções abraçadas em ética e política.

São distintas as consequências éticas e políticas que derivam de se assumir um ponto de vista holista ou individualista sobre o que é e como se reproduz a vida social. Por essa razão, a opção por um tipo de ontologia do "ser social" não pode ser encarada como se resultasse de um procedimento inventariante do que se pode observar no mundo das ações e relações humanas. Por mais que consigam demonstrar seu poder de explicar as entidades, os processos e as estruturas, as teorias sociais holistas e individualistas estão sujeitas às mais diferentes formas de apropriação e utlização ideológica. Desse modo, o tipo de reconstrução teórica que se faz dos fatos da vida associativa se revela sempre suscetível de ser vinculado, velada ou abertamente, a um modelo de organização comunitária e a um ideal de ordem social. Na arena dos embates políticos, um dos principais fatores de diferenciação ideológica é a concessão de primazia a coletivos ou a indivíduos.

Vincular uma linha de pensamento ao projeto de busca do bem comum em nada contribui para ser considerado epistemicamente melhor justificado. Mesmo que o *summum bonum* só fosse, *ex hypothesi*, alcançável quando as ações dos indivíduos são submetidas ao direcionamento comunitário politicamente imposto, isso não autorizaria a rejeitar o individualismo como proposta de respeitar a liberdade e a autonomia de cada ser humano. Com verve propagandística, as ideologias coletivistas têm procurado explorar o suposto embasamento comunitarista do *bem comum*. As argumentações contra as tendências acusadas de atomizar, de fragmentar a vida social em "Robisons Crusoés", pouco atingem as formas mais sólidas de individualismo metodológico.

Tem sido ainda mais politicamente instrumentalizada a ontologia da vida social segundo a qual os *todos* desfrutam de existência autônoma e detém o poder causal de determinar as *condutas típicas* dos indivíduos. A tese da subalternidade ontológica das partes, associada à da total dependência causal dos indivíduos aos *coletivos*, é prenhe de consequências éticas e políticas. Quando os indivíduos são relegados à condição de meras partes de um Sistema que os condiciona causalmente abre-se espaço para se propor que sejam eticamente subordinados aos desígnios dos coletivos ou da coletividade. O pressuposto de que o indivíduo é uma espécie de marionete da Classe ou fantoche do Sistema opera como justificativa para subjugar os interesses pessoais às finalidades do *todo*.

Creditar ascendência normativa aos *todos* sobre as partes, pressupondo que encarnam finalidades eticamente mais importantes que as perseguidas pelos indivíduos, favorece, em última análise, posicionamentos políticos que incentivam a nutrir desprezo pelo que pode ser situado no campo das singularidades pessoais.. A concessão de poder causal e ascendência ético-normativa às classes sociais se presta a fornecer os ingredientes intelectuais em condições de legitimar ideologicamente os modelos coletivistas de ordem social. Em contrapartida, as teorias sociais cujos inventários ontológicos põem em destaque a existência autárquica de indivíduos, capazes de se dedicar autonomamente à busca e realização de suas metas, tendem a privilegiar a liberdade individual. Nesse caso, inexiste determinação causal dos coletivos ou dos todos sobre as ações executadas pelos membros de uma sociedade. Tampouco há objetivos e interesses que possam ser colocados acima daqueles acalentados pelos indivíduos. A ordem social buscada é aquela na qual prevalecem valores como a privacidade, a autonomia e a autodeterminação dos indivíduos. O questionamento político do individualismo o acusa de ficar preso a uma visão atomista da sociabilidade que favorece os "interesses estabelecidos" em detrimento dos imperativos éticos comunitários. Quando a ação individual deixa de ser vista como atrelada a um "sistema social" regulado por normas universais de justa conduta, o individualismo fica sujeito a ser acusado de propor uma espécie de institucionalização do "separatismo moral" para o qual cada agente pode se preocupar apenas consigo e com a realização de seus objetivos.

Um fundamento ético ancorado na liberdade é incompatível com a subordinação do indivíduo aos coletivos e a seus desígnios pretensamente superiores. Individualismo e holismo vão além da adoção de pressupostos epistemológico-ontológicos discrepantes, de formas antagônicas de encarar a sociabilidade, uma vez que incorporam uma dimensão "antropológica", tacitamente operante, que torna necessário associá-los à defesa de mundividências ligadas a distintas imagens de homem e a conflitantes propostas de organização da vida político-econômica. As consequências éticas e políticas, pretendidas ou não, que resultam do endosso de certos princípios epistemológicos e da assunção de determinados compromissos ontológicos são ainda mais incisivas quando está em questão a contraposição entre individualismo e holismo. Trata-se de confronto de ópticas que extravasa o domínio teórico, uma vez que o acolhimento de posição individualista ou holista gera crenças com o poder de afetar o próprio mundo das relações sociais. Nesse caso, os esquemas explicativos são também indutores de *formas de vida*. Se a sociedade é vista como se organizando em torno do princípio de que o valor sagrado da pessoa humana define a ética a ser entronizada, então às instituições cabe oferecer as mais adequadas condições materiais e simbólicas para que a cada um possa desenvolver suas melhores potencialidades. Se, ao contrário, a sociedade é vista como a encarnação do bem comum, disso se segue que as ações dos indivíduos deverão ser executadas de modo a ensejar a conquista de objetivos preferencialmente comunitários.

Se holismo e individualismo se limitassem a postular existências sociais sem hierarquizá-las causal e eticamente menos polêmica política suscitariam. A discussão tem-se mostrado endêmica em razão de cada perspectiva desenvolver teorias que ambicionam estabelecer que *entidade* tem *mais ser*, como se dá a determinação causal entre as entidades, para desaguar em conclusões éticas e políticas. O debate se torna acalorado por estar em questão definir se cabe legitimamente postular a existência de finalidades e interesses coletivos distintos e/ou superiores aos dos indivíduos.

Há profundas diferenças entre declarar (1) que o *todo* é mais que a soma das partes; (2) que o *todo* tem poder de causar estados e mudanças nas partes; (3) que o *todo* pode visar a finalidades especiais situadas acima dos fins buscados pelos indivíduos. O holismo ontológico, expresso em (1) pode ser proposto como base de sustentação do holismo causal (2) e do holismo ético (3). Só que a manipulação ideológica da tese contida em (3) pode ter forte impacto sobre a organização da vida social. A articulação, em uma unidade doutrinária, dos três princípios básicos do holismo acaba, em algumas vertentes, por dar origem a uma visão metafísica do ser social e a uma ideologia coletivista que tende a se vincular a projetos de engenharia social.

Da eventual constatação de que o *todo* tem *mais ser* que as partes não se segue que o todo as determine causalmente e tenha legitimidade política para plasmar seus modos típicos de comportamento. A despreocupação com os requisitos fundamentais da pesquisa empírica gera a propensão a abraçar uma espécie de princípio genérico de causação do *todo* sobre as partes. A postulação de vagos nexos causais nada encerra de científico. Dá margem a acirramento ideológico a visão de que o *todo* tem finalidades que lhe conferem legitimidade para se impor eticamente às partes. Credita-se superioridade ética ao *todo* quando se lhe confere a prerrogativa de perseguir fins vinculados ao bem comum por oposição aos interesses de indivíduos. Difícil avaliar criticamente uma posição que vincula a si mesma a uma grande causa. Em tese, parece apropriado reconhecer que acima dos interesses dos indivíduos devem se situar as finalidades da comunidade. A pesquisa empírica pouco tem ajudado no enfrentamento desse tipo de problemática. A psicologia pode evidenciar a inadequação de se atribuírem fins e propósitos ao que, à diferença da ação humana, não conta com faculdades cognitivo-volitivas que tornem possível persegui-los.

As implicações decorrentes de se privilegiarem ontologicamente indivíduos ou coletivos chegam ao domínio da ética quando se estabelece um fosso entre interesses pessoais, grupais e gerais. Na falta de embasadas explicações, os debates tendem a resvalar para o terreno menos árido dos embates ideológicos. Por essa razão, deve-se conferir ao requisito epistemológico da explicatividade importância capital na arbitragem do conflito entre as teorias sociais. As consequências práticas que as visões holista e individualista têm sobre a vida social tornam ainda mais imperiosa a necessidade de se dispor de critérios epistêmicos de comparação que permitam avaliar os méritos relativos de cada teoria social.

Da tese problemática de que *todos* têm *mais ser* que as partes se faz a questionável inferência de que determinam o que são e fazem os indivíduos. Associado a um projeto de engenharia social, o holismo defende que a sociedade precisa ser revolucionariamente reorganizada para passar a ter um funcionamento que leve os indivíduos a agirem em consonância com o espírito da solidariedade comunitária. A atribuição de *mais ser*, de poder de determinação causal, às classes sociais legitima, na visão dos marxistas, conferir a elas ascendência ética sobre os indivíduos. Ainda que se comprove que são independentes de agência externa, *todos* não são eticamente mais importantes que as partes. A transição do plano ontológico, no qual se atribui mais ser a alguma coisa, para o plano ético, do dever-ser, negligencia que requisitos epistemológicos devem ser respeitados para se chegar ao conhecimento. É questionável o veredicto axiológico de que somente *todos*, por desfrutarem de precedência *existencial* e poder causal, podem buscar objetivos eticamente superiores aos perseguidos pelos indivíduos. Durkheim (1949, p. xxii) expressa a ideia da força maior da totalidade social quando se refere "à supremacia material e moral que a sociedade tem sobre seus membros".

Essa concepção de que a dimensão ética e política da existência humana é subproduto das relações que o indivíduo contrai *no* e *com* o *coletivo* se vincula a um modelo de ordem social para o qual interesses pessoais devem ser subordinados a um pretenso Bem Comum encarnado pela Sociedade ou pela classe revolucionária. A tese de que o indivíduo é simples peça da Grande Máquina Social é transformável em dispositivo político de defesa de um modelo de convivência humana estribado em pilares coletivistas. Quando a superioridade ontológica e a determinação causal são convertidas em ascendência ética do coletivo sobre os indivíduos abre-se caminho para o processo de legitimação de regimes políticos que nutrem desprezo pela liberdade. Uma das principais fontes de justificação do autoritarismo (coletivista) seria provida pelo princípio de que o indivíduo só encontra sua identidade, sua realidade maior, e até a autêntica liberdade, quando se enxerga e se coloca como parte do todo. A contraposição radical entre o bem do *todo* e os interesses dos indivíduos acaba fornecendo, ainda que involuntariamente, a base ideológica dos governos autoritários e totalitários:

> Imagina-se que determinada ação proposta possa visar ao bem da sociedade, em oposição ao bem de seus membros componentes. Mas isso é, sem dúvida, nocivo e enganoso. Não há virtude na simples coletividade ou mesmo na totalidade. Todos os valores são valores para pessoas, e o bem do todo, como qualquer outro bem, deve ser um bem para pessoas, deve consistir em algo intrínseco à personalidade, ou algo que fortalece a individualidade e serve para realizar algumas potencialidades humanas. (Ginsberg, 1966, p. 69)

Sendo *todos* e coletivos vistos como capazes de ter metas próprias e executar funções que permitam alcançá-las, isso quer dizer que obedecem a teleologias situadas *acima* das que se fazem presentes no agir individual. No debate holismo versus individualismo, a questão cardinal é saber não só *o que é causalmente originário*, o que afeta o que e de que modo, mas também se é justificável pensar que coletivos podem ter e buscar interesses e objetivos próprios. É diminuto o impacto de se conferir *mais ser* a coletivos ou *todos* se não puderem ter poder de determinação causal sobre as partes, se não puderem existir e se reproduzir em função da busca de realização de fins próprios.

Agassi (1973, p. 190) salienta que "a principal questão a que o holismo dá origem concerne à relação entre os distintos interesses de grupo e os dos indivíduos que a ele pertencem". Sem transformar os coletivos em superentidades ou superagências não se tem como a eles atribuir finalidades próprias em desacordo com os interesses visados pelos indivíduos. Justifica-se supor que o chamado "interesse do *todo*" resulta da prevalência de uma óptica sobre o que é e como se gera o *Bem Comum*. Os que falam em nome dos coletivos ou classes apontam os tipos de finalidade que podem e devem ser perseguidos. Na maioria dos casos, alguns valores de parte da opinião pública, ou de uma elite intelectual ou política, se impõem sob o disfarce da retórica universalista do Bem Comum.

Uma coisa é tentar saber em que medida a grande cadeia de interações sociais afeta os objetivos visados pelos indivíduos, outra bem diferente é conceder à sociedade o poder de ter suas próprias metas. É problemático postular a existência de duas agências – a individual e a coletiva — com teleologias distintas e submetidas a critérios próprios de decisão. Caso deixe de ser visto como uma agência que se reproduz como epifenômeno da vida de coletivos, o indivíduo passa a ser o único em condições de ter propósitos e de persegui-los. Se a esfera social não impõe seu *ser* à individual, cabe procurar identificar de que modo se influenciam reciprocamente a ponto de, em alguns casos, subsistir uma espécie de "harmonia preestabelecida", uma convergência espontânea, entre elas. Fica sempre faltando a evidência capaz de respaldar a tese de que *coletivos* têm vida própria e podem ser (re)organizados de acordo com teleologias que os levem a ter uma funcionalidade cuja superioridade resulta de se situar acima da esfera das ações e interesses individuais.

As várias implicações éticas e políticas da tese de que há um Todo que, dependendo de como é estruturado, pode fazer o Bem Comum predominar sobre as vontades e desejos privados, dificulta o expurgo dos ingredientes ideológicos e axiológicos presentes nos debates entre individualistas e holistas. Desponta ser infundada a teoria que confere o potencial de ter interesses a grupos e classes, que manifestamente são desprovidas de faculdades cognitivas e volitivas. É discutível que coletivos possam funcionalmente perseguir metas sendo incapazes de dispor da consciência e do conhecimento envolvidos em processos de escolha. Desprovidos da faculdade da vontade, coletivos não têm como se decidir entre cursos alternativos de ação. A resposta de que a finalidade é elemento ínsito, constitutivo do ser do coletivo, pode ser metafisicamente satisfatória, mas é explicativamente inconvincente por falta de substrato empírico. Ademais, a busca do bem comum não precisa ser encarnada e conduzida por *coletivos*.

Conferir a coletivos e classes o privilégio de encarnar propósitos próprios implica criar duas instâncias de realidade — a pessoal e a grupal — às quais correspondem duas éticas. Uma ética seria a relativa ao domínio das ações individuais e seus efeitos, a outra concerniria à busca do bem comum. A questão é saber com base em que se pode avaliar o desempenho funcional e moral dos coletivos ou *todos* sem investigar o real papel cumprido pelos indivíduos na consecução de finalidades vistas como comunitárias. É questionável atribuir conotação ética às "ações" de coletivos que, por si mesmos, se mostram incapazes de fazer opções valorativas. A autonomia ética conferida aos coletivos ou *todos* resulta de se supor que o fato de serem estruturados de determinados modos faz com que os indivíduos sejam levados a ser e a agir segundo determinados padrões.

As finalidades do *todo* só podem ser colocadas em um plano superior àquele no qual se expressam os interesses dos indivíduos se o bem comum se tornar um valor amplamente abraçado pelos membros de uma comunidade. Dar a um tipo de interesse caráter supraindividual pode apenas significar que está sendo largamente compartilhado por uma sociedade, não que se vincule a uma dimensão social com vida própria merecedora de primazia ética por encarnar uma teleologia dedicada à conquista do bem comum. O que nunca fica empiricamente comprovado é que há objetivos que só podem ser perseguidos por coletivos. Não passa de retórica apregoar que só o que se subordina às finalidades dos coletivos merece ser considerado um genuíno imperativo categórico em virtude de ser a única via capaz de promover o interesse da comunidade . O pressuposto adotado é o de que os indivíduos tendem agir à margem de normas morais caso deixem de se subordinar às teleologias dos coletivos.

Ainda que se conseguisse comprovar o poder causal dos coletivos sobre seus membros, isso não acarretaria sua ascendência ético-normativa. Sempre se pode defender a maior liberdade individual possível como fundamento da Sociedade Aberta. Essa discussão perpassa até mesmo a pesquisa social que procura evitar um posicionamento político-ideológico explícito. O inventário ontológico carece do poder de legitimar a defesa de uma ética individualista ou coletivista assentada em quadros axiológicos específicos. Uma ontologia não tem como se mostrar *naturalmente* aceitável, uma vez que a opção por um enfoque holista ou individualista nunca resulta de a teoria retratar especularmente o Ser Social. Da suposição de que coletivos existem em si e por si mesmos se passa para a atribuição de teleologia ínsita e para a concessão de *mais ser* e *objetivos próprios*. A retórica do Bem Comum é utilizada para tentar legitimar a subordinação das preferências e metas individuais aos fins comunitários ideologicamente apresentados como superiores:

> O erro de pensar as sociedades como 'coisas' semelhantes a organismos levou alguns antropólogos a falar da sociedade como tendo 'necessidades' (Durkheim) ou, em um nível mais sofisticado, 'condições necessárias de existência' (Radcliffe-Brown). De fato, são pessoas, e não sociedades, que existem e têm necessidade. Às vezes pode ser útil indagar quais são as condições necessárias à persistência de uma instituição social particular. (Beattie, 1966, p. 56)

Nos inventários ontológicos rigidamente hierarquizados dos holistas, o indivíduo é sempre determinado — no que é, pensa e faz — por estruturas e processos. Retiram, assim, do indivíduo o poder de se autodeterminar, de tomar decisões com base em seu conhecimento, nos valores que professa e no cálculo dos custos e benefícios envolvidos na perseguição de seus interesses. Suas ações típicas obedeceriam, segundo Durkheim (1967, p. 104), a imperativos sociais: "tudo que é obrigatório tem sua fonte fora do indivíduo". Quando prevalece esse tipo de óptica, as normas básicas que organizam os padrões de convivência não são vistas como princípios de conduta que o indivíduo prescreve para si ou que os indivíduos impõem uns aos outros em processos de interação institucionalizada. Durkheim (1973, p. v) perfilha o ponto de vista de que "só uma sociedade constituída ostenta a supremacia moral e material indispensável ao processo de impor leis aos indivíduos". Nesse caso, se está nos antípodas não só da tradição utilitarista que, de Hobbes a Bentham, considera o indivíduo um maximizador e consumidor de utilidades, mas também da tradição que, como nota Macpherson (1991, p. 124), localiza a essência do indivíduo no exercício e desenvolvimento de suas faculdades e potencialidades.

A ética que prioriza os coletivos e suas finalidades se apoia em metodologias que dão origem a teorias com diminuta capacidade explicativa. Nada impede, porém, que um ideal de convivência humana, centrado no indivíduo ou no coletivo, seja defendido com base na adoção de determinados valores eticamente impregnados. Normalmente, a defesa de um modelo de ordem social reivindica estar apoiado no conhecimento conquistado sobre o que são os indivíduos e *coletivos* e sobre como se reproduzem os mecanismos responsáveis pelas modalidades de relação que contraem. A problemática ética entra em cena quando se prescreve um tipo de relacionamento entre indivíduos e coletivos que os hierarquiza. O ideal seria preliminarmente estabelecer se os coletivos podem perseguir, mesmo desprovidos de faculdades cognitivo-volitivas, objetivos próprios e se é cabível colocá-los acima dos visados por seus membros.

Historicamente, as diferentes formas de exercício do poder inspiradas em ideologias coletivistas, de direita e de esquerda, forneceram evidência suficiente do que acontece com a liberdade quando o indivíduo é subordinado aos desígnios pretensamente superiores do Todo. O discurso típico do autoritarismo, sobretudo quando aspira a ser totalitarismo, enfatiza com verve propagandística a superioridade de tudo que é coletivo sobre a vida dos indivíduos. É na suposta existência de fins que transcendem as ações individuais que se inspiram algumas das mais variadas versões das ideologias holistas ou coletivistas que têm prevalecido. Quando dota os *coletivos* de vida própria e finalidades inerentes, o holismo não tem como deixar de se posicionar de forma desfavorável a tudo que diga respeito ao estrito domínio das escolhas individuais. Os que acreditam ser sempre legítimo tudo fazer para que o bem comum prevaleça partem da suposta constatação de que o predomínio dos objetivos dos indivíduos acontece sempre em detrimento daquilo que deve ser comunitariamente priorizado. A ideia vaga de que os indivíduos *pertencem a* tal ou qual coletivo favorece o endosso tácito a uma hierarquia dos fins que não tem como deixar de ser francamente favorável às teleologias supostamente encarnadas pelos *coletivos*:

> Tanto sob o aspecto estático quanto sob o dinâmico, o homem propriamente dito não passa, no fundo, de uma abstração; a única coisa de real que existe é a humanidade, sobretudo na ordem intelectual e moral. (Comte, 1908, vol. 6, p. 418)

O inventário ontológico é especiosamente apresentado como uma espécie de fotografia da realidade, como se as hierarquias que as teorias promovem entre os entes pudessem ser diretamente constatadas. A ontologia do ser social é desenhada no interior de teorias que só logram justificar o privilégio que concedem a tal ou qual tipo de ente, evento ou processo caso se revelem habilitadas a elucidá-lo e explicá-lo. Não há por que ser receptivo a inventários ontológicos feitos por teorias portadoras de questionável capacidade explicativa. O mapeamento do mundo social depende sempre de uma óptica teórica. A concessão de ascendência ético-normativa a *coletivos* extrapola a constatação de como as coisas ocorrem no mundo das relações sociais. Envolve a construção de sofisticadas teorias reconstrutivas dos fatos sociais que se apresentam em uma dispersão fragmentária.

O veredicto ético-político que defende a subordinação dos indivíduos ao coletivo deriva da teoria para a qual a sociedade é uma teia de relações cujos inúmeros fios que a compõem explicam as funções cumpridas por seus membros. Já a visão que confere autonomia e vida própria aos indivíduos pretende ser a única metodologicamente defensável e se constituir no baluarte de proteção da liberdade. A preferência ideológica em nada contribui para a justificação de uma posição. Se as teorias holistas ou individualistas deixarem de ser rigorosamente avaliadas em termos de seu valor cognitivo, a preferência resultará principalmente de envolvimento político-ideológico. A ontologia escolhida não se presta a legitimar nem uma concepção de organização social que *se coloca eticamente acima* do indivíduo nem a alternativa que o entroniza. De qualquer maneira, é fato que as diferentes versões de estatismo, defensoras da planificação econômica central e do dirigismo político, encontram no holismo seu suporte intelectual.

Mesmo que ficasse comprovada a subordinação ontológica e causal do indivíduo à sociedade, isso não o condenaria a ser um receptáculo passivo. Qualquer que seja o grau de subordinação às engrenagens do Sistema Social, o indivíduo pode se empenhar em termos políticos em conquistar maior liberdade e autonomia. O fato de não poder impedir que "fatores sistêmicos" definam aspectos importantes de seus comportamentos típicos não significa que o indivíduo está fadado a seguir um script socialmente definido. A retórica dos que falam em nome de uma pretensa compreensão de como funciona o Sistema Social objetiva legitimar um projeto político-ideológico que, em alguns casos, presta-se à defesa de formas autoritárias de governo.

Por mais que o comportamento do indivíduo seja programado pelas estruturas sociais, nada contém de quixotesco a luta pela conquista (ou preservação) de uma esfera de privacidade e do direito à autodeterminação. Independentemente de o ser humano ter ou não livre-arbítrio, pode sempre postular mais e mais liberdade de escolha na arena da vida social e pugnar por sua institucionalização.

Exigir que as teorias demostrem capacidade explicativa é um bom antídoto contra os tipos de reconstrução do "ser social" que contrabandeiam ideais de convivência e modelos de exercício do poder político com potencial de estimular visões que representam ameaças ao princípio ético de que o homem deve sempre ser tratado como um fim em si mesmo. É necessário avaliar se tem condições de aspirar a ser conhecimento a teoria que tenta explicar de que forma se dá a subordinação dos indivíduos à sociedade para, em última análise, advogar que as finalidades pretensamente perseguidas pelos coletivos são superiores por concernirem ao "destino do todo". De maneira inversa, a ética não pode ser derivada e fundamentada na crença de que a vida social se reduz à multiplicidade de interesses individuais pulverizados na miríade de ações que compõem o espaço das relações sociais.

Compõem a minoria os teóricos sociais que sustentam que os protagonistas dos enredos fundamentais da vida social, dos acontecimentos históricos, são indivíduos excepcionais. O poder de desencadear fenômenos sociais é normalmente atribuído às classes ou às estruturas e processos que formam um Sistema. Por essa óptica, quando um historiador discorre, por exemplo, sobre o sistema feudal cai em ciladas epistêmico-ontológicas caso deixe de apresentá-lo como um padrão recorrente de relações político-econômico-jurídicas que, durante certo tempo, moldaram algumas das formas de pensar e agir dos homens. A repetição regular de certos tipos de ação tem induzido à ilusão de que há Estruturas ou Processos passíveis de ser explicados intrinsecamente, sem a necessidade de levar em conta de que modo os pensamentos e as ações dos indivíduos os afetam:

> O dado fundamental, o que 'realmente existiu', não é o fato civilização, nem o sistema ou o supersistema, mas sim o ser humano, cuja individualidade é o único organismo efetivamente fornecido pela experiência [...] a leitura de alguns trabalhos contemporâneos deixa a impressão de que os atores da história não são homens, e sim entidades: a Cidade Antiga, o Feudalismo, a Burguesia Capitalista, o Proletariado Revolucionário. Há aqui um excesso: mesmo que apareça no exame de todos os dados documentais que determinado fenômeno histórico se explica por uma dessas abstrações socioculturais, o historiador deve sempre ter o cuidado de evitar esquecer, e de evitar que esqueçam, que são apenas construções da mente. (Marrou, 1954, p.169-70)

Por mais que seja cabível encarar o indivíduo como *ator* principal dos enredos da vida social, são parcamente defensáveis as teorias da história com pretensões a explicar os fatos sem levar em conta as variáveis contextuais que podem integrar o que Popper (1977, p. 103) caracterizou como a "lógica da situação". São controversas as teorias que defendem que a história se explica essencialmente pela personalidade ou caráter dos que estão no centro dos acontecimentos. Isso não significa deixar de reconhecer o papel crucial desempenhado pela criatividade e inventividade individuais nos processos que desencadeiam as grandes transformações por que passam as sociedades:

> Quando se considera uma dessas grandes coisas sociais como uma gramática, um código, uma teologia, o espírito individual parece tão insignificante diante desses monumentos que a ideia de ver nele o único tijolo dessas catedrais gigantescas parece ridícula a certos sociólogos; e sem se dar conta de que assim pensar equivale a renunciar a explicá-los chega-se a dizer que essas são obras eminentemente impessoais [...]. Para Durkheim, longe de serem *funções* dos indivíduos, são seus *fatores*, existindo independentemente das pessoas, governando-as despoticamente e projetando sobre elas sua sombra despótica. (Tarde, 1905, p. 142)

Normalmente vinculado a mundividências holistas, o ideal de transformar a ordem social, de instituir relações sociais diferentes das tipologias de convivência que têm historicamente prevalecido, possui uma longa história. O exemplo mais antigo e eloquente é a proposta contida em *A República* de Platão. Com o advento da sociologia, essa tendência transformista se aguçou. O século XVII dá início à pregação otimista de que a ciência pode propiciar progresso ilimitado, de que a natureza pode ter algumas de suas forças cegas controladas, de que a sociedade pode vir a exibir formas de organização racionais geradoras de uma melhor qualidade de vida comunitária. O aforismo de Bacon, o homem pode tanto quanto sabe, sintetiza muito do espírito filosófico que passa a predominar a partir da Modernidade.

Exigindo o abandono da tradição da *bios theoretikos* e da *vita contemplativa*, o saber de intervenção destacado por Bacon passa a ser priorizado por teóricos como Marx. A retórica baconiana de que o conhecimento comprovadamente escorado nos fatos tem o condão de parcialmente controlá-los passou também a ser adotada pelas teorias sociais mais influentes, que se apresentaram como possuidoras do poder de mudar ou eliminar alguns tipos de fenômeno considerados disfuncionais. Os estudos empíricos teriam o poder de intervir, sempre que possível e desejável, na realidade para aperfeiçoá-la ou livrá-la de algumas de suas disfunções. Com isso, passou a ser comum a arrogância fatal, a *fatal conceit* como a denominou Hayek, do controle estrutural e funcional dos fenômenos sociais:

> Nosso sucesso em controlar a natureza nos dá a confiança de que podemos consequentemente vir a controlar, na mesma medida, o mundo social. Nossa atual ineficiência deve-se, não a qualquer limitação de nossa razão, mas simplesmente ao fato histórico de que a atitude objetiva em face da realidade social é uma conquista recente. (Thomas & Znaniecki, 1927, p. 1)

O impulso transformista/controlista se mostra pronunciado em algumas das mais importantes vertentes holistas e tende a estar ausente nos sistemas de Pensamento Social que partem de premissas individualistas. O individualista tende a dar prioridade ao que Schumpeter (1975, p. 81) qualificou de *destruição criadora,* isto é, aos processos de superação por meio dos quais resultados e produtos são substituídos por outros melhores. Nada de transformações globais, apenas substituições de alguma coisa por outra portadora de qualidades atestadamente superiores. Trata-se de uma *piecemeal technology,* com área de atuação sempre bem delimitada, que se dedica a promover a substituição de alguma mercadoria ou técnica por outra cuja superioridade pode ser objetivamente comprovada por suas vantagens comparativas.

A ideia de que o avanço da ciência conduz ao movimento de planificação da vida social teve ampla aceitação entre muitos intelectuais que se destacaram no século passado. Russell (1959, p. 203) é de opinião que "a sociedade científica emprega o melhor da técnica científica na produção, educação e propaganda; tem uma característica que a distingue das sociedades do passado, que foram se desenvolvendo por causas naturais, sem muito planejamento consciente com relação às suas metas e estruturas coletivas. Nenhuma sociedade poderá ser considerada científica se não tiver sido deliberadamente criada com certa estrutura voltada para a realização de determinados fins".

Mannheim (1997, p. 10 e p. 23) declara que todo sistema econômico de livre competição e de propriedade privada dos meios de produção corresponde a uma fase histórica — intermediária entre duas economias planificadas. De forma ainda mais surpreendente e controversa, sublinha que comunismo e fascismo compreenderam que "o caos econômico gera recorrente desemprego e que isso, em longo prazo, não pode ser curado com paliativos. Ambos percebem que o direito ao trabalho é um direito fundamental do cidadão que o Estado deve garantir". Comte (1908, vol. I, p. 26) foi um dos primeiros a conferir à ciência a missão de introduzir racionalidade na vida social:

> Uma quarta e última propriedade fundamental [...] do que chamei de filosofia positiva, deve sem dúvida merecer mais atenção do que qualquer outra em virtude de hoje ser a mais importante para a prática; pode ser considerada a única base sólida para a reorganização social, que deve pôr fim ao estado de crise em que se encontram há tanto tempo as nações mais civilizadas.

Os holistas costumam se envolver com projetos de grande transformação político-econômica em virtude de acreditarem que só a redefinição das relações sociais pode propiciar a solução para os mais aflitivos problemas humanos. Atribuir superioridade ontológica, poder de determinação causal, ascendência normativa e finalidades intrínsecas aos coletivos ou *todos* implica que seu "funcionamento" é o elemento-chave para a felicidade dos indivíduos. Os sofrimentos pessoais derivam de disfunções sociais, que têm origem sempre sistêmica. Por essa razão, transformar o Todo passa a ser o grande objetivo de todo tipo de engenharia social que se pretende redentora e salvacionista:

> A consciência de classe não é nem a soma nem a média do que os indivíduos que formam a classe, tomados um a um, pensam, sentem etc. No entanto, a ação historicamente decisiva da classe como totalidade é determinada, em última análise, por essa consciência e não pelo pensamento do indivíduo; essa ação só pode ser conhecida a partir dessa consciência. (Lukács, 1960, p. 73)

Quando as classes são vistas como sujeitos da história, é comum se lhes atribuir um tipo de existência que envolve a posse de faculdades cognitivas e volitivas análogas às dos indivíduos. Isso significa não só que agem em consonância com *seus* projetos como também que são capazes de promover "representações" da realidade (social) e de sua *própria* existência. No caso de ser infundada a suposição de que o coletivo transcende o plano das escolhas e decisões de seus membros, seus desígnios se confundem com os vocalizados por seus porta-vozes. Proclamar que a classe é o sujeito (oculto) da ação social equivale a supor que tenha uma capacidade de pensar e querer análoga à dos indivíduos. A *ação de classe* pressupõe uma nebulosa *consciência de classe* sem a qual não se tem como encarar o que faz o proletariado ou a burguesia como diferente e descontínuo com relação aos modos de os indivíduos optarem por fazer determinadas coisas com base em seus conhecimentos e volições.

É inapropriado operar com a noção de sujeito social caso seja desvinculada do exercício das faculdades cognitivas e volitivas, das estruturas comportamentais intencionais e das operações mentais que tornam possível dotar de sentido as ações. Atribuir metas, propósitos, projetos etc. a coletivos envolve pressupor que possuem faculdades que cujo exercício depende de atividade cerebral. Sem consciência e exercício da vontade não há como fazer escolhas e tomar decisões em contextos específicos. Sem a perseguição consciente de certos resultados, os tantos cursos possíveis de ação não têm como ser executados. Muitas das ações atribuídas pelos holistas a coletivos demandam faculdades cognitivas e volitivas não só semelhantes como também mais poderosas que as possuídas pelos indivíduos.

Deslocar de forma nebulosa a noção de consciência do plano individual para o social é uma manobra feita por aqueles que erigem as classes em protagonistas da História. Pensada por analogia com os indivíduos, a classe não só age com base na unidade de seus projetos assim como apreende a realidade a partir de sua condição histórico-social. Apenas a óptica alinhada com a posição da classe dominada possuiria a capacidade de ir além das aparências especiosas para desvendar os determinantes estruturais ocultos da realidade. No extremo, o coletivo é capaz de refletir sobre sua própria existência e de perseguir metas consonantes com sua natureza social essencial. É difícil formular uma teoria do sujeito coletivo, *à la* Lukács, que não incida na hipóstase de uma agência supraindividual à qual são tacitamente atribuídas faculdades cognitivo-volitivas análogas às possuídas por indivíduos. Mesmo Durkheim (1951, p. 59), que não erige as classes em protagonistas da vida social, postula a existência de uma consciência coletiva: "no mundo da experiência só conheço um sujeito que possua uma realidade moral mais rica e mais complexa que a nossa, é a coletividade":

> Só uma sociedade constituída ostenta a supremacia moral e material indispensável ao processo de impor leis aos indivíduos; pois, a única personalidade moral que se situa acima das personalidades particulares é a que forma a coletividade. (Durkheim, 1973. p. v)

Declarando que "a mente social é uma coisa concreta, mais do que qualquer mente individual", Giddings (1896, p. 134) promove, de forma acintosa, a animização de conceitos que, em alguns casos, leva a dotar constructos, como classes sociais, da capacidade de levar a cabo a completa transformação da realidade em nome de teleologias consideradas realizadoras do bem comum. A vitória da classe universal, contra a que instaura a ordem que faz prevalecer seus interesses particulares atrelados a projetos de dominação, parte da desalienação da consciência para chegar à construção da ordem social ideal. O holismo de tipo marxista sucumbe à tentação de conferir aos coletivos — concebidos como superentidades e superagências — funções de pensamento, exercício da vontade e atribuição de sentidos às ações.

Gera confusão conceitual falar de Mente Social como se fosse uma espécie de "fantasma na máquina" do coletivo. Teorias sobre uma suposta consciência coletiva tem se mostrado pouco suscetíveis a controles empíricos. Está longe de ser fácil demarcar o campo de atuação da "mente social" em relação à individual. Caso existam duas "mentes", a interpenetração dificulta a apreensão dos fatores que atuam articulada e separadamente em uma e em outra. Se a sociedade tem uma mente, é admissível também supor que a possuem o Brasil, a Igreja, o sindicato. É cabível igualmente especular se a mente coletiva e a individual podem "dissentir" com relação à forma e ao conteúdo que os padrões de pensamento e comportamento devem assumir. É discutível a crença de que exista uma mente coletiva e mais ainda que seja dotada da capacidade de tentar resolver problemas selecionando as melhores propostas de solução. O fato de os indivíduos participarem de várias instituições, desempenhando diferentes papéis, não justifica a tese de que se relacionam com diversas mentes grupais:

> É necessário que a personalidade coletiva seja algo diferente do total dos indivíduos de que se compõe; pois, se fosse mera soma não poderia ter mais valor moral que os elementos que a formam e que, por si mesmos, são dele desprovidos [...] para que exista uma moral, um sistema de deveres e obrigações é necessário que a sociedade seja uma pessoa moral qualitativamente distinta das pessoas individuais que abrange. (Durkheim, 1951, p. 58)

Mesmo não sendo essa a intenção declarada, teses desse tipo veiculam um dualismo ontológico que deságua em alguma versão de dualismo ético. A sociedade coage o indivíduo a agir de determinados modos não por capricho ou arbitrariedade, e sim porque se devota à perseguição de finalidades especiais. O fato de eventualmente tais finalidades discreparem dos interesses dos agentes seria positivo, uma vez que sua missão, de um ponto de vista funcional, seria a de colocar limites nas buscas dos indivíduos movidas por seus estreitos interesses. Conseguiriam, ademais, moderar o insaciável apetite de posse e conquista dos indivíduos. O perigo contido nesse tipo de posição é, entre outros, o de que politicamente enseja legitimar a subordinação política dos indivíduos aos *coletivos* que, em algumas situações, "chegam ao poder" por meio de governos autoritários que se apresentam como seus representantes.

Seguidor de uma metodologia empirista programática, Durkheim intentava descrever e explicar a vida social como ela é e não como deveria ser. Só que essa ideia de que o *todo* controla *positivamente* os indivíduos, evitando sua tendência a *hybris*, aos excessos, pode assumir uma versão política sujeita a todo tipo de manipulação ideológica instrumentalizável na forma do exercício autoritário do Poder. Na prática, o conflito entre os fins visados por indivíduos e os supostamente inerentes aos coletivos tende a ser resolvido perpetrando-se atentados à liberdade do indivíduo considerada menos importante que a busca do funcionamento perfeito do Todo. A substancialização da *sociedade* ou dos coletivos acaba por dar legitimidade à formulação de políticas, via Estado, que fazem do indivíduo matéria inerte a ser modelada à revelia de suas escolhas/interesses. Não há por que defender o princípio da preservação do potencial de máxima escolha individual quando aos coletivos são atribuídas teleologias próprias vinculadas a um ideal ético que se autoproclama o único capaz de encarnar o bem comum.

Holistas tendem a acreditar que os processos de reconstrução deliberada da realidade social são superiores aos que historicamente têm-se reproduzido de forma espontânea. Isso os leva a lançarem radical suspeição sobre o que se calcifica na espontaneidade das relações sociais e a rechaçarem a ideia liberal de regulação sob um mínimo de compulsão, o necessário à preservação da ordem e da isonomia sob o Estado de Direito. Com isso, fazem entrar em cena a ambição de refazer, desde os fundamentos, a ordem existente de modo a enquadrá-la na moldura de um projeto de organização social que se pretende apoiado em pilares racionais. Ademais, por ser tal projeto pensado como urdido com base em conhecimentos atestadamente científicos traria embutida a garantia de que sua implantação é a solução para as disfunções detectadas nas instituições que organizam o mundo das relações sociais.

Normalmente vinculada ao holismo, a engenharia social ambiciona promover mudanças estruturais com impacto sobre as instituições, as ações e relações humanas. A chamada justiça social depende de se fazer o todo funcionar em consonância com um modelo idealizado de convivência. Determinado pelo *todo*, o indivíduo é impotente para melhorar de modo autárquico suas condições de vida. Cada pessoa só poderá ser melhor se fizer parte, se for parte, de um *todo* melhor. Nesse sentido, a engenharia social está atrelada a uma ontologia que atribui aos *todos* uma existência autotélica. O pressuposto normalmente adotado é o de que explicações definitivas, diagnósticos precisos, sobre a realidade social podem ser alcançadas e servir de guia seguro à práxis executora das grandes transformações da ordem existente.

Corolário ético da engenharia social é o de que só alterando o *status quo*, privilegiando pretensas teleologias coletivas alcançáveis pela via da planificação central, será possível atingir uma vida social justa e equilibrada, capaz de pôr fim às disfunções geradas pelo predomínio de interesses privados. Busca-se legitimar a engenharia social apresentando seus artífices e executores como representantes dos ideais coletivistas para que suas decisões possam se contrapor aos fragmentários interesses individuais. A classe revolucionária ou o Estado-demiurgo é conclamado para levar a cabo o grande empreendimento transformar o real em ideal. Visto que classes não falam por si mesmas, apesar de se lhes atribuir quase tudo que os indivíduos fazem, há sempre a necessidade de porta-vozes. Cabe, assim, ao líder carismático ou à autoproclamada vanguarda do proletariado a sagrada missão de identificar, e materializar historicamente, as excelsas finalidades dos coletivos, que são as que *coincidem* com as do *Todo*.

A engenharia social se compromete com uma concepção infalibilista de conhecimento acompanhada de uma visão messiânica de práxis com base nas quais supõe possível instituir o controle racional e dirigido das instituições. Impor às partes os fins superiores do Todo poria fim às disfunções localizadas no mercado das escolhas individuais atomizadas. Entendida como ausência de coerção injustificada, a liberdade é acusada de fazer prevalecer a vontade fragmentária dos indivíduos mais poderosos. A pretensão de reorganizar a vida social submetendo-a ao planejamento central, racionalmente concebido e executado, repousa na possibilidade de se coordenar a miríade de ações dos indivíduos contando com um conhecimento capaz de conquistar verdades sobre o funcionamento do todo. O modelo epistemológico ao qual recorre a práxis revolucionária supõe que pode ser estabelecida a verdade da teoria à luz da qual se construirá o melhor mundo social possível.

É irrealista a suposição de que a existe uma *mente projetista ou direcionadora* à qual incumbe a missão de coordenar o funcionamento das instituições de modo a aprimorá-las ou, em caso de êxito total, levá-las a atingir o cume da perfeição. A Engenharia Social pressupõe a existência de uma Mente Diretora capaz de conduzir as radicais transformações das estruturas político-econômicas com vistas à inauguração de um novo processo histórico capaz de inocular racionalidade nas relações humanas. Se as relações ditas espontâneas dispensam uma mente diretora, é controverso que poderiam vir a tê-la, e aceitá-la, depois de passarem por um processo de reconstrução conduzido pelo engenheiro social autoproclamado revolucionário. O diagnóstico de que a ordem burguesa é irracional por estar entregue a uma espécie de atomização, que só atende aos interesses dos donos dos meios de produção, leva à proposição de reconstrução da vida social reputada capaz de introduzir a completa igualdade material e simbólica. Só assim se estabeleceria a justiça nas relações sociais

É questionável supor que as disfunções desaparecerão a partir do momento em que tiver sido construída a ordem social estribada na completa igualdade material. Fora do quadro de uma metafísica social, é frágil a crença de que a classe que encarna a universalidade, o proletariado, está habilitada a fazer a revolução que imprimirá racionalidade ao curso da história. É igualmente metafísica a suposição de que o individualismo serve à burguesia em virtude afrouxar os laços comunitários e travar a formação da consciência de classe. Imaginar que uma classe seja capaz de possuir e ocultar desígnios equivale a tratá-la como uma espécie de superindivíduo com poderes de superagência. Da suposição de que há mentes de coletivos — as *group minds* — é descabido inferir que a (in)consciência com que atuam depende do tipo de ordem social na qual estão inseridas.

Em suas diversas versões, a engenharia social se estriba no pressuposto de que a civilização humana resulta da evolução aleatória das instituições. O acaso seria o principal responsável por algumas das mais graves disfunções exibidas pela vida social. Só o emprego da Razão poderia pôr fim às distorções institucionalizadas que tantos danos causam aos membros de uma sociedade. O cúmulo da irracionalidade seria, para os marxistas, a dominação simbólica e material que uma classe impõe às outras. No caso das falhas cuja etiologia é fortuita, torna-se imperioso reprogramar a sociedade ajustando-a a um modelo de racionalidade deliberadamente construído. Havendo reprodução funcional "injusta", movida a interesses destituídos de universalidade, impõe-se quebrar revolucionariamente as cadeias materiais e simbólicas da dominação para que se atinja uma ordem social assentada em relações entre perfeitos iguais. Em ambos os casos, acredita-se ser necessário corrigir os cursos defeituosos de reprodução da vida social submetendo-os a estrito controle *racional*. O funcionamento institucional conduzido pela Razão levaria à abolição da espontaneidade aleatória e dos determinantes sistêmicos de dominação e exploração do homem pelo homem. A ordem social planejada pela Razão não exibiria as aberrações institucionais responsáveis pelo que de pior acontece no mundo das relações humanas. Esse tipo de posição negligencia que, por contingências evolutivas, muito foi construído sem que se conhecesse o que estava envolvido. Mesmo os engenheiros sociais decidem e agem sem compreender bem as implicações de suas atividades e sem levar em conta possíveis consequências não pretendidas.

O projeto de reconstrução pretensamente científica da ordem social está associado a um Ideal, ao da revolução feita pela classe revolucionária (universal) e ao da demiurgia racional do planejamento estatal executado por burocratas iluminados. A obsessão pela planificação da vida social se vincula, em um bom número de autores, à visão que acredita que as teorias científicas são guias perfeitos para a práxis. A instrumentalização das explicações científicas propicia intervenções na realidade que supostamente levam ao seu aperfeiçoamento.

O exercício do poder que se vincula a esse modelo de conhecimento favorece o surgimento de administrações invasivas que tentam transformar a sociedade em uma espécie de grande laboratório de projetos de reengenharia social. Esse modelo intervencionista atinge o paroxismo nos casos em que o poder converte em semideuses os que discricionariamente o exercem. O culto à personalidade, tão fortemente presente nos países em que existiu o chamado socialismo real, representa uma forma de personificar o que a propaganda apresenta como o controle benéfico que o poder "sábio e justo" exerce sobre a sociedade.

A busca de direção racional superior para a sociedade tem estado intimamente ligada a movimentos políticos que levam à hipertrofia dos poderes e das funções do Estado. Isso se deve ao fato de que o Estado acaba sendo a forma mais objetiva de se postular a existência de uma esfera supraindividual. Seu poder é tão palpável que pode ser vivenciado como se fosse uma Superentidade e uma Superagência. Por esse motivo, muitos conferem ao Estado a missão de definir, colocando-o em um plano transcendente ao das existências individuais, as Grandes Metas, as de interesse comunitário.

Conceder aos *coletivos* o poder de plasmar o modo de vida e decidir os rumos da existência de seus membros equivale, do ponto de vista político, a colocá-los acima dos indivíduos. A ideia de que existe um *Nós* com primazia sobre os *eus* está na origem da posição que reivindica a existência de uma dimensão ética situada acima da esfera das escolhas e decisões individuais. Ocorre, porém, que a liberdade e a eticidade dos *coletivos* é derivável do que fazem, e podem fazer, os indivíduos. Ademais, tornar coletiv*os* "senhores" de seus "atos" acaba por personificá-los. Só o indivíduo pode ser sujeito das ações porque só ele pode desfrutar, em maior ou menor grau, da liberdade que lhe permite fazer escolhas e tomar decisões geradoras de consequências. Só ele pode introjetar normas concebidas como imperativos da própria consciência ou como socialmente impostas, só ele pode escolher entre cursos alternativos de ação sopesando os efeitos vislumbrados, levando em conta as consequências benéficas ou maléficas que podem (vir a) ter sobre sua vida e a de outrem. A imputabilidade e a responsabilização só se aplicam a indivíduos e grupos rigidamente identificados. O *dever de fazer* alguma coisa pressupõe a condição de *poder* optar pelo que cabe fazer e ter condições objetivas de fazê-lo.

A ética adotada é afetada por crenças como a de que existem *entes* com existência supraindividual submetidos a princípios próprios de reprodução, a critérios imanentes de funcionalidade e a necessidades autárquicas de reprodutibilidade. A convicção de que os coletivos são portadores de poder de determinação causal e ascendência normativa sobre os indivíduos leva à visão de que a ordem social precisa se reproduzir com base em imperativos éticos ditados pelo bem comum, que só é alcançável pela realização dos desígnios encarnados pelos coletivos. Vistos como tendo existência autárquica e movimentos próprios, os coletivos podem impor suas necessidades e finalidades em nome da realização do Bem Comum. Sendo as instituições sociais avaliadas pelos efeitos que provocam sobre a vida dos indivíduos, o objetivo pode ser o de pontualmente reformá-las ou, se concebidas como tendo vida própria, revolucionariamente reprogramá-las para que se dediquem à busca de outros fins

Pressupostos holistas desembocam, ainda que involuntariamente, em plataformas políticas dirigistas. Para que prevaleçam, as supostas finalidades dos coletivos precisam ser apreendidas em sua identidade própria e implementadas com heroica devoção por líderes revolucionários incumbidos de torná-las politicamente viáveis. As possíveis resistências à conquista dos fins excelsos dos coletivos tornariam necessários não só bons argumentos, mas também o uso persuasivo da força. Quanto maior a resistência, em sociedades democráticas, menores as chances de um grupo político fazer prevalecer as “finalidades superiores” dos coletivos. Quanto menor a resistência, em sociedades fechadas, maior será a concentração de poder nas mãos dos déspotas que falam especiosamente em nome dos excelsos fins encarnados pelos coletivos.

O holista rechaça a tese de que o *governo mínimo* enseja a *máxima escolha individual.* Em um período histórico como o atual, em que a crescente afirmação da individualidade pouco combina com a primazia concedida aos coletivos, o poder teria de ser descentralizado ao máximo e exercido com parcimônia e austeridade. Só assim se evitaria que o único poder em condições de se apresentar como Entidade supraindividual — o Estado — se arvorasse em legítimo controlador das vontades e cognições pessoais e capaz de promover a realização de finalidades pretensamente vinculadas ao bem comum.

A concessão de existência autônoma a *coletivos*, com poder causal e ascendência normativa sobre os indivíduos, pode se materializar na construção de uma ordem social na qual o poder fica concentrado diante de frágeis freios e contrapesos. O indivíduo deixa de ser visto como autodeterminado e senhor de sua liberdade para ser apassivado diante de projetos políticos supostamente dedicados à realização de finalidades comunitárias. Quando as pretensas finalidades dos *coletivos* são reverenciadas como superiores, e os interesses individuais desprezados como egoísticos, abre-se caminho para, em contextos de exercício autoritário do poder, todo tipo de atentado aos direitos fundamentais da pessoa humana. Vistas como travas ideológicas ao justo e harmonioso funcionamento do todo, as visões individualistas são acusadas de defensoras de interesses egoístas originadores de disfuncionalidades sociais.

É discutível que o coletivismo seja a ideologia de organização da vida social capaz de combater o vírus do egoísmo deletério. Como bem observa Barros (1992, p. 49), "a adesão ao coletivismo, por ressentimento, caracteriza uma forma visível de egoísmo. É uma curiosa forma de egoísmo que, no fundo refugando o próprio eu, contribui para criar uma espécie de egolatria". Caricaturado como a selvagem afirmação dos interesses particulares, o individualismo é visto como inimigo da ética da solidariedade. Tal qual se faz presente nas reflexões de filósofos como Kant, o individualismo nada tem a ver com o império das ações "egocentristas", que exibem descaso pela vida, liberdade e dignidade do outro. Considerar o homem como um fim em si mesmo, respeitando de forma incondicional sua liberdade e singularidade, nada pode ter de pernicioso à vida social. Ao contrário, as sociedades mais justas e livres são as que erigiram em postulado sacrossanto da convivência o princípio de que o homem deve sempre ser considerado um fim em si mesmo. A ordem social individuocêntrica nada tem de atomismo eticamente desagregador quando todas as ações dos agentes estão submetidas a normas universais de justa conduta comunitariamente compartilhadas.

O estabelecimento de hierarquias ontológicas atreladas a uma antropologia filosófica é prenhe de consequências éticas e políticas. Difícil justificar as opções ontológicas feitas por teorias incapazes de prover explicações bem fundamentadas. Durkheim (1967, p. 122) faz declarações genéricas a favor da primazia do ser social — "é mais rico, mais complexo, mais durável que o ser individual" — que conduzem à subordinação moral do indivíduo à *Sociedade*. Determinações causais e finalidades especiais são atribuídas ao Todo com base na pretensa constatação empírica de que "a natureza do indivíduo deriva diretamente do ser coletivo". Durkheim apresenta um sistema de pensamento arrimado em uma filosofia social tácita e procura apresentá-lo com a identidade de ciência empírica.

Priorizar o usufruto da liberdade negativa — entendida como ausência de coerção injustificada — em nome da realização das melhores potencialidades humanas colide com a visão de sociedade como uma engrenagem na qual as partes estão sistemicamente condenadas a cumprir certas funções. A defesa do ideal de máxima escolha individual não é compatível com o modelo do determinismo sistêmico que em tudo detecta férrea necessidade. Sendo os homens tratados – e não apenas vistos — como modelados material e simbolicamente por um domínio da realidade transindividual, por um poder que define as finalidades superiores, as dos *coletivos,* a luta libertária consiste em torná-los senhores de seu destino pelo crescente gozo da liberdade concebida como ausência de coerção (injustificada).

Moldados pela *Sociedade* ou ideologicamente manipulados pela classe dominante, aos indivíduos só resta ter a identidade que lhes é "imposta" pelos coletivos ou pelo Sistema social. Sendo esse o caso, torna-se importante saber, para que se possa determinar o que resta da identidade pessoal, o que são as entidades supraindividuais para tentar evitar que se reproduzam de modo opressivo. O problema é que nunca se identificou consensualmente o que é uma classe social, e muito menos de que maneira o que pensa e como se comporta um indivíduo em situações e contextos definidos é determinado por seu pertencimento a uma classe. Um dos principais problemas da teoria social é justamente o de associar as duas matrizes de pensamento e ação — a dos "determinantes de classe" e a dos interesses individuais. Se de fato existem as duas, cabe problematizar como se relacionam e sob que circunstâncias uma predomina sobre a outra.

Apesar das críticas candentes que dirige à teoria do interesse, o marxismo não a abandona. O fato de o interesse individual ser encarado como ruinoso para a classe operária não acarreta o banimento da categoria de interesse. Lênin, por exemplo, procurou mostrar que os objetivos perseguidos pelo *trade-unionism* — melhores salários, melhores condições de trabalho, menor jornada de trabalho etc. — não correspondiam à real defesa dos interesses econômico-políticos dos operários. A genuína consciência do proletariado estaria vinculada ao movimento de destruição do capitalismo. Isto porque se o capitalismo se mostrasse capaz de satisfazer às reivindicações do *trade-unionism*, o movimento proletário estagnaria ou perderia sua vocação revolucionária.

Nesse caso, o holismo abraçado fez com que a velha teoria liberal do interesse centrado no indivíduo fosse modificada de modo a poder aplicar-se a um tipo de interesse atrelado a um coletivo. O mais interessante é que o tipo de interesse encarnado pela classe não se forma espontaneamente, já que a consciência revolucionária só pode ser "criada" por uma elite intelectual que se compromete com a ortodoxia estipulada por determinada vertente de pensamento. Cabe, ademais, ter presente que a verdadeira consciência, para Lênin, era política em virtude de a revolução não ser defendida como *interessante* para o bolso de cada operário, e sim como a redenção do proletariado e, *eo ipso*, da humanidade como um todo.

Ainda que involuntariamente, as tendências do pensamento social que atribuem aos coletivos "mais ser" e uma teleologia própria favorecem a introdução de restrições à liberdade individual. A invocação das razões de Estado, da defesa da nação ou do bem-estar comunitário pode causar o mesmo tipo de consequência. Desde as intervenções pontuais do Estado na vida social e econômica até o completo controle, à maneira de um panóptico, do totalitarismo, passando pelas mais disfarçadas formas de autoritarismo, há sempre elementos de coletivismo provendo justificação filosófica e ideológica para o encolhimento do potencial de máxima escolha individual. Por essa razão, o debate coletivismo versus individualismo descamba para embates ideológicos dedicados a fazer prevalecer uma ordem social individuocêntrica ou sociocêntrica. Definir em torno de que entidade — indivíduos ou coletivos — deve gravitar a vida social mobiliza corações e mentes.

A empreitada devotada a compreender o papel que indivíduos e coletivos *de fato* desempenham na arena da vida social, é diferente da que adota uma preferência ontológica com base em imperativos ideológicos. As teorias sociais têm a peculiaridade de influenciar os "objetos" aos quais intentam explicar. Isso faz com que, independentemente da verdade ou da falsidade de suas proposições, contribuam para que a "realidade" assuma determinado tipo de configuração. Destarte, ciência e ideologia acabam, com suas teorias e visões de mundo, exercendo influência sobre os processos que fazem com que uma sociedade se torne mais sociocêntrica ou individuocêntrica.

Supor que há coletivos com vida própria e finalidades intrínsecas, e que o melhor para os indivíduos é se ajustarem ao processo de busca dos fins que os transcendem, é abraçar uma metafísica social à qual se pode contrapor uma individualista. Independentemente de sua cientificidade, as ideias coletivistas e individualistas contribuem para o tipo de ordem social que vai sendo construído. As ideias têm consequências objetivas sobre nossas vidas: influenciam os cursos de ação que escolhemos empreender e nos fazem ver a realidade a partir de uma ou outra óptica. Entre os esquemas de pensamento do coletivismo e do individualismo — alicerçados em pressupostos ontológicos, epistemológicos, éticos e políticos bastante diferentes

— se abre um fosso difícil de ser objetivamente transposto por meio da comparação de seus respectivos méritos explicativos:

> Costuma-se considerar desejável sacrificar o bem-estar do 'indivíduo' ao da 'sociedade' como se o bom funcionamento global fosse algo em si, que se expandisse para as partes como a realização de sua felicidade. (MacIver & Page, 1949, p. 48)

O uso de grandiloquentes expressões como 'bem comum' costuma estar na origem das mais diferentes formas de sedução ideológica que, em alguns casos, dão sustentação intelectual a vários tipos de autoritarismo. A invocação do universal resvala, com frequência, para o discurso que apresenta quimeras verbais como se tivessem mais realidade que os homens de carne e osso. Da possibilidade de coletivos existirem em si e por si mesmos não se extrai a conclusão de que só lhes conferindo ação autotélica podem ser alcançadas finalidades vinculadas à realização do bem-estar geral. Durkheim (1973, p. XVII) chega a declarar que a "subordinação dos interesses particulares ao interesse geral é a fonte de toda atividade moral". Trata-se de um *non sequitur* inferir que a ordem centrada no respeito à livre ação individual descamba para a prevalência do "egotismo" dos interesses individuais. Como se uma sociedade que acolhesse o ideal de promover a máxima escolha individual não tivesse como se proteger, fazendo valer normas gerais de justa conduta, das ações e atividades "antissociais" dos que resolvessem produzir qualquer tipo de malefício a terceiros.

Nada comprova que só priorizando coletivos é possível buscar e encontrar o que cada pessoa tem de melhor. Essa alienação da vida individual nos coletivos costuma ser mais uma fantasia a impedir que cada um assuma sua existência com a autonomia que enseja a liberdade nas escolhas contextualizadas. É questionável a tese de que a conquista da justa e harmoniosa convivência entre os homens envolve o "enquadramento" dos indivíduos nos objetivos maiores dos coletivos. Ao contrário, a conquista da maior felicidade costuma derivar da diminuição da tutela exercida pelo poder *institucionalizado* do Todo sobre as partes. O holismo tenta camuflar suas falhas de fundamentação contrapondo metas e interesses individuais a ideais supostamente alcançáveis pelas ações dos coletivos voltadas para o Bem Comum. Na avaliação de Durkheim (1967, p. 275), "só a sociedade está em condições de desempenhar essa função moderadora, pois é o único poder moral superior ao indivíduo".

É comum se tentar compensar a inexistência de boas razões em apoio a uma teoria social invocando-se sua vinculação a um projeto político reputado redentor. Isso tem levado ao predomínio da *ética dos fins últimos*: a *soi-disant* causa justa é reputada indefectível, independentemente de estar ou não respaldada em teoria com comprovada capacidade explicativa, e de suas consequências não pretendidas poderem ensejar a instauração de ordens sociais piores que as antes existentes. A intenção programática pode ser a de *dar realidade* às finalidades superiores da coletividade, mas a consequência prática é a de gerar concentração de poder em detrimento da liberdade individual. *Coletivos* personificados aos quais são atribuídas "missões históricas" ou finalidades especiais são invocados para legitimar o aumento dos poderes concentráveis pelos que estão *à testa do Estado.*

A busca da prevalência do Universal contra a "privatização" dos interesses promovida pela burguesia é artifício retórico utilizado por grupos ideológicos que pretendem galgar o poder dizendo-se representantes de coletivos, apresentando-se como demiurgos, artífices, da ordem social perfeita. Por esse motivo, esses ideólogos adotam a *ética dos fins últimos* para messianicamente advogarem que a causa justa justifica tudo que se faça para torná-la realidade. Nesse caso, inexiste preocupação com a possibilidade de os resultados *pari passu* alcançados virem a se mostrar diferentes dos projetados/desejados e até de gerarem uma situação pior do que a preexistente. A teoria aspirante a ter status científico deve preferencialmente associar-se a uma ética da responsabilidade que — sem questionar que se possa estudar algo para aprimorar seus modos de ser e sua funcionalidade — reconheça que as explicações são falíveis e sua aplicação pode chegar a resultados indesejados. Mesmo a busca de conhecimento que se cerca de todos os cuidados epistemológicos pode-se revelar geradora de crenças falsas ou falhas e dar origem a projetos de intervenção na realidade que, com o tempo, produzem consequências desastrosas. Daí ser necessário avaliar diuturna e implacavelmente o valor cognitivo das alegações de conhecimento e o impacto que têm sobre as realidades às quais pretendem se aplicar. Essa seria a forma capaz de inibir os pretensiosos projetos intervencionistas que, em nome de causas coletivas supostamente justas, cerceiam a liberdade.

As teorias sociais têm tendido a tratar os indivíduos como atores e não como *autores* dos enredos políticos. Como se mesmo os que estão no comando, à frente das mais importantes decisões políticas, tivessem suas decisões e ações direcionadas por forças sistêmicas. As profundas diferenças entre a visão que encara o indivíduo como ator e a que o caracteriza como autor fomentam perspectivas ideológicas com desdobramentos no campo dos conflitos políticos. Lane (1962, p. 190) e Macpherson (1973, p. 24) apresentam o conceito liberal, individualista, de homem como se referindo a um consumidor de utilidades, um *infinite desirer* e um *infinite apropriator*. É forte a tendência a sustentar que a política está submetida aos determinantes sistêmicos das coletividades, de tal maneira que costuma ser qualificada de ideológica a teoria política que interpreta a ação social em termos do postulado da racionalidade da ação individual.

Em vez de encarar o processo de produção de conhecimento como devotado a fazer frente a problemas enfrentados por indivíduos associados, prevalece a propensão a caracterizar os agentes como passivos, replicantes de esquemas de pensamento culturais, e executores de ações que reverberam determinantes cuja matriz se situa no plano dos sistemas sociais. Argumenta-se não estar em questão acompanhar a ação humana a partir do que se passa no circuito da representação e agir individuais, pois o crucial é detectar como alguém se vê obrigado a se comportar para desempenhar determinado papel no palco da vida social:

> O comportamento de indivíduos específicos, uns em relação aos outros, mostra-se ininteligível se não concebermos seus comportamentos em

termos de seus *status* e papéis; e os conceitos de *status* e papel mostram-se desprovidos de significado se não os interpretarmos em termos de organização da sociedade à qual os indivíduos pertencem. (Mandelbaum, 1973, p. 224)

De forma controversa, Ho (1979, p. 143) afirma que "nada há na ideologia do coletivismo que exija a negação do bem-estar ou dos interesses do indivíduo". Em sua opinião, manter o bem-estar do grupo é a melhor forma de garantir o do indivíduo. O pressuposto holista reiterado é o de que os processos sociais diferem qualitativamente das ações individuais e de que as escolhas de natureza social possuem uma "lógica" diferente da que rege as metas pessoais. Noções como "interesse público" indicariam a existência de funções de utilidade de uma ordem superior às postuladas pelas ações dos indivíduos. Já a teoria da *escolha racional* estatui que os processos políticos são conduzidos por indivíduos que exprimem suas preferências em "mercados políticos" de modo a produzir escolhas coletivas:

> Ele [o economista] estuda o surgimento do mercado e das relações de troca a partir dos processos de escolha dos participantes individuais. A teoria econômica ortodoxa neoclássica dá total destaque à teoria do comportamento da escolha individual; os manuais normalmente partem da análise da demanda individual por bens e serviços. A partir dessa teoria da escolha individual constrói-se uma teoria da interação entre indivíduos e grupos. À organização que passa a existir como resultado da variada participação dos indivíduos nos processos de troca chama-se 'economia'. Essa organização, essa economia, não tem existência independente, à parte a interação dos participantes individuais. Não tem metas, intento ou propósito. Trata-se de uma organização social, não de um organismo social. (Buchanan, 1966, p. 25-6)

Consoante tal óptica, todos os fatos relativos à atividade política coletiva se reduzem a escolhas individuais entre várias possibilidades capazes de levar a resultados diferentes. As possíveis alternativas se apresentam em um contexto no interior do qual são sinalizadas as rotas que podem ser seguidas de modo a tornar institucionalmente viável o que se projeta no plano da escolha individual. Os opositores da tese de que a lógica da ação coletiva pode ser deduzida a partir das preferências e escolhas dos indivíduos esposam o ponto de vista de que os comportamentos nas e das coletividades diferem qualitativamente daquilo que pode ser apreendido no plano dos cálculos e escolhas individuais.

É necessário que o *setting social* tenha o poder de modelar o comportamento dos indivíduos para que desponte defensável a tese de que *coletivos* podem fazer com que seus interesses e objetivos se tornem os dos indivíduos. Os fins superiores dos coletivos precisam não só se contrapor como também se impor aos objetivos perseguidos pelas ações individuais. Supor a existência de duas agências distintas, a individual e a coletiva, obedecendo a critérios de racionalidade próprios, exige desvendar como se dá sua coexistência. Se uma é epifenômeno da outra, só se podem fazer exigências éticas à que tem existência determinante. Admitindo-se a autonomia, ao menos relativa, das duas instâncias, torna-se imperioso determinar como se constituem os dispositivos de interação. Se uma não *impõe* seus padrões à outra, deve subsistir alguma forma de "harmonia preestabelecida" entre elas para que funcionalmente coexistam.

Para que o indivíduo não seja reduzido a fantoche de necessidades sistêmicas, cumpre concebê-lo como sujeito de suas ações, por mais que suas deliberações nas longas e complexas cadeias de decisão da vida coletiva sejam em parte residuais e reflexas. Isso é compatível com a crença de que, em muitos casos, predomina determinada tendência em certos grupos como decorrência da distribuição estatística de determinadas opiniões entre seus membros. Como são complexos e *contextualizados* os mecanismos responsáveis pela formação das opiniões, é forte a propensão a supor que as decisões coletivas promanam de uma entidade supraindividual.

O holismo se faz fortemente presente nas representações de senso comum da realidade social em virtude de os agentes terem dificuldades de perceber que o conhecimento que circula na sociedade encontra-se disperso entre os bilhões de pessoas. Daí a tendência a creditar os resultados de um longo e pouco controlável encadeamento de ações à existência em si de coletivos. Se a sociedade é vista pelo senso comum como totalidade com vida própria, essa crença passa a gerar efeitos independentemente de sua veracidade. Por esse motivo, uma sociedade pode aceitar a hipertrofia dos poderes e das funções do Estado por mais que isso seja prejudicial a seus membros. Havendo fins comunitários tidos por superiores, é comum se delegar ao Estado a missão de impingi-los. O fato de o Estado dispor, na figura dos que o comandam, do monopólio do uso legítimo da força física é o "dado concreto" que permite aos amantes da ordem social coletivista invocar um tipo de existência que se situa, pelo poder detido, acima da vida dos indivíduos.

Quando se investe o Estado do poder de gerar políticas de larga--escala, de forjar pretensiosos projetos de engenharia social, se lhe confere uma identidade demiúrgica *vis-à-vis* à vida impotente dos indivíduos separados. Santo Agostinho via no pecado original a origem do Estado — o homem deve viver sob sua autoridade a fim de serem restringidas suas tendências para o mal. Não se pode, no entanto, descurar que a expressão "viver sob sua autoridade" é ambígua. Pode tanto denotar subordinação ao império das leis, de cunho negativo, que assegurem o usufruto universal da liberdade, quanto alguma forma desnecessária de diminuição do poder de escolha e decisão exercitável, em maior ou menor grau, na esfera da vida privada.

Não sendo o Estado controlado por Deus, podem seus dirigentes conjunturais entender coisas bem diferentes por "restringir as tendências do homem para o mal". A forma de evitar exegeses perversas que atentem contra a liberdade envolve o rechaço da ideia de que o Estado — quer seja visto como criação da providência ou fruto do Acaso, da História ou da Natureza — tem finalidades próprias, independentes das livremente visadas e pactuadas pelos indivíduos. Concebê-lo como entidade dotada de funções que se justificam pelos desígnios visados, pretensamente superiores aos acalentados pelos indivíduos, abre caminho para a opressão:

> Não devemos supor que cada cidadão pertença a si mesmo, já que todos pertencem ao Estado e cada um é parte do Estado, e o cuidado com cada parte é inseparável do cuidado com o todo. (Aristóteles, 1943, 1337a, p. 320)

A noção de Estado de Aristóteles pouco tem a ver com o *Leviatã* que se formou no século XX. O totalitarismo responsável por milhões de cadáveres ideológicos só foi possível porque o Estado chegou a concentrar mais poderes que o velho Absolutismo. As facções ideológicas que se encastelaram no Estado puderam cometer atrocidades jamais vistas porque o poder pôde ser exercido de forma unitária e total, cobrindo todas as esferas da vida social — da economia à cultura passando pela política. Quando a sociedade é engolfada pelo Estado, o cidadão assume a atitude passiva de esperar que os poderosos decidam por ele:

> Deixemos as pessoas acreditarem na onipotência do governo e manifestarão certeza de alcançarem impossibilidades fazendo revoluções. Entre suas ideias exorbitantes sobre o que Estado deve fazer por elas, por um lado, e suas fracas performances, por outro, generalizar-se-ão seguramente fortes sentimentos de animosidade contra a ordem social. (Spencer, 1981, p. 319)

A crença em uma sociedade que se *coloca acima* dos indivíduos ou em um Estado condutor da vida social parece ser uma espécie de substituto psicológico para o papel tradicionalmente reservado pela maioria das religiões ao Deus onipotente. O poder administrativo, moderador e fiscalizador do Estado, devotado a fazer cumprir as normais gerais de justa conduta que negam a qualquer um o direito de causar qualquer tipo de malefício a outrem, não se confunde com o estatismo defensor da imposição de regulamentações que diminuem o potencial de escolha e ação dos indivíduos. Constant salientou que onde o Estado é insubstituível todo poder há de ter e onde é prescindível nenhum poder há de ter.

Com base na crença de que a redenção social virá pela predominância dos imperativos *comunitários* sobre os interesses individuais, muitos coletivistas preferem o tacão ostensivo do controle do Estado à mão *invisível* do mercado. A integração espontânea da miríade de ações individuais é vista como incapaz de proporcionar benefícios uniformes à coletividade. Notoriamente, o mercado, centrado nas escolhas individuais, contém falhas. A ingenuidade é supor que o processo político tem condições de corrigir o mercado ou substituí-lo por um sistema de planificação central, como se as disputas pelo poder, regidas por uma ideologia "sacralizada", pudessem manter distanciamento dos interesses individuais, grupais ou faccionais. Como se as manipulações típicas dos processos políticos, quase sempre permeados de fortes componentes demagógicos, não respondessem a "lógicas" oportunistas de conquista e preservação do poder. O poder econômico precisa ser diluído por meio de leis que defendam a concorrência e os direitos do consumidor, e o poder político precisa ser distribuído e descentralizado — submetido a *freios e contrapesos* — para evitar o encolhimento da liberdade:

> Chegamos a compreender que os homens que competem primariamente por riqueza são relativamente inofensivos se comparados com os homens que competem primariamente por poder (embora existam, por certo, implicações violentas, e até totalitárias, no tratamento que se dá ao trabalho, aqui e alhures, como mercadoria). (Riesman, 1954. p. 29)

A vida social é um processo em que a soma das ações individuais, mesmo produzindo fenômenos especiais, não forma uma substância com identidade ontológica distinta das existências singulares dos indivíduos. Os estudos dos fatos da vida associativa devem dar atenção especial à detecção das consequências não intencionais das ações individuais intencionais em combinação com as institucionalmente geradas. Quando representam a vida social como o palco em que a atuação decisiva é a das Entidades supraindividuais, o leigo e o estudioso acreditam em enredos ficcionais e podem ser levados a assumir posição servil diante dos que falam em nome delas:

> A vida de uma sociedade [...] depende da manutenção dos direitos individuais. Não é senão a soma das vidas dos cidadãos [...]. Apesar de consistir dessas muitas atividades diferenciadas que os cidadãos executam com base na mútua dependência, cabe ter presente que essa vida impessoal agregada será mais ou menos intensa em função de os direitos dos indivíduos serem ou não respeitados. (Spencer, 1981, p. 159)

O individualismo autêntico, o que evita a "naturalização" do indivíduo atentando para a significatividade de sua ação, trata o ser humano como um fim em si mesmo, e se mostra preocupado em definir os dispositivos que estabelecem limites ao exercício do poder. As ameaças do poder são grandes quando uma sociedade é impotente para evitar sua concentração por meio de mecanismos que promovem sua ampla e eficiente distribuição. Acima de cada um de nós não deve existir o Estado com mais poder que o necessário à garantia de podermos conviver em liberdade sob o império de leis de cunho negativo universalmente aplicáveis. Fazemos coro com Mill (1952, p. 271) quando prega que a única finalidade para a qual o poder pode ser legitimamente exercido sobre qualquer membro de uma comunidade civilizada, contra sua vontade, é a de impedir que cause danos a outrem.

O império da vontade, do interesse e da cognição individuais é fruto de o ser humano ser visto como senhor de si mesmo, de seu corpo e de sua mente. O endosso a esse tipo de visão não deve impedir o estímulo a todo tipo de cooperação voluntária e solidariedade entre os agentes. Sua veemente oposição deve ser dirigida à atitude autoritária que impinge modos de conduta aos indivíduos em nome de finalidades e necessidades dos coletivos encarados como Entidades independentes de agência externa. O indivíduo, senhor de suas faculdades, dotado de potencial de autonomia, autodeterminação e privacidade tem sua liberdade alienada quando constrangido a se curvar a imperativos encarnados por *coletivos* personificados. Dar existência privilegiada a *coletivos* leva frequentemente a um perigoso contraste entre o bem do *todo* e o bem dos indivíduos que o constituem, como se o suposto bem do *todo* existisse em si e fosse alcançável independentemente de sê-lo pelos indivíduos. Imagina-se, assim, que determinada modalidade de ação possa, realizada por determinação de finalidades coletivas, proporcionar o bem do *todo* em contraste com atividades que atendem a interesses meramente egoísticos:

> Do bem, podemos dizer, como Aristóteles disse da felicidade, que se os indivíduos não o alcançam, também não o alcançará o todo. Isso não significa que as coisas consideradas como valiosas por uma nação, sua cultura e instituições, não sejam mais permanentes do que os indivíduos de qualquer geração. Decerto são. Mas essa cultura e essas instituições nada são em si mesmas, carecendo da reinterpretação e manutenção pelos indivíduos, de geração em geração. O bem do todo não pode ser algo distinto e oposto ao bem dos membros que, em gerações sucessivas, constituem o todo. (Ginsberg, 1966, p. 69)

Os atores podem perseguir seus próprios interesses em um contexto social no qual vigorem regras e leis que os impeçam de causar malefícios a terceiros. Os cidadãos deveriam sempre exigir a limitação do poder coercitivo que sobre eles se exerce em nome das finalidades superiores dos coletivos. A sedução de poder exercer controle sobre a sociedade leva os engenheiros sociais a ambicionarem, segundo Hayek (1972, p. 35), promover "o controle central de toda a atividade econômica, de acordo com um plano único, que estabeleça a maneira pela qual os recursos da sociedade devem ser 'conscientemente dirigidos' a fim de servir, de forma definida, a finalidades determinadas". Para o liberalismo clássico, o bom funcionamento da sociedade se deve, no essencial, ao fato de cada indivíduo poder perseguir seus próprios interesses. A melhor contribuição que cada um pode dar à vida social é buscar com afinco alcançar seus próprios objetivos, já que assim procedendo produzirá, ainda que involuntariamente, benefícios àqueles com os quais convive em processos de trocas simbólicas e materiais. O interesse próprio desponta, nesse caso, como a força motivadora de toda atividade humana, como a mola propulsora da atividade econômica empreendedora e como a forma indireta de se gerar o bem comum:

> Não é a benevolência do açougueiro, do cervejeiro e do padeiro que nos proporcionarão o jantar, e sim o fato de buscarem seu próprio interesse. Para obtermos o que desejamos não nos dirigimos à sua humanidade, mas a seu amor-próprio e jamais lhes mostramos nossas próprias necessidades e sim as vantagens que auferirão. (Smith, 1981, p. 26-7)

Se os homens pudessem se livrar dos autoritarismos reais e das ilusões que os levam a substancializar instituições e coletivos, compreendendo que não pode haver interesses e propósitos superiores aos dos indivíduos, se tornariam mais conscientes das dificuldades envolvidas em suas ações e mais senhores de si. Aprenderiam que os caminhos da vida não obedecem a roteiro predefinido, que só podem ser descobertos ou inventados pelo exercício imaginativo de sua inteligência garantido pela mais ampla vigência da liberdade.

Em consonância com o paradigma liberal, os indivíduos são vistos como agindo sempre de modo a maximizar a utilidade esperada porque, apesar de interdependentes, são autodeterminados. Já as visões que se prendem ao modelo do *homo sociologicus* tendem a apresentar o agente como programado pelas "estruturas sociais", como determinado por sua origem e posição sociais, como socialmente moldado no exercício de sua faculdade de escolha, de decisão, de criação e de inovação, como se fosse a matéria inerte e passiva que absorve da *sociedade* ou dos coletivos os esquemas comportamentais e os conteúdos de pensamento:

> Para o realismo totalitário, o todo é um "ser" que exerce suas coações, modifica os indivíduos (impõe-lhes sua lógica, etc.) e permanece

> heterogêneo às consciências individuais, tais como seriam independentemente de sua socialização. (Piaget, 1973, p. 167)

É justificável descartar as teorias que atribuem a entidades sociais propósitos e objetivos próprios diferentes dos acalentados pelos indivíduos e as que identificam na história uma teleologia própria, isto é, capaz de perseguir fins situados acima das práticas (con)vivenciais dos indivíduos. Nesse sentido, cabe considerar problemática a pretensão de explicar os coletivos através da identificação de suas necessidades e finalidades por contraposição às dos indivíduos. No entanto, a substancialização dos coletivos por meio da atribuição de existência e teleologia próprias não torna menos controversa a "naturalização" que confunde os indivíduos com seus comportamentos manifestos. Cumpre reconhecer que o indivíduo é um ator cuja ação está presa a motivações idiossincrásicas, a encadeamentos causais e a (des) encontros casuais com outras ações. Como o indivíduo dispõe de diminuto controle cognitivo sobre as múltiplas conexões contingenciais envolvidas em suas ações e interações, é pouco frutífero reduzir a racionalidade do que faz ao universo mental e simbólico de sua consciência:

Afirmar que uma situação ou tendência social pode ser alterada por indivíduos que conheçam todas as principais variáveis envolvidas equivale por um lado a sublinhar corretamente que os agentes não são títeres de coletivos e, por outro, ao truísmo segundo o qual o conhecimento cabal dos fatos em suas complexas urdiduras pode, em tese, ensejar modificá-los. É controverso que a informação e o conhecimento necessários à modificação de uma situação ou tendência social possam ser localizados no circuito das *razões e* dos *fatores* presentes no campo estrito das ações individuais. Mesmo porque o conhecimento total que circula no interior de uma sociedade encontra-se disperso entre os muitos agentes. O domínio chamado de social, composto dessa multiplicidade e fragmentariedade de saberes, não tem como ser globalmente controlado por uma mente solitária privilegiada ou por um grupo de luminares.

Os componentes psicológicos deixam de ser decisivos na explicação da sociabilidade se o indivíduo, não sendo o criador dos papéis que executa, estiver condenado a sempre se enquadrar em uma moldura regida por mecanismos sistêmico-funcionais. Nesse caso, não é autor de suas condutas típicas, apenas ator de comportamentos específicos. Ao dar ao indivíduo o roteiro a ser seguido, a sociedade faz com que seu desempenho se compatibilize com os dos demais criando a integração funcional entre as condutas plasmadas pelo enredo sistêmico. Como o que há de espontâneo na ordem social não resulta, no essencial, de deliberações conscientes e como o conhecimento de sua reprodução é parcial, precário e disperso pelos diversos (tipos de) agentes, não há como alcançar completa e exaustiva informação sobre seu funcionamento. Daí a compreensão de determinado *tipo* de ação depender também da identificação dos vínculos que mantém com outras ações, que não estão sendo diretamente acompanhadas. O conhecimento envolvido em determinada modalidade de ação tem de ser complementado com o que se faz presente em outros tipos de ação vinculados a outros conhecimentos. Falta o conhecimento da complexidade da vida social em razão de não se conseguir desvendar em que se fundamenta o "princípio organizador" das miríades de interações, das múltiplas ações e reações que se articulam em uma cadeia combinatória. Nesse caso, os fins e desígnios conscientemente buscados se mesclam a consequências e resultados não pretendidos. Por tudo isso, é cabível problematizar em que medida invocar a existência em si de coletivos é decorrência do parco conhecimento que se tem das complexas variáveis envolvidas na reprodução de todos os tipos de ação que geram a ordem social.

É preciso ver com desconfiança os inventários ontológicos feitos por teorias que, apesar do parco poder explicativo, promovem rígidas relações de dependência causal e de subordinação ética dos indivíduos aos coletivos com base em uma ideologia escorada em uma metafísica social. Nunca será demais alertar para os perigos intelectuais e políticos contidos nas propostas reducionistas. Nada justifica que se proponha a alienação da existência individual em *coletivos* diante dos quais se induz o homem comum a assumir posição passiva e subserviente. É preciso ver com espírito crítico a retórica que tenta convencer de que vale a pena sacrificar a liberdade (pessoal) em nome da redenção de um coletivo ou da coletividade. Não se deve jamais aceitar que a liberdade seja, em nome de fictícios *coletivos* personificados, restringida para que o egoísmo pequeno-burguês seja eliminado. Inexistindo a possibilidade de se entabular intercâmbio comunicativo com *coletivos*, cumpre promover o debate entre indivíduos a respeito do que pode contribuir para melhorar as formas de interação humana. Fundamental é que o intercâmbio crítico ocorra sem que se tenha de renunciar ao singular exercício de busca do melhor modo de viver em liberdade. Tendo em vista esse objetivo, o intento de "dessubstancializar" os coletivos é importante, no plano teórico, para evitar que a liberdade seja relativizada aos pretensos desígnios dos coletivos. Como destacou Epicuro, "o essencial para nossa felicidade é nossa condição íntima, e desta somos senhores".

A personificação de coletivos se estriba em fabulações destituídas de valor explicativo, e contribui para acalentar mitos sobre a ordem social que podem desembocar em autoritarismo/totalitarismo. Sendo assim, o coletivismo deve ser visto não apenas como um sistema de pensamento capaz de ensejar a construção de determinado tipo de interpretação da vida social, mas também como o substrato ideológico instrumentalizável por vertentes políticas que promovem a relativização da liberdade dos indivíduos à funcionalidade do todo pretensamente capaz de *realizar* o bem comum.

Poderes que ultrapassam o estado de direito e atribuições que extrapolam as funções indelegáveis do Estado existem sempre como mecanismos produtores do encolhimento da esfera de atuação individual. Tudo se agrava quando a megalomania da engenharia social revolucionária descamba para a aniquilação de grupos políticos adversários. Foi um ideal coletivista, implementado a ferro e fogo por Pol Pot e seus seguidores no Camboja, que produziu uma pilha de quase dois milhões de cadáveres ideológicos. Foram regimes políticos coletivistas os grandes responsáveis por mais de cem milhões de assassinatos políticos ao longo do século passado. Tudo em nome da "felicidade e da libertação coletivas", como se fosse possível sobrar algum tipo de direito quando o indivíduo deixa de ser tratado como um fim em si mesmo. Quando reduzida à condição de meio, em nome de uma causa programaticamente superior, a pessoa acaba sendo submetida a todo tipo de aviltamento.

A substancialização do social em *coletivos* tende a atribuir à política a missão de definir as metas superiores dos coletivos e os modos de realizá-las. Quem não se curva aos pretensos imperativos da sociedade, ou da classe revolucionária, é constrangido a acatá-los em nome do bem comum. Pouca serventia tem supor a existência de *coletivos*, dotá-los de vida própria, do poder de determinação causal e de superioridade ética, sem demonstrar que sua transformação desemboca em outra modalidade de ordem social capaz de superar todas as deficiências funcionais e morais exibidas pelo *status quo*. É questionável a crença de que só se os indivíduos tiverem seus comportamentos plasmados por uma instância que transcende o cálculo de seus interesses poderão as finalidades da sociedade prevalecer.

A "dessubstancialização" dos coletivos e a rejeição da tese da condição passiva do indivíduo são de decisiva importância para fazer frente às ideologias que promovem a veneração da totalidade em detrimento do livre agir individual. A atitude individualista, que destaca a pessoa como um fim em si mesmo e a considera um ser ativo, é fundamental como reação crítica à tendência que faz da sociedade uma espécie de Deus imanente diante do qual só resta a passividade genuflexa.

O objetivo perseguido por este livro foi o de indigitar o as fragilidades conceituais em que se enredam as teorias sociais que personificam os coletivos e as que "naturalizam" os indivíduos. Com isso, pretendemos chamar atenção para o impacto que as mundividências individualistas e holistas podem ter sobre os processos históricos de interação social. "Dessubstancializar" o social, além de ser uma atitude política prenhe de consequências éticas libertárias, é uma forma de se evitarem as armadilhas da autorreferencialidade. Mesmo porque quando nos reportamos ao social não estamos fazendo referência a uma realidade capaz de existir independentemente de nós. O social é uma construção permanente, a despeito de seus elementos estáveis e até invariantes, dos modos básicos de convivência. Quando se ingressa em redes de convivência não há, de um lado, meu eu e, de outro, a realidade social. Há um tipo especial de referência que faço a mim mesmo no interior da sociedade e a referência que faço à sociedade a partir de mim mesmo. O coletivismo, ao conferir vida própria ao social, não se dá conta da complicada questão da autorreferencialidade envolvida em seu discurso sobre a natureza da vida associativa.

A pretensão de se construir uma ordem social ideal, via engenharia social, pelos detentores circunstanciais do poder está fadada a desembocar em maior concentração de poder e em drásticas reduções do potencial de escolha individual. A melhor ordem social precisa ensejar o desabrochar das melhores potencialidades humanas. Só o pleno usufruto da liberdade permite a busca da realização das melhores potencialidades. A liberdade é a garantia de que o novo poderá ser buscado sem sofrer restrições e mutilações impostas pelo dirigismo cerceador empregado por arrogantes autoridades e ineptos burocratas. Quando o indivíduo busca o que é melhor para si, sem atentar contra os direitos e interesses de outrem, está dando a mais profícua contribuição ao seu alcance para a edificação da melhor sociedade possível. Fazer do indivíduo sujeito pleno de sua ação pode ser metafísico e carecer de embasamento explicativo, mas erigir coletivos em sujeitos (ocultos) é tão ou mais metafísico e encerra maior potencial danoso. Nada justifica diminuir o espaço de liberdade (do pensar e agir) do indivíduo em nome de alguma entidade supostamente situada acima de sua vida.

A plena vigência da liberdade requer a "dessubstancialização" do social, a preservação da diversidade que emerge a partir da miríade de indivíduos diligentemente dedicados a uma interminável busca que lhes permitirá conquistar muitas das coisas visadas, precipitar consequências não pretendidas e guardar como desejos as que poderão um dia ser alcançadas. O que realmente existe somos nós com nossa existência comunitária e o aguilhão que nos impele a explicar os fatos internos e externos. O panóptico da autoridade central é uma constante ameaça cuja neutralização depende de jamais desistirmos de sermos senhores de nós mesmos.

REFERÊNCIAS

AGASSI, J. "Methodological Individualism". *In*: O'NEIL, J. (org.). *Modes of Individualism and Colectivism.* Londres: Heineman, 1973.

AGASSI, J. "Institutional Individualism". *The British Journal of Sociology*, v. 26, n.2, 1975.

ALLPORT, F. *Social Psychology.* Boston: Houghton Mifflin Co, 1924.

ALLPORT, F. "Logical Complexities of Group Activity". *In*: BRAYBROOKE, D. (org.). *Philosophical Problems of the Social Sciences.* Nova Iorque: The Macmillan Co, 1965.

ALTHUSSER, L. *Pour Marx.* Paris: François Maspero, 1965.

ALTHUSSER, L. *Philosophie et Philosophie Spontanée des Savants.* Paris. François Maspero, 1967.

ALTHUSSER, L. *Positions (1964-1975).* Paris: Editions Sociales, 1973.

ARISTÓTELES. *Politics.* Trad. de Benjamin Jowet. Nova Iorque: The Modern Library, 1943.

ARISTÓTELES. "De L'Interpretation". *In*: *Organon.* Trad. de J. Tricot. Paris: J. Vrin, 1946.

ASCH, S. *Psicologia Social.* Trad. de D. M. Leite. São Paulo: Companhia Editora Nacional, 1977.

AYER, J. *Language, Truth and Logic.* Middlesex: Penguin Books, 1974.

BACHELARD, G. *Essai sur la Connaissance Approchée.* Paris: Jean Vrin, 1968.

BARKER, E. *Greek Political Theory.* Londres: Methuen, 1960.

BARTLEY, W. W. "Theories of Demarcation between Science and Metaphysics". *In*: LAKATOS, I.; MUSGRAVE, A. (orgs.). *Problems in the Philosophy of Science*. Amsterdam: North-Holland Publishing Co, 1968.

BASTIAT, F. Harmonies Économiques. Paris: Guillaumin et Cie Libraires, 1854.

BEATTIE, J. *Other Cultures. Aims, Methods and Achievements in Social Anthropology*. Londres: Routledge and Kegan Paul, 1966.

BENDIX, R.; BERGER, B. "Images of Society and Problems of Concept Formation in Sociology". *In*: GROSS, L. (org.). *Symposium on Sociological Theory*. Evanston: Row, Petersen & Co, 1959.

BERLIN, I. *Four Essays on Liberty*. Londres: Oxford University Press, 1969.

BERTALANFFY, L. *General System Theory*. Nova Iorque: George Braziller, 1969.

BERTALANFFY, L. *Perspectives on General Systems Theory*. Nova Iorque: George Braziller, 1975.

BOTTOMORE, T. B. *Sociology. A guide to Problems and Literature*. Nova Iorque: Vintage Books, 1972.

BRADLEY, F. *Appearance and Reality*. Oxford: The Clarendon Press, 1930.

BRODBECK, M. (org.). *Readings in the Philosophy of the Social Sciences*. Londres: The Macmillan Co, 1970.

BROWN, C. *Understanding Society*. Londres: John Murray Publishers, 1979.

BUCHANAN, J. "An Individualistic Theory of Political Process". *In*: EASTON, D. (org.). *Varieties of Political Theory*. Nova Jersey: Prentice--Hall, 1966.

BURCKHARDT, J. *The Civilization of the Renaissance in Italy*. Trad. de G. C. Middlemore: Oxford University Press, 1945.

BUCKLEY, W. *A Sociologia e a Moderna Teoria dos Sistemas*. Trad. de Octavio M. Cajado. São Paulo: Editora Cultrix, 1976.

BUNGE, M. *Mitos, Hechos y Razones: Cuatro Estudios Sociales*. Buenos Aires: Sudamericana, 2004.

BUTTERFIELD, H. *The Origins of Modern Science 1300-1800*. Nova Iorque: The Macmillan Company, 1959.

CARNAP, R. "Autobiography". *In*: _____. *The Philosophy of Rudolf Carnap*. Illinois: The Open Court Publishing, 1963.

CARNAP, R. "Logical Foundations of the Unity of Science". *In*: NEURATH, O.; CARNAP, R.; MORRIS, C. W. (eds.). *Foundations of the Unity of Science. Vol. 1*. The University of Chicago Press, 1971.

CARR, E. *What is History?* Londres: Penguin Books, 1990.

CASSIRER, E. *The Individual and the Cosmos in the Renaissance Philosophy.* Trad. de Mario Domandi. Nova Iorque: Dover, 1953.

COLLINGWOOD, R. *An Essay on Metaphysics.* Chicago: Henry Regnery Co, 1972.

COMTE, A. *Cours de Philosophie Positive.* Paris: Schleicher Frères, 1908.

COMTE, A. *Système de Politique Positive.* Paris: L. A. Mathias, 1929.

CONSTANT, B. "De La Liberté des Anciens Comparée à Celle des Modernes". In: Manent, P. (org.) Les Liberaux. Vol. 2. Paris: Hachette, 1986.

CONSTANT, B. *Écrits Politiques.* Paris: Gallimard/Folio-Essais, 1997.

DAHRENDORF, R. *Essays in the Theory of Society.* Califórnia: Stanford University Press, 1968.

DANTO, A. *Filosofia Analitica della Storia.* Trad. de Pier A. Rovatti. Bolonha: Il Mulino, 1971.

DESCARTES, R. *Les Principes de la Philosophie. In*: DESCARTES, R. et al. *Oeuvres de Descartes.* Paris: Librairie J. Gilbert, 1957.

DESCARTES, R. *Discours de la Méthode.* Paris: Librairie Philosophique J. Vrin, 1987.

DE LAGUNA, G. *On Existence and the Human World.* New Haven: Yale University Press, 1966.

DILWORTH, C. *The Metaphysics of Science: An Account of Modern Science in terms of Principles, Laws and Theories.* Dordrecht: Springer, 2006.

DUMONT, L. *Essais sur L'Individualisme.* Paris: Editions du Seuil, 1983.

DURKHEIM, E. *Les Régles de la Méthode Sociologique.* Paris: Presses Universitaires de France, 1949.

DURKHEIM, E. *Sociologie et Philosophie.* Paris: Presses Universitaires de France, 1951.

DURKHEIM, E. *Montesquieu et Rousseau Précurseurs de la Sociologie.* Paris: Librairie Marcel Rivière et Cie, 1953.

DURKHEIM, E. *Le Suicide.* Paris: Presses Universitaires de France, 1967.

DURKHEIM, E. *Les Formes Elémentaires de la Vie Religieuse.* Paris: Presses Universitaires de France, 1968.

DURKHEIM, E. *De La Division du Travail Social.* Paris: Presses Universitaires de France, 1973.

DURKHEIM, E. (1987) "L'Individualisme et les Intellectuels". *In*: _____. *La Science Sociale et l'Action.* Paris: PUF, 1987.

ELSTER, J. *Making Sense of Marx*. Londres/Paris: Cambridge University Press/Editions de la Maison des Sciences de l'Homme, 1985.

ENGELS, F. "Ludwig Feuerbach". *In*: MARX, K.; ENGELS, F. *Études Philosophiques*. Paris: Editions Sociales, 1951.

EVANS, R. *B. F. Skinner: The Man and His Ideas*. Nova Iorque: A. Dutton & Co, 1968.

FERNANDES, F. *Fundamentos Empíricos da Explicação Sociológica*. São Paulo: Companhia Editora Nacional, 1972.

FERNANDES, F. *Ensaios de Sociologia Geral e Aplicada*. São Paulo. Livraria Pioneira Editora, 1976a.

FERNANDES, F. (1975b) *Investigação Etnológica no Brasil e Outros Ensaios*. Petrópolis: Editora Vozes, 1976b.

FERNANDES, F. (1975) *Sociedade de Classes e Subdesenvolvimento*. Rio de Janeiro: Zahar. 3ª ed.

GELLNER, E. "Explanations in History". *In*: O'NEIL, J. (org.) *Modes of individualism and colectivism*. Londres: Heinemann, 1973.

GIDDINGS, F. *The Principles of Sociology*. Londres: The Macmillan Co, 1896.

GINSBERG, M. *Psicologia da Sociedade*. Trad. de Waltensir Dutra. Rio de Janeiro: Zahar Editores, 1966.

GINSBERG, M. *Essays in Sociology and Social Philosophy*. Londres: Penguin Books, 1968.

GOLDSTEIN, L. "The Inadequacy of the Principle of Methodological Individualism". *In:* O'NEIL, J. (org.) *Modes of individualism and colectivism*. Londres: Heinemann, 1973.

GOULDNER, A. *The Coming Crisis of Western Sociology*. Nova Iorque: Basic Books, 1970.

GLUCKMAN, M. "Social Beliefs and Individual Thinking in Primitive Society". *Memoirs and Proceedings of the Manchester Literary and Philosophical Society*. n. 91, 1950.

GREENSTEIN, F. *Personality and Politics*. Chicago: Markham Publishing Co, 1969.

GURVITCH, G. *La Vocation Actuelle de la Sociologie*. Paris: Presses Universitaires de France, 1950.

HAACK, S. *Philosophy of Logics*. Cambridge University Press, 1978.

HAYEK, F. *Individualism and Economic Order*. Londres: Routledge and Kegan Paul, 1949.

HAYEK, F. *The Road to Serfdom*. The University of Chicago Press, 1972.

HAYEK, F. *The Counter-Revolution of Science*. Indianapolis: Liberty Press, 1979.

HELLER, A. *O Quotidiano e a História*. Trad. de C. N. Coutinho & L. Konder. Rio de Janeiro: Paz e Terra, 1972.

HO, D. "Psychological Implications of Collectivism: With Special Reference to the Chinese Case and Maoist Dialectics". *In*: ECKENSBERGER, L. H.; POORTINGA, Y. H.; LOONER, W. J. (orgs.) *Cross-Cultural Contributions to Psychology*. Amsterdã: Swets and Zeitlinger, 1979.

HOBBES, T. *Leviathan*. Middlesex: Penguin Books, 1971.

HOMANS, G. *The Nature of Social Science*. Nova Iorque: Harcourt, Brace & World, 1967.

IANNI, O. *Sociologia da Sociologia*. São Paulo: Editora Ática, 1989.

INGRAM, P. "Social Holism: A Linguistic Approach". *Philosophy of the Social Sciences*, v. 6, 1976, pp. 127-141.

JARVIE, I. "Reply to Taylor". *Universities and Left Review*. v. 7, 1959.

JAY, M. *Marxism and Totality*. Los Angeles: University of California Press, 1984.

KAUFMANN, F. *Methodology of the Social Sciences*. Nova Iorque: The Humanities Press, 1958.

KINCAID, H. "Social Sciences". *In*: MACHAMER, P.; SILBERSTEIN, M. (orgs.). *The Blackwell Guide to the Philosophy of Science*. Malden: Blackwell Publishing, 2002.

KOSIK, K. *Dialética do Concreto*. Trad. de C. Alves. Rio de Janeiro: Paz e Terra, 1969.

KUHN, T. "The Structure of Scientific Revolutions". *In*: NEURATH, O.; CARNAP, R.; MORRIS, C. (orgs.). *Foundations of the Unity of Science. Vol. II*. Chicago: The University of Chicago Press, 1970.

LANE, R. *Political Ideology*. Nova Iorque: The Free Press, 1962.

LAZARSFELD, P. "Evidence and Inference in Social Research". *In*: BRODBECK, M. (org.). *Readings in the Philosophy of the Social Sciences*, 1970.

LÉNINE, V. I. *Materialismo e Empirocriticismo*. Trad de Adelino dos Santos. Lisboa: Editorial Minerva, 1975.

LÉVI-STRAUSS, C. *Antropologie Struturale*. Paris: Librairie Plon, 1970.

LEWIS, O. *Life in a Mexican Village: Tepoztlan Restudied*. Urbana: University of Illinois Press, 1951.

LINTON, R. *Cultura y Personalidad.* Trad. de Javier Romero. México: Fondo de Cultura Economica, 1945.

LOWY, M. *Método Dialético e Teoria Política.* Trad. de Reginaldo di Piero. Rio de Janeiro: Paz e Terra, 1975.

LUKÁCS, G. *Histoire et Conscience de Classe.* Trad. de K. Axelos & J. Bois. Paris: Les Editions de Minuit, 1960.

LUKÁCS, G. *La Crisis de la Filosofia Burguesa.* Trad. de A. Llanos. Buenos Aires: La Pleyade, 1970.

LUKÁCS, G. "Marxismo e Questões de Método na Ciência Social". Trad. de J. P. Neto e C. N. Coutinho. *In*: NETO, J. P. (org.). *Lukacs.* São Paulo: Ática, 1981.

LUKES, S. *Emile Durkheim.* Londres: Penguin Books, 1977.

LUKES, S. "Methodological Individualism Reconsidered". *The British Journal of Sociology*, vol. 19, n. 2, jun. 1968, pp. 119-129.

MACFARLANE, A. *Teoria Política Moderna.* Trad. de Jório Dauster. Brasília: Editora Universidade de Brasília, 1981.

BARROS, R. S. Maciel de. *Estudos Liberais.* São Paulo: T. A Queiroz Editor, 1992.

MacIVER, R. *Social Causation.* Boston: Ginn and Company, 1942.

MacIVER, R.; PAGE, C. *Society.* Nova Iorque: Rinehart and Co, 1949.

MACH, E. *The Analysis of Sensations.* Trad de C. M. Williams. Chicago: The Open Court Publishing Company, 1914.

MACPHERSON, C. *The Political Theory of Possessive Individualism.* Oxford University Press, 1965.

MACPHERSON, C. *Democratic Theory.* Oxford University Press, 1973,

MACPHERSON, C. *Ascensão e Queda da Justiça Econômica.* Trad. de Luiz Alberto Monjardim. Rio de Janeiro: Paz e Terra, 1991.

MANDELBAUM, M. "Societal Facts". *In*: O'NEIL, J. (org.). *Modes of Individualism and Colectivism.* London Heinemann, 1973.

MANNHEIM, K. *El Hombre y la Sociedad en la Epoca de Crisis.* Trad. de Francisco Ayala. Buenos Aires: Editorial La Pleyade, 1969.

MANNHEIM, K. *Freedom, Power and Democratic Planning.* Londres: Routledge, 1997.

MARROU, H. *De la Connaissance Historique.* Paris: Éditions du Seuil, 1954.

MARTINDALE, D. *Sociological Theory and the Problem of Values.* Ohio: Merril Publishing Co, 1974.

MARX, K. *Grundrisse*. Trad. de Martin Nicolaus. Londres: Penguin Books, 1973.

MARX, K.; ENGELS, F. *The Holy Family or Critique of Critical Critique*. Trad. de R. Dixon. Moscou: Foreign Languages Publishing House, 1956.

MARX, K. *A Contribution to the Critique of Political Economy*. Trad. de N. I. Stone. Chicago: Charles H. Kerr & Co, 1904.

MARX, K. *Grundrisse. Foundations of the Critique of Political Economy*. Trad. de Martin Nicolaus. Middlesex: Penguin Books, 1977.

MARX, K.; ENGELS, F. "The German Ideology". *In*: TUCKER, R. (org.) *The Marx-Engels Reader*. Nova Iorque: W. W. Norton & Co, 1978.

MAUSS, M. "Catégories Collectives de Pensée et Liberté". In: _____. *Oeuvres*. Paris: Les Editions de Minuit, 1974.

MEAD, G. *Mind, Self and Society*. 9ª ed. The University of Chicago Press, 1974.

MILL, J. S. *A System of Logic*. Londres: Longmans Green and Co, 1949.

MILL, J. S. *On Liberty*. Chicago: Encyclopedia Britannica, 1952.

MILLS, C. W. *The Sociological Imagination*. Middlesex: Penguin Books, 1959.

MISES, L. *Human Action*. San Francisco: Fox & Wilkes, 1963.

MONTAIGNE, M. *Essais*. Livre Second. Paris: Librairie Garnier Frères, 1952.

MOORE, G. *Principia Ethica*. Cambridge University Press, 1962.

MORRIS, C. *The Discovery of the Individual, 1050-1200*. University of Toronto Press, 1987.

NEURATH, O. "Foundations of the Social Sciences". *In*: NEURATH, O.; CARNAP, R.; MORRIS, C. W. (eds.). *Foundations of the Unity of Science. Vol. 2*. The University of Chicago Press, 1970.

NAGEL, E. *The Structure of Science*. Londres: Routeledge and Kegan Paul, 1974.

NISBET, R. "The French Revolution and the Rise of Sociology in France". *In*: TIRYAKIAN, E. (org.). *The Phenomenon of Sociology* Nova Iorque: Appleton-Century-Crofts, 1971.

NORTHROP, F. *The Meeting of East and West*. Nova Iorque: The Macmillan Company, 1946.

PHILLIPS, D. *Holistic Thought in Social Science*. Stanford University Press, 1976.

PLATÃO. "The Laws". *In*: EDMAN, I (ed.). *The Works of Plato*. Trad. de B. Jowet. Nova Iorque: Tudor Publishing Company, 1977.

PLATÃO. *Teeteto*. Trad. de Carlos Alberto Nunes. Belém: Universidade Federal do Pará, 1973.

PIAGET, J. *Estudos Sociológicos*. Trad. de Reginaldo di Piero. Rio de Janeiro: Forense, 1973.

POLIN, R. "Indivíduo e Comunidade". *In*: QUIRINO, C.; SADECK, M. (orgs.). *O Pensamento Político Clássico*. São Paulo: T. A. Queiroz Editor, 1980.

POPPER, K. *The Poverty of Historicism*. Londres: Routledge and Kegan Paul, 1976.

POPPER, K. *The Logic of Scientific Discovery*. Londres: Hutchinson, 1959.

POPPER, K. *The Open Society and its Enemies. Vol. 2: Hegel and Marx*. Princeton: Princeton University Press, 1971.

POPPER, K. *The Open Society and its Enemies. Vol. 1: Plato*. Londres/Nova Iorque: Routledge and Kegan Paul, 1973.

POPPER, K. "Replies to my Critics". *In*: SCHILPP, P. (ed.). *The Philosophy of Karl Popper*. Illinois: The Open Court Publishing, 1974.

POPPER, K. "The Logic of the Social Sciences". *In*: ADORNO, T. W. et al. *The Positivist Dispute in German Sociology*. Trad. de Glyn Adey e David Frisby. Londres: Heinemann, 1977.

POPPER, K. "The Rationality of Scientific Revolutions". *In*: HACKING, I. (org.). *Scientific Revolutions*. Oxford: Oxford University Press, 1981.

POPPER, K. *Quantum Theory and the Schism in Physics*. Londres: Hutchinson, 1982.

POPPER, K. *Objective Knowledge: An Evolutionary Approach*. Oxford: Clarendon Press, 1986.

POPPER, K. *Conjectures and Refutations*. Londres: Routledge, 1989.

POPPER, K.; LORENZ, K. *O Futuro está Aberto*. Trad. de Teresa Curvelo. Lisboa: Editorial Fragmentos, 1990.

POPPER, K. *The Unended Question: An Intellectual Autobiography*. Londres: Routledge, 1992.

POPPER, K. "Models, Instruments and Truths. The Status of the Rationality Principle in the Social Sciences". *In*: NOTTURNO. M. A. (org.). *The Myth of the Framework*: *In Defence of Science and Rationality*. Londres: Routledge, 1994.

POPPER, K. *Realism and the Aim of Science.* Londres: Routledge, 1996.

POPPER, K. *In Search of a Better World.* Trad. de Laura Bennett. Londres/ Nova Iorque: Routledge, 2000.

POPPER, K. *The World of Parmenides: Essays on the Presocratic Enlightenment.* Londres: Routledge, 2001.

POPPER, K. *All Life is Problem Solving.* Trad. de Patrick Camiller. Londres: Routledge, 2007.

POPPER, K. *After the Open Society: Selected Social and Political Writings. In*: SHEARMUR, J.; TURNER, P. N. Nova Iorque: Routledge, 2008.

QUINE, W. *From a Logical Point of View.* Nova Iorque: Harper and Row, 1961.

RADCLIFFE-BROWN, A. *Structure et Fonction dans la Société Primitive.* Trad. de Françoise et L. Martin. Paris. Editions de Minuit, 1968.

REDFIELD, R. *Tepoztlan: A Mexican Village.* Chicago: University of Chicago Press, 1930.

RIESMAN, D. *Individualism Reconsidered.* Nova Iorque: The Free Press, 1954.

RIESMAN, D.; GLAZER, N.; DENNEY, R. *The Lonely Crowd.* Nova Iorque: Doubleday Anchor Books, 1953.

RUBEN, D. *The Metaphysics of the Social World.* Londres: Routledge and Kegan Paul, 1985.

RUNCIMAN, W. *Ciência Social e Teoria Política.* Trad. de Waltensir Dutra. Rio de Janeiro: Zahar Editores, 1966.

RUSSELL, B. "Dewey's New Logic". *In*: SCHILPP, P. (org.) *The Philosophy of John Dewey.* Illinois: The Open Court Publishing, 1939.

RUSSELL, B. *The Scientific Outlook.* Nova Iorque: The Norton Company, 1977.

RYAN, A. "Introduction". In: _____. (org.) *The Philosophy of Social Explanation.* Oxford University Press, 1978.

SCHUMPETER, J. *Capitalism, Socialism and Democracy.* Nova Iorque: Harper Torchbooks, 1975.

SCHUTZ, A. *The Phenomenology of the Social World.* Trad. de G. Walsh & F. Lehnert. Northwestern University Press, 1967.

SKIDMORE, W. *Pensamento Teórico em Sociologia.* Trad. de Alberto Oliva e L. A. Cerqueira. Rio de Janeiro: Zahar Editores, 1976.

SMITH, A. *An Inquiry into the Nature and Causes of the Wealth of Nations.* Indianapolis: Liberty Press, 1981.

SMITH, A (1982) *The Theory of Moral Sentiments*. Indianapolis. Liberty Classics.

SPENCER, H. *Principles of Sociology*. Nova Iorque: Appleton-Century-Crofts, 1897.

SPENCER, H. *The Man versus State*. Indianapolis: Liberty Classics, 1981.

SPINOZA, B. *Éthique. Démontrée suivant l'Ordre Géométrique*. Trad. de Ch. Appuh. Paris: Librairie Garnier Frères, 1952.

STOKES, G.; SHEARMUR, J. "Popper and his Philosophy: An Overview". *In*: _____. (orgs.). *The Cambridge Companion to Popper*. Cambridge University Press, 2016.

SZTOMPKA, P. *System and Function*. Nova Iorque: Academic Press, 1974.

SWINGEWOOD, A. *Marx and Modern Social Theory*. Londres: The Macmillan Press, 1975.

TARDE, G. *Études de Psychologie Sociale*. Paris: V. Giard & E. Brire Libraires-Editeurs, 1898.

TARDE, G. *Les Lois Sociales*. Paris: Félix Alcan Editeur, 1905.

THIBAUT, J.; KELLEY, H. *The Social Psychology of Groups*. Nova Iorque: Willey, 1967.

THOMAS, W.; ZNANIECK, F. *The Polish Peasant in Europe and America*. Nova Iorque: Alfred Knopf, 1927.

TOCQUEVILLE, A. *De la Democratie en Amérique*. Paris: Gallimard, 1951.

TOCQUEVILLE, A. (1967) *L'Ancien Régime et la Révolution*. Paris: Gallimard, 1967.

TOYNBEE, A. *A Study of History*. Oxford University Press, 1947.

TUCKER, D. *Marxismo e Individualismo*. Trad. de Nathanael Caixeiro. Rio de Janeiro: Zahar Editores, 1983.

VANDENBERGHE, F. *A Philosophical History of German Sociology*. Trad. de Carolyn Shread. Londres: Routledge, 2009.

WATKINS, J. "Ideal Types and Historical Explanation". *In*: O'NEIL, J. (org.). *Modes of Individualism and Collectivism*. Londres: Heinemann, 1973a.

WATKINS, J. "Historical Explanation in the Social Sciences". In: O'NEIL, J. (org.). *Modes of Individualism and Collectivism*. Londres: Heinemann, 1973b.

WEBER, M. *Max Weber Collected Methodological Writings*. Trad. de Hans Bruun. Londres: Routledge, 1949.

WEBER, M. "Science as a Vocation". In: Gerth, H. & Wright Mills, C. (orgs.) *From Max Weber: Essays in Sociology*. Londres: Routledge and Kegan Paul, 1952.

WEBER, M. *Economy and Society*. Trad. de Keith Tribe. Cambridge: Harvard University Press, 2019.

WINCH, P. "Popper and Scientific Method in the Social Sciences". *In*: SCHILPP, P. (ed.). *The Philosophy of Karl Popper*. Illinois: The Open Court Publishing, 1974.

WELDES, J. "Marxism and Methodological Individualism". *Theory and Society*, v. 18, 1989, pp. 353-386.

WHITEHEAD, A. *Science and the Modern World*. Nova Iorque: New American Library, 1959.

ZAHAR, E. *Why Science Needs Metaphysics. A Plea for Structural Realism*. Chicago: Open Court, 2007.

ZAHLE, J.; COLLIN, F. (orgs.). *Rethinking the Individualism-Holism Debate Essays in the Philosophy of Social Science*. Heidelberg Springer, 2014.